2050 에너지 제국의 미래

2050　THE FUTURE OF ENERGY　WAR

2050 에너지 제국의 미래

양수영·최지웅 지음

**에너지 전쟁의 흐름과 전망으로 읽은
미래 경제 패권 시나리오**

비즈니스북스

2050 에너지 제국의 미래

1판 1쇄 발행 2022년 4월 8일
1판 7쇄 발행 2023년 10월 31일

지은이 | 양수영, 최지웅
발행인 | 홍영태
편집인 | 김미란
발행처 | (주)비즈니스북스
등 록 | 제2000-000225호(2000년 2월 28일)
주 소 | 03991 서울시 마포구 월드컵북로6길 3 이노베이스빌딩 7층
전 화 | (02)338-9449
팩 스 | (02)338-6543
대표메일 | bb@businessbooks.co.kr
홈페이지 | http://www.businessbooks.co.kr
블로그 | http://blog.naver.com/biz_books
페이스북 | thebizbooks
ISBN 979-11-6254-274-3   03320

비즈니스북스는 독자 여러분의 소중한 아이디어와 원고 투고를 기다리고 있습니다.
원고가 있으신 분은 ms1@businessbooks.co.kr로 간단한 개요와 취지, 연락처 등을 보내 주세요.

미래를 결정지을 두 가지 요소, 에너지와 탄소

인류 역사 속 에너지는 숨은 최고 권력자와 같았습니다. 석유, 석탄 등 에너지 자원이 부의 크기와 힘의 방향을 결정해왔기 때문입니다. 생산성의 급격한 향상을 불러온 1차 산업혁명은 석탄과 증기기관이 일으켰습니다. 현대의 많은 부분을 결정한 2차 산업혁명은 석유와 전기 사용에 따른 변화였습니다. 특히 석유는 20세기 이후 국제관계에서 이해관계의 근원이자 세계 경제의 기반이었습니다. 지금의 21세기도 20세기에 시작된 석유의 지배를 고착화하는 시간들이었습니다. 코로나19가 발생하기 직전인 2019년 세계 석유 소비량은 하루 1억 배럴에 이르며 역사상 최고치를 기록했습니다. 2022년에는 그 기록마저 넘어설 것으로 보입니다. 아직 석유는 막강한 힘을 가지고 있습니다.

지금 우리의 일상과 경제는 상상 이상으로 석유에 기대고 있습니다. 석유는 여러 재화 중 하나에 불과한 것이 아니라 우리가 누리는 모든 재화와 서비스를 가능하게 하는 '선결 조건'입니다. 그러나 석유는 한정된 자원입니다. 또 인류의 당면 과제인 기후변화 대응은 새로운 에너지원의 사용을 요구하고 있습니다. 어떤 이유에서든 에너지원의 변화가 일어난다면 이는 경제 구조와 일상 전반을 바꾸는 일로, 이보다 더 강력하게 미래를 결정할 요소는 없을 것입니다.

에너지와 기후변화의 딜레마에 빠진 인류

—— 미래학자 제러미 리프킨Jeremy Rifkin은 1992년 저서 《육식의 종말》에서 소를 키울 때 막대한 양의 곡물이 소비되고 기후변화를 일으키는 메탄가스가 배출되기 때문에 육식이 종말을 맞을 것이라고 주장했습니다. 또 2000년에는 《소유의 종말》을 통해 미래 사회는 '소유'보다 '접속'을 통해 체험을 거래하는 시대가 되리라 예측했습니다. 지금 기후변화 이슈로 육식이 공격받고, 소유하는 경제가 디지털과 플랫폼 기술을 통해 공유하는 경제로의 변화를 요구받고 있다는 점에서 그의 예측은 선견지명이 있었습니다.

다양한 미래 예측의 모습은 한 가지 공통점을 갖습니다. 모두 자원 소비를 줄이고 에너지 효율을 극대화하려 한다는 것입니다. 소유 경제가 공유 경제로 전환되어 자원 활용률을 극대화하고, 디지털 기술과 메타버스 산업은 실물 세계를 가상현실로 대체하면서 자원과 에너지 소비를 최소화합니다. 또 인공지능 기술은 전력망과 교통망을 제어해 에너지 사용을 줄일 것입니다. 이러한 변화들이 일어나는 근본적 이유는 자원이 무한하지 않기 때문입니다.

경제학의 가장 오래된 고민은 인간의 욕망은 무한한데 자원은 유한하다는 것입니다. 현대 이전까지 이 고민은 생산량의 증대로 해결할 수 있었습니다. 석유와 석탄은 지난 100여 년간 매년 사용량이 증가했고, 기후변화에 따른 제약의 목소리는 크지 않았습니다. 그렇게 화석연료 기반의 대량생산 체제는 빈곤을 몰아내고 복지를 증진했습니다. 이것이 인간의 수명, 건강, 행복, 인권 등 모든 면에서 삶을 개선하며 역사의 진보에 이바지했음은 부정할 수 없습니다. 그러나 앞으로의 시대는 부족한 자원과 한정된 에너지로 같은 기능과 효용을 창출해야 합니다. 설령 자원이 충분하더라도 탄소 문제가 과거와 같은 대량생산을 허용하지 않을 것입니다.

현대 사회에서는 인간의 거의 모든 활동이 탄소를 배출합니다. 대중교통을 이용해도 화석연료를 쓰고, 가전제품을 써도 화석연료로 생산한 전기를 소비합니다. 의류, 식품, 각종 도구 등도 에너지 소비를 동반한 제조 과정을 거쳐 우리에게 제공됩니다. 컴퓨터와 스마트폰을 사용하는 것도 한국의 전력 생산 환경에서는 석탄을 소비하는 것과 다름없습니다. 지금처럼 인간의 활동이 지구를 더워지게 하는 경제는 지속가능하지 못합니다. 그런 이유로 세계 각국이 탄소중립Carbon neutral을 선언하고 기업의 ESG 활동을 강조하는 분위기도 고조되고 있습니다. 그러나 해결 방향을 찾기 쉬워 보이지 않습니다. 기후변화는 심각해지지만 동시에 재생에너지와 원자력에 대한 논란도 더해갑니다. 청정에너지, 수소경제 등 대안은 마치 유토피아처럼 그려질 뿐 그것을 향한 뚜렷한 경로를 찾을 수 없는 상황입니다.

단순하게 보면 기후변화의 가장 효과적인 해법은 탄소를 내뿜는 석유와 석탄의 사용을 지금 당장 멈추는 것입니다. 하지만 이 일은 가능하지 않습니다. 지금 우리는 석유, 석탄을 써서 일상과 경제는 물론, 행복과 꿈도 유지하고 있기 때문입니다. 한국에서 전기 생산을 위해 가장 많이 쓰는 에너지원은 석탄이고, 석탄은 화석연료 중 탄소 배출이 가장 많습니다. 그렇다고 한여름에 석탄발전과 냉방을 금지하고 한겨울에 난방 사용을 막는다면 불편을 넘어 누군가에게는 생명의 위협이 됩니다. 또 탄소 배출과 에너지 사용이 가장 많다는 이유로 철강산업을 중단하면 당장 집을 지을 수도 없고, 자동차를 만들 수도 없습니다. 항공유 연소에 따른 탄소 배출을 막기 위해 해외여행을 금지한다면 여행을 꿈꾸는 사람을 납득시키기 힘들 것입니다. 지금 당장 석유화학 산업을 중단하면 각종 생활 도구, 약품, 비료 등을 공급하지 못해 인명 피해가 발생할 수 있습니다. 한마디로 탄소는 줄일 수 있는 행동에서 나오는 것이 아니라 줄일 수 없는 '선량하고 필수적 활동'에서 배출된다는 말입니다. 흔히 말하는 것처럼 인류의 탐욕으로 기후변화가 야기된 것이 아니라 우리가 당연하다고 여기는 일상의 모든 행위에서 기후변화가 시작됩니다. 해당되지 않는 것은 없다고 할 정도로 인간 활동의 모든 과정이 탄소를 내뿜습니다. 아마도 화석연료를 소비하지 않는 행위는 수면과 맨몸운동뿐일 것입니다.

봉준호 감독의 영화 〈설국열차〉를 보면 이러한 인류의 모습이 상징적으로 나타납니다. 영화에서 인류는 온난화 문제를 극복하기 위해 CW(Cold Weather)-7이라는 물질을 대기에 살포합니다. 이 대응의 부작용으로 지구의 기온이 급격히 낮아져 소수의 사람만이 살아남게 되고 이들은 멈추지 않는 열차 안에서 살아갑니다. 기후변화에서 살아난 사람들마저 엔진의 질주를 멈출 수 없습니다. 현재 기후위기에 처한 인류도 에너지 소비와 탄소 배출을 멈춘다면 기후변화가 아닌 다른 문제로 생존을 위협받게 됩니다. 이것이 에너지와 기후변화 사이에서 우리 인류가 처한 딜레마입니다.

향후 미래 전망의 가장 중대한 포인트, 에너지

─── 그럼에도 탄소는 줄여야만 합니다. 앞으로 탄소감축은 세계적으로 더 중대한 과제로 떠오를 것입니다. 그리고 이 문제는 자연스럽

게 에너지원의 선택과 사용으로 연결됩니다. 향후 30~50년간 인류는 어떤 형태로든 에너지 분야에서 큰 변화를 겪을 것입니다. 과거 석탄에서 석유로의 에너지 전환은 저비용, 고효율 체제로의 전환이었습니다. 그러나 오늘날 우리가 마주한 에너지 전환 과제는 기후변화 대응을 위한 불가피한 선택으로, 비용과 효율이 최우선순위가 아닐 수 있습니다.

빌 게이츠는 2021년 저서《빌 게이츠, 기후재앙을 피하는 법》에서 기후변화에 대응하는 것이 '가능하지만 매우 어려울 것'이라고 주장했습니다. 그는 인류가 이처럼 큰 규모의 일을 해본 적이 없고 모든 나라가 삶의 방식을 바꿔야 한다고 주장합니다. 그의 주장에 전적으로 동의합니다. 기후변화 대응의 출발점은 소비 수준이 낮아질 수 있음을 인식하는 것입니다. 기존 에너지원을 저탄소 에너지원으로 전환하는 것이 최선이지만 이 일이 이른 시일에 가능하지 않을 수 있습니다. 그렇다면 '필수적이고 선량한 활동'마저 줄여야 할 수도 있습니다. 덜 쓰고, 덜 이동하고, 덜 여행하며, 덜 만들어야 합니다. 국제에너지기구International Energy Agency(이하 IEA)는 탄소중립의 로드맵을 설명한 〈2050 넷제로〉Net Zero by 2050 보고서에서 에너지 효율 개선과 소비 축소 없이 탄소중립은 불가능하다고 말합니다.

에너지 문제는 기후변화 대응의 핵심일 뿐 아니라 미래를 전망하고 준비하는 가장 중요한 포인트입니다. 세계 경제의 펀더멘털적 요소이자 국제관계의 주요 결정 요인이 바로 에너지이기 때문입니다.

지난 세기 중동전쟁과 오일쇼크, 달러 패권 구축과 소련 붕괴의 배경에는 석유가 있었습니다. 이 책은 디지털과 탈물질화가 중심인 미래 산업 구조에서도 결국 에너지원의 변화가 핵심 동인임을 이야기하려고 합니다. 또 미중 패권 대결에서도 에너지가 중요 요인임을 설명할 것입니다. 20세기의 석유가 세계 현대사의 결정적 요인이었듯, 21세기의 에너지도 역사를 지배하는 요인이 될 것입니다. 따라서 이 책은 석유, 재생에너지, 수소 등 각 에너지원의 현황과 가능성을 쉬운 문장으로 정확하게 전달하고자 했습니다. 그리고 이를 토대로 바람직한 에너지의 미래와 전략을 그리고자 했습니다.

석유, 재생에너지, 수소 그리고 한국의 대응 전략

——— 이 책의 제1부는 석유를 이야기합니다. 오늘날 주종 에너지원은 단연 석유입니다. 현대는 석유, 석탄 위에 세워진 문명이고, 특히 석유는 인류의 삶을 완전히 바꾸어놓았습니다. 자동차, 항공기, 선박의 이용은 물론이고, 생산성의 증대로 인류를 식량과 재화의 부족에서 해방시켰습니다. 석유는 빈곤에서 오는 야만과 폭력을 줄여 오늘의 문명을 생동하게 했습니다. 그런 까닭에 오늘의 기본적 에너지원인 석유의 역할을 먼저 이해할 필요가 있습니다. 그리고 이를 바탕으로 미래의 에너지원에 대한 이해와 이슈를 다루려고 합니다. 온고지

신溫故知新이란 말은 에너지 분야에도 적용됩니다. 오늘날의 에너지를 알아야 앞으로의 새로운 에너지를 이해하고 준비할 수 있습니다.

석유를 이야기하며 전하려는 중요한 메시지는 '석유가 얼마 남지 않았다'는 사실입니다. 해마다 석유 매장량을 발표하는 영국의 메이저 석유회사 브리티시 페트롤리엄British Petroleum(이하 BP)의 통계에 따르면 남아 있는 석유의 양은 2020년 기준으로 약 50년분입니다. 이 말에 '수십 년 전부터 석유는 40~50년 후에 고갈된다고 하지 않았느냐?'라는 반문이 나오기도 합니다. 그러나 지금은 과거와 근본적으로 다른 점이 있습니다. 과거의 석유는 전쟁을 불사할 정도로 귀중한 자원이었습니다. 욕망의 중심이자 황금의 샘이었습니다. 석유가 있는 곳에 자연스럽게 인재가 몰렸고, 도전이 있었고, 기술 혁신이 이뤄졌습니다. 그래서 과거에는 생산이 불가했던 셰일오일 등이 새롭게 매장량에 추가될 수 있었습니다. 그러나 지금은 남아 있는 새로운 탐사 대상을 찾기 매우 어려워졌고, 과거와 같은 기술 혁신과 도전을 기대하기도 힘듭니다. 어떤 산업의 미래를 전망할 때 가장 중요한 지표는 그 분야로 돈과 사람이 몰리는지 여부입니다. 지금은 과거처럼 석유기업으로 인재와 자본이 몰리지 않습니다. 환경에 부정적 영향을 무릅쓰고 극지와 심해에서 석유 개발을 감행하기도 어렵습니다. 이렇게 매년 감소하고 있는 석유 개발 투자는 언젠가 석유 수급의 불균형을 일으킬 수 있습니다. 이 또한 우리가 생각해야 할 포인트입니다.

제2부에서는 대체에너지로 주목받는 재생에너지와 지구상에서 가

장 풍부한 물질인 수소를 살펴보려고 합니다. 이 새로운 에너지들은 고갈의 염려가 없고 탄소 배출이 없다는 환상적 스토리를 제공합니다. 하지만 환상적인 만큼 여러 가지 이유로 아직 상용화가 쉽지 않습니다. 제2부에서는 이 에너지원들의 가능성과 한계, 그리고 주변국 및 유럽의 활용 사례를 살펴봅니다. 재생에너지는 기후변화 대응 차원에서도 필요하지만 향후 석유 확보의 어려움이 가중될 상황을 대비해서도 필요합니다. 안타깝게도 한국은 석유도 나지 않고 재생에너지 사용에도 불리한 조건에 있는데 다른 대안이 없습니다. 다만 재생에너지 확대 방식에 더 많은 고민과 치밀한 전략이 필요할 뿐입니다.

제3부는 기후변화 대응의 바람직한 경로와 그 과정에서 나타날 산업 구조의 변화를 다룹니다. 에너지 전환과 탄소중립을 향한 길에는 정답이 있을 수 없습니다. 접근 가능한 에너지원이 다양하고 산업 구조도 달라서 나라마다 탄소중립 경로가 같을 수 없습니다. 오늘날 탄소중립을 선도하는 유럽 국가들도 여건에 따라 각기 다른 탄소감축의 노력을 보입니다. 프랑스는 유럽 주요국 중 상대적으로 낮은 재생에너지 비중(25%)을 보이지만 원전 비중이 매우 높아(65.7%) 독일, 영국보다 탄소 배출량이 더 적습니다. 이와 대조적으로 이탈리아는 원전을 단 한 기도 운영하지 않으면서 재생에너지와 천연가스 위주로 탄소제로에 다가서고 있습니다. 또 스웨덴은 천혜의 지형을 활용하여 수력으로만 발전량의 44.9%를 충당합니다.

한편 한국형 탄소중립 경로는 아직 뚜렷하지 않습니다. 한국의 입장에서는 탄소감축을 극대화하고 경제에 미치는 영향을 최소화하는 전략이 필요합니다. 이 책은 한국의 상황에서 사회적, 경제적 충격을 최소화하면서 에너지 전환을 이루는 방안에 대해 나름의 의견을 제시하고자 했습니다. 현재 유럽연합(이하 EU)은 탄소국경조정제도carbon border adjustment mechanism, CBAM 시행을 준비하고 있습니다. 유럽은 이미 재생에너지를 성공적으로 확대해냈고, 특히 독일, 영국, 이탈리아 등 유럽 주요국들은 이미 발전량의 40% 이상을 재생에너지에서 얻고 있습니다. 그들은 탄소감축 노력의 비대칭을 이유로 다른 나라에 탄소국경세 등을 통해 보상을 요구하려 합니다. 이 흐름에 말려서 유럽의 탄소중립의 속도와 요구에 일방적으로 끌려가는 것을 경계해야 하겠지만 그 흐름 자체를 거부할 수는 없습니다.

지상 최대의 과제, 탄소감축과 에너지

—— 결론적으로 오늘과 미래에 인류가 마주한 최우선 과제는 탄소감축과 에너지입니다. 이 두 가지 주제는 인류의 생존과 직결된다는 점에서 다른 정치, 경제, 사회 이슈의 중요성을 압도합니다. 그런데 탄소감축과 에너지는 결국 '어떤 방식으로 에너지를 만들고 얼마만큼 사용할 것인가?'의 문제로 귀결됩니다. 따라서 에너지원에 대한 폭넓은 이해가 필요합니다. 미래 향방은 탄소와 에너지가 결정하기에 이

는 미래에 대한 이해이기도 합니다.

끝으로 에너지를 소비하는 사회 각 분야의 이해는 상충될 수 있습니다. 그래서 에너지 전환 노력은 필연적으로 심각한 딜레마 또는 트릴레마trilemma 상황을 낳을 수 있습니다. 더 늦기 전에 에너지 관련 지식을 사회적으로 확산하고 생각을 모으는 노력이 절실한 이유입니다. 그렇지 않으면 미래의 경제적·정치적·지정학적 패권을 결정지을 기후변화 대응과 에너지 정책은 동력을 얻을 수 없고 에너지 전환에서 오는 갈등도 줄일 수 없습니다. 탄소중립 추구에서 가장 중요한 것은 '대중의 수용성'입니다. 이 책이 에너지에 대한 독자 여러분의 이해를 넓히고, 에너지 전략을 위한 지혜를 모으고, 궁극적으로 바람직한 에너지의 미래를 그리는 데 도움이 되길 바라는 마음입니다.

차례

제1부

석유의 탄생, 현재, 미래

제2부

'검은 황금'을 대체할 새로운 에너지

제3부

탄소중립이 바꿀 미래의 패권 지도

제1부

석유의 탄생, 현재, 미래

제1장

오늘의 에너지,
석유를 말하다

석유는 부_富의
원천이다

빛, 소리, 전기, 자력, 일정하거나 변화하는 모든 운동,
심지어 질량 자체도 모두 에너지가 발현된 예다.
_스티븐 베리R. Stephen Berry, 《열역학》 중에서

미국의 44대 대통령 버락 오바마는 "만약 우리가 인류의 출현 이후부
터 지금까지의 시대 중 태어나고 싶은 순간을 선택해야 한다면 바로
지금을 선택할 것"이라고 했다.[1] 현대 이전의 역사를 돌아보면 일상적
굶주림과 비인간적 신분제는 오랫동안 삶의 기본조건이었다. 성경에
서 인간은 아담의 원죄로 평생에 걸쳐 수고를 해야 땅의 소산을 먹을
수 있다고 했다. 삶에 필요한 에너지가 저절로 주어지지 않았기에 인
간은 태초부터 끊임없이 일해야 했다. 일을 통해 얻은 생산물도 폭력
과 억압 속에 착취 대상이 되기 일쑤여서 그 고통에서 벗어나기 위해

서도 싸워야 했다.

굶주림을 해결하기 위한 노력과 인간의 기본 권리를 향한 투쟁의 역사에서 획기적 전기를 마련해준 것이 바로 석유였다. 석유가 사용되기 전, 인간은 극심한 노동에도 불구하고 빈곤에서 벗어날 수 없었다. 그러나 석유가 우리 삶에 들어온 이후 모든 것이 달라졌다. 빈곤이 줄었고, 빈곤이 낳은 야만과 폭력, 그리고 질병에서도 벗어날 수 있었다. 석유는 생산성 향상의 원천이었다. 그 생산성의 향상이 정치, 문화, 과학 발전의 선순환을 이루며 현대가 만들어졌고, 석유로 오늘의 문명과 문화가 생동한다.

애덤 스미스가 21세기에 《국부론》을 쓴다면?

— 오늘날 경제학에 가장 큰 영향을 준 사람을 꼽는다면 《국부론》의 저자이자 고전 경제학의 시조인 애덤 스미스를 들 수 있다. 애덤 스미스는 1776년에 발표한 이 책에서 부의 원인이 무엇인지 밝히고자 했다. 많은 사람이 《국부론》을 떠올리면 '보이지 않는 손'과 시장의 원리를 생각하지만 사실 보이지 않는 손은 딱 한 번 등장할 뿐이다. 그가 시장 기능보다 깊게 고민한 것은 '부의 원천'과 '부의 본질'이었다. 《국부론》의 원제는 그의 의도를 분명히 알려주는데, 'An Inquiry into the nature and causes of the Wealth of Nations'(국부의 성질

과 원인에 관한 연구)다. 그는 책에서 국부의 원천은 노동이고 부의 증진은 분업 등을 통한 노동 생산성 개선에서 이루어진다고 주장했다. 그리고 '국부'를 국민의 노동으로 매년 공급되는 모든 생활필수품과 편의품이라고 정의했다. 이는 오늘날 가장 기본적 경제지표인 국내총생산GDP 지표와 일맥상통한다.

특정 사상과 문화는 그 시대 사회적 환경의 산물이다. 애덤 스미스가 국부의 원천은 노동이며 국부는 생필품과 편의품의 총합이라고 본 것은 당시 영국 사회의 변화를 반영한다. 18세기 후반 영국에서 도시와 상공업이 급격한 발전을 이루며 다양한 상품과 노동 형태가 나타났다. 만약 애덤 스미스가 상공업이 발달하기 전에 《국부론》을 썼다면 부의 원천을 토지로 봤을 것이다. 많은 사람이 영주의 소작농이 되어 노동력 대부분을 농업에 투입하던 시기에 가장 중요한 부의 원천은 토지였고, 가장 중요한 생산물은 식량이었다. 실제로 《국부론》이 나오기 직전 18세기 프랑스에서는 프랑수아 케네François Quesnay 등이 주장한 중농주의重農主義가 경제사상을 주도했다.

그렇다면 만약 애덤 스미스가 현대를 살면서 국부의 원천과 성질을 고찰한다면 무엇이라고 쓸까? 18세기 후반 애덤 스미스가 《국부론》을 집필하고 있을 즈음, 제임스 와트가 증기기관을 개량하여 산업혁명의 서막이 열리게 된다. 《국부론》이 출간된 이후, 영국은 말 그대로 혁명적인 변화를 맞는다. 인간의 노동이 상당 부분 기계로 대체되기 시작한 것이다. 이후 기계를 돌리는 힘의 원천은 19세기까지 석탄이었고, 20세기 이후에는 석유로 전환됐다. 만약 애덤 스미스가 오늘날 《국부론》을 쓴다면, 부의 원천은 석유 혹은 석탄과 같은 에너지이고 부의 증진은 에너지원의 확보와 새로운 에너지원 개발에서 이루어진다고 쓸 것이다. 실제로 오늘날 에너지는 우리가 창출하는 부의 근원이자 경제 활동의 기반이다. 에너지를 통해 모든 재화가 생산되고 운송된다. 교통과 통신, 보건과 여가 등 인류의 모든 활동이 에너지에 기대고 있다.

'리커창 지수'Li Keqiang Index라는 것이 있다. 시진핑 주석 다음가는 중국의 실력자인 리커창 국무원 총리가 중국 GDP 통계를 신뢰할 수 없어서 대안으로 참고한다는 세 개 지표를 이르는 말이다. 그는 전력 소비량, 철도 운송량, 은행 대출 증가율로 경제 현황이나 성장률을 파악한다고 밝혔다. 물론 그가 총리가 되기 전의 발언이다. 중국이라는 세계 최대의 생산 집단에서 다양한 데이터를 생성하고 취합하는 과정에서 오류는 있을 수 있다. 그래서 가장 단순한 에너지(전력) 소비량을 경제 성장의 중요한 척도로 삼은 것이다. 이것은 그만큼 부와 에너지의 관계가 밀접하다는 사실을 반영한다. 철도 운송량도 에너지 사용량과 비례 관계가 있고, 은행 대출 증가 역시 에너지 사용을 늘리면서 생산 활동을 증가시킨다.

국제관계의 중요한 퍼즐 조각, 석유

—— 석유는 20세기 내내 주요 에너지원이었다. 석유가 사용되기 전 가장 중요한 에너지원은 석탄이었다. 산업혁명은 한마디로 에너지원의 혁신이었다. 1차 산업혁명은 증기기관을 통해 석탄이라는 에너지를 본격적으로 활용할 수 있게 된 이후의 변화였다. 증기기관을 통해 석탄의 화력을 운동 에너지로 손쉽게 전환하면서 과거를 압도하는 생산성의 진보를 이룬 것이다. 18세기 석탄이 풍부한 영국에서 산업혁명이 이루어지면서 영국은 '해가 지지 않는 나라', 대영제국으로 도약했다.

이후 영국이 쇠락하고 미국이 20세기 초반에 강국으로 부상한 것도 에너지원의 혁신 때문이다. 20세기에 이르러 미국이 압도적인 석유 생산량과 선도적 활용으로 산업화를 이룬다. 20세기 전반기 미국은 세계 원유 생산량의 60%를 차지하는 압도적 1위의 산유국이었다. 그리고 이것은 전례 없는 생산성 향상과 공급량 증대에 기여했다. 1920년대에 이미 포드Ford의 '모델 T' 자동차는 생산량 1,000만 대를 넘었다. 당시 유효수요가 따라올 수 없을 정도로 산업 전반의 생산량이 급증한 상황은 1920년대 대공황의 주요 원인이 되기도 했다. 이후 20세기 후반, 미국은 사우디 등 중동 산유국에 최대 산유국 자리를 내주었지만 중동에 대한 영향력을 유지하며 세계의 석유 자원을 자국 영향력 아래에 두려는 노력을 계속해왔다. 그리고 21세기, 셰일혁명으로 다시 최대 산유국의 자리에 복귀했다.

부의 원천에 대한 '애덤 스미스적' 고찰은 오늘날에도 중요하다. 부의 원천을 제대로 파악하고, 그 성질에 대해 고민하는 것은 오늘날의 부와 정치를 이해하는 데도 필수이기 때문이다. 미국의 학자 노엄 촘스키는 미국이 일본과 동맹을 맺고 일본의 충성을 보장받을 수 있는 이유는 미국이 중동 산유국을 장악하고 호르무즈 해협 통과를 보장하고 있기 때문이라고 주장한다. 같은 맥락에서 미-중의 남중국해 분쟁 또한 이해할 수 있다. 남중국해가 중요한 이유 중 하나는 그곳이 에너지가 드나드는 길목이기 때문이다. 그 길목에 한국과 일본 등 주요 석유 수입국이 의존하고 있다. 만약 중국이 남중국해를 장악하면 아시아의 수입국은 미국이 아닌 중국의 눈치를 봐야 할지 모른다. 우리가 생각하는 것 이상으로 석유라는 자원은 부의 원천으로서 복잡한 국제관계의 중요한 퍼즐 조각처럼 작용하고 있다.

한국은 부의 원천인 석유와 가스 자원을 거의 전량 해외에 의존하고 있다. 이러한 상황에서는 국제정세와 석유 수출국의 영향권에서 벗어날 수 없다. 이 책에서 살펴볼 새로운 에너지원의 등장은 한국이 처한 에너지 수입국의 처지를 바꿀 수도 있고, 아니면 새로운 형태로 에너지 해외 의존도를 높이는 상황을 만들 수도 있다. 오늘날 한국은 세계 5위의 원유 수입 대국이다. '한국은 무역으로 먹고사는 나라'라는 흔한 말은 한국의 인력과 기술로 제품을 만들어 수출하고, 그 대가로 획득한 외화로 에너지를 수입하는 현실의 다른 말이다. 최근 수년간 한국의 5대 수입품목 중 세 개가 석유, 석유제품, 천연가스였다. 열심히 돈 벌어서 그 돈으로 에너지원을 조달하는 것이 지금 한국의 현실이다.

우리 일상과 꿈을
지배하는 석유

인간이라는 물고기는 석유라는 물에서 살고 있다.
_빌 게이츠, 《빌 게이츠, 기후재앙을 피하는 법》 중에서

석유petroleum, 石油는 글자 그대로 암석petro에서 나온 기름oleum이다. 석유는 암석 중에서도 주로 퇴적암에 존재한다. 퇴적암에는 암석 입자들 사이에 작은 공간이 있고 바로 이 공간 안에 석유가 저장된다. 석유는 지질시대에 강과 바다의 바닥에 쌓여 있던 동물 사체, 플랑크톤, 나뭇잎 등의 유기물질이 지질활동으로 지하에 수 킬로미터가량 깊숙이 묻혀 있다가 고온, 고압 상태에서 화학 반응을 일으켜 만들어진다. 결국 석유란 과거 동식물의 생명을 유지한 '태양에너지'가 포식과 화석화의 단계를 거쳐 돌의 입자 사이에 저장된 것이다.

인간이 지상으로 끌어올린 원유는 정제과정을 거쳐 휘발유, 등유, 경유, 중유 등으로 분리된다. 정제과정을 거친 석유를 석유제품 또는 제품유라고 한다. 이러한 제품유는 자동차, 항공기, 선박 등의 연료로 주로 쓰인다. 연료로서 석유의 용도는 익숙하고 잘 알려져 있다. 그런데 석유는 연료 외에도 각종 석유화학 제품의 원료로도 사용된다. 사실 이 용도가 우리 일상에 더 밀접하게 관계되어 있어 더 대체하기 어렵다. 원유를 가열하면 휘발유, 경유, 등유의 제품유 외에 석유화학의 기초원료인 나프타naptha를 얻게 된다. 나프타는 석유화학 공정을 거쳐 플라스틱 등 합성수지와 합성섬유, 합성고무 등으로 만들어진다. 언제 어디서든 주위를 둘러보면 생활의 거의 모든 것이 석유화학 제품으로 이루어졌음을 알 수 있다. 스마트폰과 TV를 비롯한 가전제품, 주택과 차량 내장재, 세제, 샴푸, 화장품, 페인트 등 각종 문명의 이기가 석유를 원료로 제조된다. 우리가 입는 옷도 대부분 나일론, 폴리에스테르, 고어텍스 등 석유 원료의 합성섬유다. 심지어 음식조차도 석유화학 기술로 만들어진 비료로 재배된다. 그래서 석유를 에너지원으로만 이해한다면 잘못된 것이다.

우리 일상의 기본값이 된 석유

—— 많은 이의 버킷리스트에 해외여행 혹은 세계일주가 있다. 또 고

가의 자동차가 성공의 상징이 된 세상이다. 앞으로 전기차 보급으로 내연기관 자동차는 일정 부분 점유율을 내줄 수도 있다. 그러나 현재 여행과 교역을 가능하게 하는 항공기와 선박은 석유 외 다른 에너지원으로 구동할 수 없다. 석유나 가스가 없다면 개인의 여행과 국가 간 물자 이동이 멈춘다. 이런 상황은 무역에 국가 살림을 절대적으로 의존하는 한국, 중국, 일본과 같은 나라에서는 받아들여질 수 없다. 차를 타지 않고, 비행기를 이용하지 않고, 무역을 하지 않으며, 석유화학 제품을 사용하지 않는 시대를 과연 상상이나 할 수 있을까. 이런 활동을 조금만 줄여도 우리 일상은 엄청난 타격을 받게 된다.

우리는 일상에서 석유가 있어 누리는 것들을 인지하지 못하고 살아간다. 공연을 감상할 때 무대를 비추는 조명과 의상이 석유에서 나왔음을 생각하지 않는다. 병원에서 진료를 받을 때 각종 의료기기와 약품이 석유화학 제품을 원료로 만들어졌음을 생각하지 않는다. 집에서 가전제품을 이용할 때 그 제품이 석유라는 재료로 생산됐고 석유로 작동한다는 사실을 생각하지 않는다. 도로 위에서 자동차를 운전할 때 그 도로가 석유의 일종인 아스팔트임을 생각하지 않는다. 이 모든 것들은 마치 우리 일상의 '기본값'으로 여겨지는 당연한 조건들이기 때문이다. 그래서 빌 게이츠는 오늘날의 인간을 물고기로, 석유를 그 물고기가 사는 물로 비유했다.[2] 물고기는 물에서 살기 때문에 물의 존재를 인식하지 못하고 무엇인지도 모른다. 그 정도로 현대인은 석유 속에서 살고 있다. 석유에 대한 사람들의 이미지가 피상적으로는 부정적일 수 있고, 또 쉽게 대체 가능하다고 생각할 수 있다. 그러나 한 꺼풀만 파고 들어가면 석유가 인류의 삶을 지탱하고 경제 시스템을 이끌어 가고, 우리의 꿈까지 지배하고 있다는 사실을 깨닫는다. 한마디로 석유의 피상적 혹은 부정적 이미지는 그 본질에 가닿으면 부서지거나 딜레마에 빠지게 된다. 지금 석유는 우리 삶을 지배하고, 국가 경제를 지배하고, 개인의 재테크마저 결정하는 요소가 됐다. 심지어 석유가 만든 문화는 사람들의 감성과 낭만까지 장악하고 있다. 이 때문에 다니엘 예긴Daniel Yergin은 현대인을 '탄화수소 인간'이라고 불렀다. 탄화수소는 석유의 다른 말이라는 점에서 그는 현대인을 '석유 인간'이라 부른 것이다. 먼 미래의 역사가도 석유를 사용한 최근 200년의 인류를 그렇게 부를 것이다.

석유가 고갈되면 세상은 어떻게 변할까?

── 미국의 엔지니어 출신 언론인 크리스토퍼 스타이너Christopher Steiner는 저서 《석유 종말시계》를 통해 석유가 고갈되어 대중적으로 쓸 수 없는 사회를 그렸다. 그에 따르면 석유가 고갈된 세계에서는 내연기관차가 사라지게 되는데 그 빈자리를 다른 종류의 차량이 대체하지 못한다. 물론 전기차가 보급되기는 하지만 승용차를 위해 쓰일 수 있는 전기의 양이 매우 제한적이라서 극소수의 사람만 개인용 차량을

갖게 된다. 따라서 세계적으로 고속열차와 전철이 많이 늘어나는데 그것들이 석유가 아닌 전기를 쓰는 운송 수단이기 때문이다. 차를 타고 가야 했던 교외의 월마트는 사라지고 철도역 근처 상점들이 번성한다. 때문에 스타이너는 철도회사의 주식을 사라고 권했다. 또 비행기는 전기로 구동되지 못하기에 여전히 석유를 연료로 써야 하고 매우 귀해진 석유 때문에 대부분의 사람이 일생에 단 한 번도 비행기를 타지 못한다. 또한 석유로 만들었던 각종 플라스틱, 합성섬유 등의 생산량이 줄어들어 모든 상품이 귀해지고 목재, 금속 등 모든 물질의 가격이 올라간다.

스타이너의 예측대로 미래가 펼쳐질지, 아니면 새로운 에너지원이 그 자리를 완벽히 메꿀지는 불확실하다. 다만 확실한 것은 석유가 지금까지 인류의 삶을 바꿔놓은 만큼 석유를 다른 에너지로 대체하려면 엄청난 변화와 노력이 필요하다는 것이다. 지금 인류는 그 쉽지 않은 변화의 초입에 있다. 이는 인류의 과제이면서 개인과 기업에게는 위기이자 기회가 될 수 있다.

석유는 여전히
많은 것을 결정한다

인간을 제거하기만 하면 우리의 생산물은 모두 우리의 것이 됩니다.
_조지 오웰, 《동물농장》 중에서

조지 오웰의 소설《동물농장》의 배경이 되는 장소는 '농장'이다. 인간
은 농장의 생산물을 빼앗아가는 약탈자로 그려지고, 동물들은 저항하
며 혁명을 일으키는 모습으로 표현된다. 소설의 배경이 생산의 현장
인 '농장'이 될 수밖에 없었던 이유는 모든 이해관계의 중심에 생산물
이 있고, 소설이 풍자하고자 하는 정치의 모습도 생산물과 분리할 수
없기 때문일 것이다. 소설에서 동물은 '인간을 제거하기만 하면 우리
의 생산물은 모두 우리의 것이 된다'라고 말한다. 소설과 현실에서 혁
명의 원인도, 부패의 이유도 모두 생산물이었다.

2차 세계대전 이후 지구라는 농장에서 가장 중요한 생산물은 석유였다. 그렇기에 국제정치와 국제질서의 결정 요인으로 작용해왔다. 정치는 중요 생산물에 대한 이해관계를 무력 없이 조정하는 기능을 한다. 어느 사회든 강자의 목표는 주요 생산물에 대한 강한 지배권의 확보이고, 그 과정을 무력 없이 조정하는 것이 정치의 역할이다. 그리고 그 조정의 과정에서 파생되는 의식이나 관행이 어떤 질서를 형성한다. 따라서 오늘날의 중요 생산물인 석유가 국제정치의 기저에서 중요한 결정 요인이 된 것은 자연스러운 일이다.

탄소중립과 에너지 전환이라는 말이 넘쳐나는 오늘의 시대도 크게 다르지 않다. 지금도 석유는 국제정치와 국제관계의 많은 부분을 결정한다. 오늘날 미국의 패권도 미국이 중동 산유국을 장악하고, 석유의 주요 수송로 등을 포함하는 해상권을 장악하고 있기 때문에 가능한 일이다.

패권을 좌우하는 가장 강력한 통제 수단, 석유

―― 국제관계에서 무력을 쓰지 않는 제재 중 가장 강력한 수단은 석유, 가스, 석탄 등 에너지 자원의 공급을 막거나 자원을 거래하지 못하도록 하는 것이다. 이것만큼 한 나라의 생존을 위협하는 제재 수단은 없다. 식량과 관련한 제재도 가능하겠지만 인도적이지 않을 뿐 아니

라 대부분의 나라에서 식량은 어느 정도 생산이 가능하다는 점에서 효력이 떨어진다. 그러나 석유는 그 편재성 때문에 거래를 막으면 국가의 존립을 위태롭게 한다. 그래서 강력한 해군력으로 해상권을 장악한 국가가 패권을 쥐게 된다.

최근 국제뉴스에서 가장 많이 언급되는 소식이 미국과 이란과의 핵 협상이다. 2018년 5월 트럼프 행정부가 이란 핵 합의로 통칭되는 포괄적공동행동계획JCPOA에서 탈퇴한 이후, 미국 정부는 이란에 대해 강도 높은 경제 제재를 실시하고 있다. 그중 핵심이 이란의 원유 수출 금지다. 2021년 출범한 바이든 정부는 트럼프 정부와 달리 전향적으로 이란과 핵 합의 복원 협상을 재개하리라 예상됐다. 또 원유 수출 중단으로 경제적 어려움을 겪는 이란이 핵 협상에 적극적으로 임해주리라 기대했다. 이러한 기대감 속에서 2021년 4월에 이란 핵 합의 복원 협상이 오스트리아 빈에서 시작됐다. 그러나 이후 2022년 1월까지 일곱 차례 협상이 있었지만 합의에 이르지 못했다.

원유 수출 금지와 해외 자산 동결 등 강도 높은 제재에도 불구하고 이란이 4년 가까이 버틸 수 있는 배경에는 석유와 중국이 있었다. 블룸버그에 따르면 중국은 2021년 연중 지속적으로 하루 40만~60만 배럴의 원유를 이란에서 수입했다.[3] 2021년 이란의 원유 생산량은 하루 약 250만 배럴인데, 그중 약 5분의 1을 중국이 사준 것이다. 이란의 내수로 소비되는 물량을 고려할 때 수출 물량의 대부분을 중국이 구매한 것이다. 이것이 바로 이란 경제의 파멸을 막는 생명선 역할을 해왔다. 중국은 공식적으로는 이란산 원유를 수입하지 않았다고 밝혔지만 오만산 원유 등으로 둔갑해 이란산 원유를 들여오고 있었다. 이에 미국은 지속해서 중국에 이란산 원유 구매를 중단해달라고 요청했지만 오히려 중국은 조금씩 수입을 늘리는 추세를 보였다. 이것은 미국이 2022년 베이징 동계올림픽에 외교적 보이콧을 선언한 하나의 요인이 되기도 했다.

북핵 문제의 핵심에도 석유가 있다. 2017년 12월, UN안보리결의 2397호를 통해 북한으로 석유 수출은 대부분 금지된 상태다. 원칙적으로 북한으로 들어가는 석유가 없다면, 북한은 미사일을 발사할 수도, 군사 무기를 운용할 수도 없다. 그러나 북한은 엄연히 석유를 소비하고 있다. 오랫동안 미국은 북핵 문제 해결의 열쇠를 중국이 쥐고 있다고 주장했다.[4] 중국이 북한이 소비하는 원유 대부분을 공급해주고 있기 때문이다. UN결의에도 불구하고, 북한은 일정량의 원유를 공급받고 있다. 북한이 대규모 물량을 해상으로 수입하기는 어려우나 북한과 중국 사이에 건설된 송유관을 통해서는 어느 정도 도입이 가능하다. 2021년 8월에는 이 송유관의 보수공사가 진행되는 중이라는 소식이 전해지기도 했다.[5]

지금도 에너지 자원을 레버리지로 사용하는 형태는 지속 중이다. 2021년 러시아는 우크라이나의 북대서양조약기구NATO 가입 등을 놓고 미국 및 EU와 갈등하면서 유럽에 대한 천연가스 공급을 급격히 줄였다. 그 결과 유럽의 가스 가격은 2021년 12월에 그해 상반기 대비

5배 이상 폭등했다. 이 사건은 제2장에서 더 자세히 살펴보겠다.

왜 석유 때문에 전쟁을 할까?

—— 석유 제재는 무력을 동반하지 않는 가장 강력한 수단이면서 동시에 무력을 동반할 수밖에 없게 만드는 요인이었다. 1941년 일본의 진주만 기습의 발단이 된 사건은 미국의 대일 석유 금수조치였다. 당시 일본은 석유의 대부분을 미국에 의존하고 있었다. 그런데 1941년 7월, 일본이 프랑스령 인도차이나(베트남, 라오스, 캄보디아 등)를 점령하자 미국은 대일 석유 금수조치를 단행했다. 그로부터 4개월 후 일본은 진주만을 기습했다. 당시 일본은 원유를 구할 수 없다면 아무것도 할 수 없는 상황이었다. 따라서 주요 원유 생산지였던 인도네시아 등에서 원유를 수송해야 했다. 이를 위해서 원유 수송을 방해할 수 있는 미국 태평양 함대를 무력화시킬 필요가 있었다.

2차 세계대전의 가장 처절한 전투 중 하나였던 1942년 독일과 소련 간 스탈린그라드 전투도 석유가 중요한 원인이었다. 모스크바가 아닌 스탈린그라드에서 양국이 수백만 명의 사상자를 내면서 6개월 가까이 처절하게 싸울 수밖에 없었던 이유는 그곳이 소련 남부의 캅카스 유전지대와 소련 북부의 공업지대를 잇는 석유의 공급로였기 때문이다. 당시에도 석유는 전쟁의 승패를 결정짓는 중요한 전략 자원이었다. 나치 독일은 스탈린그라드에서 패하면서 쇠퇴의 길로 들어선다.

1973년 사우디와 쿠웨이트 등 아랍 산유국은 4차 중동전쟁 중 미국이 이스라엘을 지원하자 이에 대한 보복으로 미국과 그 우방국에게 석유 공급을 중단하거나 줄였다. 거의 전 세계를 대상으로 석유 제재를 단행한 것이다. 이로 인해 미국의 국민총생산GNP은 1973년에서 1975년 사이 6%나 감소하고 실업률은 9%까지 치솟았다. 이것이 바로 1차 오일쇼크였다. 오일쇼크의 공포는 미국이 1991년 걸프전과 2003년 이라크전을 일으키게 한 중요한 역사적 배경이다.

오일쇼크는 1970년대 한국의 경제와 외교에도 영향을 미쳤다. 오일쇼크의 충격 속에서 한국 정부는 1973년 12월 '친아랍성명'을 발표하며 이스라엘의 점령지 철수를 촉구해야 했다. 친아랍성명은 미국의 의사에 부합하지 않았지만, 강행할 수밖에 없을 정도로 석유가 경제에 미치는 영향이 컸다. 그 이후에도 한국 정부는 중동 산유국과 우호적 관계 확립을 위해 노력했는데, 1977년에는 이란 테헤란 시장을 초청해 서울 강남의 한곳을 테헤란로로 명명하는 행사를 열었다. 당시 이란은 세계 산유량의 약 10%를 차지하는 거대 산유국이었다.

생산물의 변화가 곧 사회 변혁의 원동력

— 2010년 이후 석유라는 중요 생산물에 변화가 발생한다. 셰일혁명으로 미국의 원유 생산량이 10년 사이 약 두 배 이상 증가한 것이다. 이로써 미국에게 중동의 석유는 과거처럼 사활을 걸고 지켜야 하는 자원이 아니게 된다. 미국은 2018년 세계 1위의 산유국으로 등극하면서 미국이 주도하는 국제정치도 변화를 맞는다. 당시 트럼프 행정부는 '미국 우선주의'를 외치며 이라크와 시리아 등 중동에 주둔한 미군을 대거 철수시켰다. 뒤이어 출범한 바이든 정부도 2021년 7월 아프가니스탄에서 철수를 결정하며 군사적 부담을 줄여가는 모습을 보인다. 이와 대조적으로 미국의 원유 생산량이 1960년대 이후 최저치를 기록했던 2000년대 초반, 미국은 이라크전과 아프가니스탄전을 단행하며 중동에 적극적으로 개입했다. 그러다 2010년 이후 미국의 원유 생산량이 급증하면서 중동에서 역할 축소를 지향하고 있는 것이다.

필자는 전작 《석유는 어떻게 세계를 지배하는가》에서 석유가 국제질서와 세계 경제를 지배해온 역사를 설명하면서 한국 현대사의 두 가지 키워드가 경제발전과 민주화라면, 세계 현대사의 두 가지 키워드는 냉전과 석유라고 했다. 그 정도로 석유는 지난 수십 년간 세계 정치와 경제에서 중요한 역할을 해왔다. 오늘날에도 그 역할과 위력은 크게 다르지 않다. 그래서 지금 우리에게 필요한 것이 균형 감각이다. 여전히 석유가 오늘날 많은 것을 결정하지만 동시에 탄소를 줄이고 새로운 에너지를 찾으려는 노력도 갈수록 중요해지고 있기 때문이다. 석유는 당분간 오늘을 결정하는 현실적 요인이고, 에너지 전환과 탄소감축의 노력도 이 시대의 사명이다. 따라서 누군가의 말처럼, 현실주의자를 지향하며 가슴 속으로 불가능한 꿈을 꾸는 양면적 노력이 필요하다.

석유가 오늘의 세상을 결정한다는 사실을 경제적으로 체감하게 만드는 것이 바로 국제유가다. 모든 재화는 에너지를 소비하며 생산되고 운송되기에 유가는 각국의 물가 수준을 결정하는 가장 기초적 요인이다. 그런데 유가는 수요와 공급 외에도 다양한 정치, 경제, 금융 요인들이 함께 작용해 결정된다. 제2장에서는 국제유가를 움직이는 다양한 요인들을 통해 석유가 오늘날 어떤 의미인지 더 자세히 살펴볼 것이다.

2050 THE FUTURE OF ENERGY WAR

제2장

국제유가를
움직이는 요인들

음모론과 예측 사이에 놓인 국제유가

일반적으로 예측은 미래보다
예측자에 대해 더 많은 것을 알려준다.
_워런 버핏

코로나19가 세계를 휩쓸기 직전인 2020년 초 국제유가는 배럴당 60~68달러 사이에서 움직였다. 이후 코로나19가 확산되자 그해 3월 유가는 반토막이 되며 30달러대 초반까지 하락했다. 당시 유가 급락은 일반 투자자들의 관심을 끌면서 원유 가격을 추종하는 파생상품(ETN 등)에 대한 투자가 급증했다. 당시 유가는 연초 대비 50% 이상 급하게 하락한 상태여서 곧 반등할 것이라는 심리가 있었다. 그러나 그러한 생각을 비웃기라도 하듯 유가는 재차 급락하면서 2020년 4월 WTI(서부 텍사스 원유) 선물 월 평균 유가가 20달러 이하로 떨어졌다.

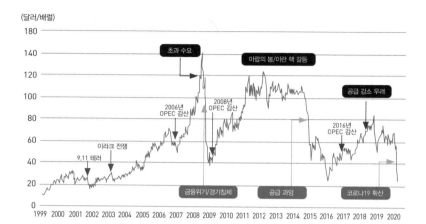

출처: 한국석유공사

급기야 4월 20일에는 마이너스 37.63달러에 거래되며 판매자가 오히려 돈을 주고 팔아야 하는 초유의 상황까지 연출됐다. 2020년 3월에 원유 관련 상품에 투자했던 사람들은 큰 손실을 봐야 했다.

독점과 담합도 막지 못한 유가 변동

━━ 국제유가는 금리와 환율 이상으로 세계 경제와 국내 경제에 미치는 영향이 크다. 유가는 다른 모든 상품을 만드는 원가의 중요한 일

부로 물가를 결정하는 중요한 요소다. 한국의 경우, 수입품목 중에 가장 큰 비중을 차지하고 있어 국제수지를 좌우하는 요소이기도 하다. 따라서 유가 예측은 석유 사업뿐만 아니라 전반적인 거시경제 동향을 파악하는 데 있어서도 매우 중요하다. 그러나 유가 예측은 주가, 금리, 환율 등 다른 경제 관련 수치를 예측하는 것보다 훨씬 어렵다.

역사적으로 국제유가는 주식이나 다른 상품의 가격을 압도하는 변동성을 보였다. 석유시장과 비슷한 변동성을 보이는 시장이 또 하나 있는데 농산물 시장이다. 어느 해에 양파 또는 배춧값이 헐값이 되었다가 다른 해에는 금값이 되는 현상이 나타나곤 한다. 농산물 시장은 석유시장만큼 수급 균형의 일탈을 자주 보이는데, 두 시장은 중요한 공통점을 가진다. 두 시장 모두 다수의 공급자와 다수의 수요자가 존재하는 소위 '완전 경쟁 시장'에 가깝다는 것이다.

그렇다면 석유시장이 단 하나의 기업에 독점된다면 석유 가격은 안정될 수 있을까? 실제로 석유시장에서는 독점을 통해 가격을 통제하려는 시도가 역사적으로 몇 차례 있었다. 근대 석유산업이 최초로 태동한 19세기 후반 미국에서 존 데이비슨 록펠러John Davison Rockefeller는 미국 내 석유산업의 95%를 장악하며 독점적 지위를 확보했다. 그는 석유의 유일한 '표준'을 지향하며 '스탠다드 오일'Standard Oil을 설립하고 경쟁사를 합병하며 석유왕으로 군림했다. 1911년 반독점법으로 해체될 때까지 스탠다드 오일은 원유 수급을 홀로 장악했다. 그래서 잠시나마 유가의 급락과 급등을 방지하면서 가격을 통제할 수 있었다. 록펠러가 석유왕이라 불리며 시장을 독점하려 했던 이유는 무엇보다 가격 변동의 리스크를 없애기 위함이었다.

훗날 주요 산유국은 이 사례를 벤치마크했다. 1960년대에 최대 원유 공급자가 된 중동과 남미 산유국은 석유수출국기구(이하 OPEC)라는 카르텔을 통해 공급량을 조절하고자 했다. OPEC은 공급량을 통제하면서 1970년대 오일쇼크를 일으키기는 했지만 그들의 영향력도 그리 오래가지 못했다. 1974년 IEA가 출범하면서 회원국들이 공동으로 원유 비상재고를 비축하며 독점을 통한 공급량 조정의 영향을 상쇄했던 것이다. 더 중요하게는 OPEC 회원국 간 담합이 제대로 유지되지 않았다. 결국 스탠다드 오일도, OPEC도 유가를 통제할 수 없었다. 독점은 공격받기 쉬웠고 담합은 깨지기 쉬웠다.

유가 예측이 어려운 세 가지 이유

──── 설령 독점과 담합이 제대로 유지된다고 해도 유가의 변동성을 낮추면서 예측 가능성을 높이기는 쉽지 않다. 그 이유는 세 가지로 생각해볼 수 있다.

첫째, 독점 생산자라도 장기 생산량을 예측할 수 없다. 현재 기술로도 지하에 얼마만큼의 석유가 매장되어 있는지 정확히 알지 못한다. 역사적으로 석유 매장량과 생산 예측은 번번이 틀려왔고, 지금도 탐사 성공률은 보통 30%를 넘지 못한다. 2014년 하반기 급증한 셰일오일로 유가가 폭락했을 때도 셰일오일의 생산량 급증을 예측한 전문가는 거의 없었다. 또한 탐사에 성공해서 생산 중인 유전이라 할지라도 산유량을 공장의 생산관리처럼 정확히 조절할 수 없다. 원유 생산을 결정하는 지하 저류층의 압력과 수명은 많은 부분이 사람의 통제 밖에 있기 때문이다.

둘째, 공급량 조절도 어렵지만 수요도 예측하기가 어렵다. 코로나19로 2020년 2분기 세계 석유 수요는 전년 동기 대비 약 16% 감소했다. 이러한 수요 급락은 누구도 예측하지 못한 것이었다. 그리고 그 이후 나타난 빠른 수요 회복도 다수의 예상을 벗어났다. 코로나19라는 예외적 상황을 배제하더라도 석유 수요는 경기 순환과 경제성장률, 물가, 실업률 등 예측이 힘든 거시경제의 영향을 크게 받는다. 예측이 어려운 경제 환경에 종속된 석유 수요 역시 예측의 영역이 아니다.

셋째, 석유시장에는 실제 원유가 필요해서 거래하는 시장 참여자보다 거래를 중개하거나 차익을 얻기 위해 시장에 참여하는 거래자가 훨씬 많다. 오늘날 뉴욕과 런던의 상품거래소에서는 실물 원유를 수반하지 않는 페이퍼 거래가 실물 거래의 20~30배 수준으로 발생한다. 투자, 투기, 거래 중개, 가격 헤지 등 다양한 목적의 거래가 유가의 변동성을 키우고 있다. 2020년 4월 WTI 선물의 마이너스 가격도 원유 실물이 필요 없는 거래자들이 실물 인수를 피하기 위해 만기일 전에 원유 매수 포지션을 급히 정리하면서 발생한 것이었다.

유가와 관련한 음모론적 이야기

─── 유가의 또 다른 특징은 유가 변동이 음모론으로 흐르기 쉽다는 점이다. 그도 그럴 것이 유가 급등 혹은 급락은 자주 큰 정치적, 경제적 이벤트를 동반해왔다. 1980년대 후반 미국이 사우디를 이용해 유가 급락을 일으켰고, 이것이 소련 붕괴를 촉발했다는 것이 대표적 예다. 지금의 러시아도 사우디에 버금가는 산유국인데, 1980년대의 소련도 석유 수익이 국가 재정의 큰 부분을 차지했다. 당시 소련은 아프가니스탄 전쟁에서 10년 가까이 고전하고 있었고 경제적으로도 어려운 상황이었다. 그런데 1986년 사우디가 원유시장 점유율 확대를 선언하며 대폭 증산을 선언했다. 그러자 유가는 1985년 배럴당 30달러 수준에서 이듬해 7달러까지 떨어진다. 이후로도 수년간 저유가 기조가 유지되면서 소련 경제에 치명적 영향을 주었다. 결국 소비에트 연방은 1991년 12월 붕괴했다.

반대로 1970년대 유가 급등은 미국의 핵심 이익을 지키는 데 큰 역할을 했다. 1971년 닉슨 대통령은 금과 달러의 교환을 중지한다고 선언했다. 이른바 '닉슨 쇼크'로, 기축통화로서 달러의 지위를 지켜주었던 중대한 약속을 파기한 것이다. 당시 달러는 1944년 시작된 브레튼우즈 체제에서 달러와 금을 교환해주겠다는 금 태환 약속에 기반해 국제통화로서의 지위를 유지했다. 즉 달러는 금과 교환할 수 있는 자산이었기에 금과 같은 안정성과 보편성을 갖는 자산이 될 수 있었다.

따라서 금 태환 중지는 달러의 지위를 흔들 수도 있었다. 그러나 당시 달러는 석유를 거래하는 수단이었다. 닉슨 쇼크 이후, 미국은 사우디로 하여금 원유의 결제 통화를 달러로 통일하도록 했다. 공교롭게도 1970년대의 유가는 10년간 꾸준히 상승했다. 1970년대 초반 유가는 배럴당 3달러 수준이었는데, 이후 10년 내내 꾸준히 오르면서 1970년대 후반에는 30달러 이상이 된다. 그리고 이 상승은 달러의 수요를 크게 늘리면서 달러의 지위를 지켜주었다. 시장에서 원유를 사려면 먼저 달러부터 확보해야 하는 상황은 오늘날까지도 이어지고 있다.

가장 최근인 2000년에서 2008년 사이의 유가 급등도 음모론적 해석이 가능하다. 중국은 2001년 WTO에 가입하면서 2000년대 초반 연평균 10% 넘는 경제성장률을 구가했다. 당연히 중국의 원유 소비도 크게 증가했는데, 약 10년 동안 두 배로 늘어났다. 지금도 중국은 세계 최대의 원유 수입국이다. 따라서 유가 등락에 따른 국제수지 변화 등 경제에 미치는 영향이 가장 큰 나라다. 따라서 당시의 유가 급등은 중국을 견제하는 수단이 될 수 있었다는 해석이 가능하다.

사실 위 사례들은 모두 사후적이고 결과론적인 해석일 뿐이다. 사전에 그런 의도를 가지고 움직였다고 보기 어렵다. 앞서 설명했듯이 유가 예측이 어려운 이유는 달리 말하면 유가를 통제하기 어렵다는 뜻이기도 하다. 모든 재화의 가격이 그러하듯 유가도 수요와 공급으로 결정된다. 석유는 전 세계인이 모두 사용한다. 즉 수요가 어느 특정 집단이 통제할 수 없을 정도로 광범위한 영역에서 발생한다. 따라서 석유 수요를 한 나라가 통제한다는 것은 불가능한 일이다. 석유 수요를 조정한다는 것은 거시경제 전반을 조정한다는 말과 같다.

그렇다면 공급은 어떨까? 석유 공급의 경우, 미국이 특정 산유국을 제재하거나 산유국들이 담합을 통해 공급량을 조정할 여지는 있다. 그러나 이 같은 개입은 이미 발생한 수급 불균형에 대한 대응이지 미리 계획된 것이 아니다. 앞서 설명한 대로 석유의 공급도 세계 각지에서 수년에 걸친 장기 투자의 결과이므로 단기적 개입으로는 큰 흐름의 변화를 줄 수 없다. 지정학적 위기나 급변이 유가를 변화시키는 일도 있지만 이 역시 단기 충격에 그칠 때가 많다.

유가 변동에 음모론적 시각이 있는 이유는 그만큼 유가 변동이 국가별 이익에 큰 영향을 주기 때문이다. 지금도 각국은 유가 변화에 따른 손익을 치밀하게 계산한다. 만약 지금 유가 급등이 나타나게 된다면 가장 큰 피해를 보는 나라는 중국이 될 수 있다. 중국은 세계 7위의 산유국이지만 동시에 세계 1위의 원유 소비국이자 수입국이기 때문이다. 현재 중국은 필요한 원유의 70%를 해외 수입에 의존하며 그 규모는 하루 1,000만 배럴에 달한다. 중국의 3대 국영 석유사(중국해양석유총공사CNOOC, 중국석유화공집단Sinopec, 중국석유천연가스집단CNPC)가 석유 개발 투자를 늘리며 자주적 에너지 공급을 위해 힘쓰고 있지만 중국의 수요를 감당하기에는 역부족이다.

만약 향후 유가가 급등한다면 치열한 미중 패권 경쟁에서 미국의 의도가 개입되었다는 음모론적 해석이 나올 수 있을 것이다. 특히

2018년 이후에는 미국이 세계 최대 산유국이 되면서 유가에 미치는 영향력이 상대적으로 커졌다는 점에서 더욱 그러하다. 그러나 미국도 결국 세계 산유량의 10% 정도만을 차지할 뿐이다. 전통적으로 유가에 가장 큰 영향력을 준 집단은 가장 큰 원유 수출 물량을 가진 집단이었다. 보통 사우디를 위시한 OPEC이었고 지금은 러시아의 역할도 크다. 미국은 기본적으로 시장경제 체제여서 사우디와 러시아처럼 발빠르게 석유기업을 통제하며 생산량을 조절할 여건이 되지 않는다.

핵과 석유가 얽혀 있는
미국-이란 관계

중동에 석유가 없다면 미국은 중동에 대해
남극만큼도 관심을 가지지 않을 것이다.
_노엄 촘스키

2020년 아카데미 작품상은 봉준호 감독의 〈기생충〉에 돌아갔다. 이 영화는 '빈부 격차와 계급 갈등'이라는 세계 공통의 주제를 창의적 방식으로 다루면서 미국 아카데미를 비롯한 많은 관객의 공감을 불러일으켰다. 그런데 역대 아카데미 작품상 수상작 중 유독 한국 관객들에게 낯선 영화가 하나 있다. 2013년 수상작 〈아르고〉인데, 이 영화는 작품상 등 3관왕을 달성했음에도 우리나라에서는 불과 14만 관객이라는 초라한 흥행 성적을 기록했다. 벤 애플렉이 감독과 주연을 동시에 한 이 영화는 미국과 이란의 관계에 결정적인 영향을 준 현대사의 중요 사건을 다룬다. 1979년 11월 발생한 '이란 주재 미국 대사관 인질 사건'Iran Hostage Crisis이 그것이다.

당시 미국인 52명이 444일간 이란에 억류된 상태로 장기간 사건이 해결되지 않자 카터 행정부에 대한 비난이 최고조에 달했다. 더욱이 그 기간 중 2차 오일쇼크가 장기화되며 미국 경제에도 치명적인 영향을 미쳤다. 이때부터 이란은 미국을 악마satan로 규정하고 이후 미국도 이란을 악의 축Axis of evil으로 규정하며 적대적인 관계를 이어간다. 1979년의 이 사건 이후 오늘날까지 40년 넘게 두 나라의 관계는 중동 정세를 좌우하는 중요 요소이면서, 세계 현대사의 중요한 주제가 되었다. 즉 오늘날 미국과 이란의 관계는 빈부 격차만큼이나 세계를 이해하는 중요한 주제이면서 동시에 석유시장과 국제유가의 중요 변수로 작용하고 있다.

이란은 미국, 사우디, 러시아에 이은 세계 4위의 산유국이었다. 중동에서 사우디와 지역 패권을 다투는 나라라는 점에서 경제적으로나 정치적으로 석유시장에 미치는 영향이 클 수밖에 없다. 한국도 오랫동안 이란에서 많은 양의 원유를 도입해왔다. 그러나 미국의 이란 제재 때문에 2018년 하반기 이후부터 이란산 원유 도입은 막혀 있는 상태다. 2021년 1월 바이든 정부 출범 이후에도 이란 제재는 계속되고 있다.

미국의 핵 합의 탈퇴에 숨겨진 의도

—— 트럼프 대통령은 대선 후보 시절부터 오바마 행정부가 서명한 이란과의 핵 합의$_{JCPOA}$(포괄적공동행동계획)가 최악의 거래라고 비난했다. 결국 취임 후 2018년 5월 협정에서 탈퇴하며 이란에게 12개의 새로운 요구 조건을 제시했다. 당시 미국 국무장관 마이크 폼페이오$_{Mike Pompeo}$는 이란이 새로운 제안을 받아들이지 않을 경우, 사상 최대의 제재에 직면하게 될 것이라고 위협했다. 여기서 주목할 점은 12개 새로운 요구 조건 중 단 네 개만 기존 핵 합의와 관련된 사안이고, 여덟 개는 핵과 관련된 사안이 아니었다는 것이다. 즉 핵 개발이 핵 합의 탈퇴의 중요한 이유가 아니었다.

오바마 정부의 핵 합의 자체가 트럼프 정부가 추구하는 완전한 핵 폐기 수준에 이르지 못한 것은 사실이나 이란은 합의 사항을 잘 준수하고 있었다. 또 이란은 NPT(핵확산금지조약) 가입을 유지하며 핵을 적극적으로 개발하겠다는 의지도 보이지 않았다. 그런데도 미국이 핵 합의를 탈퇴한 이유는 핵을 넘어서는 '더 근원적인' 것을 요구하기 위함이었다.

핵과 관련 없는 새로운 여덟 개 조건의 핵심은 이라크 내 시아파 민병대를 포함해 레바논 헤즈볼라, 시리아 알 아사드 정권, 예멘 후티 반군, 팔레스타인의 하마스 등 중동 전역에서 미국 또는 미국의 우방과 맞서고 있는 세력에 대한 이란의 지원을 전면 중단하라는 것이다. 간

	요구 내용
핵 관련 요구 사항	1. 핵 개발 계획의 완전한 공개와 영구적 핵 포기 2. 우라늄 농축 중단 및 플루토늄 재처리 금지 3. 국제원자력기구IAEA의 모든 핵 관련 시설 접근 허용 4. 탄도 미사일 발사 및 개발 중단
중동 분쟁 관련 요구 사항	5. 미국인 및 동맹국 시민 석방 6. 헤즈볼라, 하마스, 팔레스타인 무장기구 지원 중단 7. 이라크 주권을 인정하고, 이라크내 시아파 민병대 무장 해제 8. 예멘 후티 반군 지원 중단 및 예멘 평화 노력 9. 이란이 지원하는 시리아 내 병력 철수 10. 탈레반 지원 중단 및 알카에다 은신처 지원 중지 11. 이란 혁명수비대의 테러 지원 중지 12. 사우디, 이스라엘, UAE 등 주변국 위협 중단

출처: Heritage Foundation, 2018.

단히 말해 중동 곳곳에서 벌어지고 있는 각종 분쟁에 개입하지 말고 '이란은 이란 국경 안으로 들어가라'는 뜻이다. 새로운 요구 조건 중 마지막 12번째 요구사항은 앞의 11개를 아우르면서 결론적으로 제시된다. 그것은 사우디와 이스라엘 등 주변국에 대한 위협 중단이다.

미국과 이란의 끝없는 대리전

─── 이란을 표현하는 고정적인 수식어가 있다. 바로 '시아파 맹주국'이라는 것이다. 중동 지역에서 발생하는 각종 분쟁은 그 원인과 양상이 매우 복잡하고, 다양한 이해관계가 얽혀 있다. 그러나 그중 가장 중요한 축은 수니파-시아파 종파 간 헤게모니 싸움이고 여기에는 친미 사우디가 주도하는 수니파 세력과 반미 이란이 주도하는 시아파 세력이 각종 분쟁의 지원 세력으로 등장한다. 그래서 중동 내 많은 분쟁이 시작과 배경에 상관없이 미국(또는 사우디)과 이란 간 대리전proxy war 성격을 띠고 있다. 그 대리전에서 미국과 이란은 때로는 직접 개입하거나 간접적으로 지원하면서 지난 수십 년간 엄청난 인명 피해와 물적 손실을 감수하며 치열하게 싸웠다.

미국은 1990년대 이후, 이라크의 사담 후세인 정권과 이란의 이슬람 신정 정권을 동시에 봉쇄하는 이중 봉쇄Dual Containment 전략을 실행해왔다. 인위적인 정권 교체를 통한 반미 정권 제거가 어렵다면 차선으로 두 나라를 국경 안에 가두면서 중동 내 영향력을 최소화하는 소극적 전략이었다. 그러나 2000년대 초반 미국의 원유 생산량이 1960년대 이후 최저 수준인 하루 500만 배럴 이하로 떨어지면서 중동 석유의 중요성이 부각된다. 게다가 이라크 사담 후세인 정권이 제대로 통제되지 않자 미국은 2003년 이라크전을 감행했다. 이라크는 그 자체로도 거대한 산유국이지만 이라크를 통제하면 이란 봉쇄도 가능했다.

이란은 지리적으로 이라크를 거치지 않으면 중동 아랍 국가에 육로로 접근할 수 없기 때문이다. 이라크를 통해 이란을 봉쇄하고 미국의 중요 우방인 사우디를 보호하려는 전략이었다.

이러한 전략은 한국에도 불똥을 튀게 했다. 2003년 미국은 이라크 점령 직후, 한국에 대규모 이라크 파병을 요청했다. 논란 끝에 2004년 이라크 아르빌 주州에 한국 자이툰 부대의 파병이 이루어졌다. 약 3,000명의 대규모 파병이었다. 그 규모만큼이나 미국의 압력은 거셌고 이라크는 절실한 곳이었다.

미국은 이라크전 이후 장기간 이라크에 미군을 주둔시키며 무려 4,000여 명의 미군 사망자를 내며 싸웠고 동맹국 파병 지원도 받았다. 그러나 이런 노력에도 이라크를 장악하고 행정적으로 통제하는 데 실패했다. 오히려 친이란 시아파 세력이 이라크에서 정치적 영향력을 확대하면서 이라크 주둔 미군과 미 대사관에 대한 공격을 지속했다. 그 중심에 시아파 민병대가 있었고, 배후에는 이란 혁명수비대가 있었다. 그들을 지휘한 이란 혁명수비대 사령관 거셈 솔레이마니Qasem Soleimani는 결국 2020년 1월 미국의 드론 공격으로 이라크에서 피살되었다.

미국은 왜 이란을 견제하는 걸까?

—— 미국이 이란을 견제하는 배경에는 이란에 대한 근원적인 불안감이 있다. 만약 미국이 중동 문제에 개입하지 않고 전면 철수할 경우, 지역 패권을 장악할 가능성이 가장 큰 국가는 이란이다. 중동의 다른 나라들이 석유에만 의존하는 취약한 산업 구조를 가진 반면, 이란은 '중동의 독일'이라고 불릴 정도로 제조업이 발전되어 있고 과학기술도 상당한 수준이다. 게다가 중동에서 거의 유일하게 식량을 자급할 정도로 농업도 발전되어 있다. 석유 매장량은 세계 4위, 다른 광물자원도 다른 중동 국가와 비교하면 압도적으로 많다. 군사력에서도 이란은 2년의 군 복무를 의무화하는 징병제를 통해 양적으로 사우디와 이라크 등 주변국을 압도하고 있다. 무엇보다 인구가 약 8,600만 명으로 사우디(3,600만), 이라크(4,200만)의 두 배가 넘는다. 인구 구성에서도 약 절반 이상이 30대 이하이기 때문에 지금이라도 경제 제재가 풀리면 가장 역동적으로 성장할 잠재력을 가졌다.

더욱이 다른 아랍 국가들은 수니파 대 시아파, 세속주의 대 원리주의, 쿠르드족 대 아랍 등 다양한 이유로 나뉘어 싸우지만, 이란은 대부분이 페르시아 민족이자 시아파라는 점에서 내부 분쟁의 위험도 적다. 역사상 최초로 여러 대륙에 걸친 대제국을 건설한 페르시아의 후예라는 자부심과 그 역사에 기초한 민족주의 전통을 가진다는 점에서 더욱 그러하다. 한마디로 이란은 중동에서 인구 규모와 구성, 경제력,

산업 수준, 군사력까지 모든 면에서 다른 국가들을 압도한다. 따라서 만약 중동에서 미국이 철수한다면 중동 분쟁의 큰 축인 시아파-수니파 간 헤게모니 대결에서 이란이 주도하는 시아파가 승리할 수 있다. 당연히 이는 미국이 중동에서 추구하는 이익에 치명적인 요인으로 작용할 수 있다.

중동에 대한 미국의 근원적 이익

—— 2010년 이후, 셰일혁명으로 미국의 원유 생산이 급증하면서 미국은 세계 제일의 산유국으로 올라섰다. 중동 석유에 대한 의존도가 크게 낮아진 것이다. 1973년 아랍 국가들이 석유 금수조치로 오일쇼크를 촉발시켰고 이에 따라 미국은 경제성장률이 마이너스를 기록하고 실업률은 치솟는 치명적인 결과를 맞았다. 지금은 중동의 돌발 행위가 같은 결과를 낳을 수 없다. 그런 이유로 미국은 과거보다 중동에 덜 개입하면서 미군 병력을 꾸준히 축소해오고 있다.

그러나 이것이 미국이 중동에서 추구하는 핵심 이익을 포기했다는 의미는 아니다. 중동에서 미국의 핵심 이익은 사우디의 석유와 이스라엘의 안전이다. 이 점은 2차 세계대전 이후 불변의 사실이다. 과거와 달라진 점이 있다면 방어 라인을 축소하고 더 적은 비용으로 하려한다는 것이다.

미국이 중동에 개입하는 근원적 이유는 중동에 석유가 있기 때문이다. 미국은 현재 세계 최대의 산유국이지만 미국의 석유는 대부분 내수용이다. 미국은 막대한 원유 생산량에도 불구하고, 2019년에야 석유 순수출국이 됐다. 반면 사우디, UAE, 쿠웨이트 등의 석유는 대부분 수출용이다. 특히 사우디는 글로벌 석유 공급자로서 가장 중요한 역할을 하고 있다. 한국도 사우디에서 가장 많은 원유를 수입한다. 세계 에너지 공급의 중심에 있는 국가가 미국이 아닌 다른 국가나 반미 세력에게 넘어간다는 것은 미국의 세계 전략과 패권에 중대한 위협이 된다. 패권 국가로서 미국의 정치력은 인류에게 '가장 중요한 상품'의 저장고를 자국의 영향하에 두었다는 점에서 나온다.

특히 사우디의 석유가 전 세계에서 달러로 거래되는 현실이 기축통화로서 달러의 지위를 지켜주는 부분이 있다. 전 세계 교역량에서 가장 큰 비중을 차지하는 상품이 석유와 석유제품이고 그중에서도 사우디 석유의 거래량이 가장 많다. 만약 사우디가 미국과 패권을 다투는 중국의 위안화 또는 자원 부국인 러시아의 루블화로 결제 통화를 바꾼다면 달러의 지위를 흔들 수 있다.

또 하나 중요한 점은 사우디, UAE 등 친미 산유국은 매년 천문학적 금액을 미국산 무기 구매에 지출한다는 것이다. 중동 오일머니의 상당 부분이 무기 거래를 통해 미국으로 순환된다. 요컨대 미국에게 에너지 수급 차원에서 중동의 중요성은 감소했으나 중동의 전략적, 경제적 중요성은 전혀 변하지 않았다. 그리고 그 중요한 이권을 위협하는 가장 중대한 세력이 바로 이란이다.

거대 산유국 이란이 시장에 복귀하면?

—— 2021년 1월 바이든 정부가 출범하면서 많은 사람이 이란 핵 합의가 복원되고 이란 제재가 해제되리라 예상했다. 물론 중동에서 이란은 미국의 이익을 가장 많이 위협하는 국가이고, 이란을 견제하는 것은 여전히 중요한 일이다. 그러나 미국이 세계 최대 산유국이 되고 중국이 부상하는 현실에서 이란은 미국의 대외 정책 우선순위에서 조금씩 밀리고 있다. 1979년 2차 오일쇼크를 일으키며 미국을 곤혹스럽게 했던 이란의 원유는 현재 그 정도의 위력을 갖지 못한다. 과거 이란의 대표적 대미 압박 수단이었던 호르무즈 해협 봉쇄도 최대 산유국인 지금의 미국에게는 큰 위협이 아니다. 호르무즈 해협 봉쇄는 오히려 이란과 우호적 관계인 중국의 석유 수급을 위협할 뿐이다. 따라서 바이든 정부는 이란과 핵 합의를 복원해 더 적은 노력과 자원으로 중동을 관리하려 할 것으로 예측됐다. 게다가 트럼프 정부의 핵 합의 탈퇴와 이란 제재가 이란을 효과적으로 통제하지 못했고 핵 개발 저지에도 도움이 되지 않았다는 평가도 많았다.

예상대로 바이든 정부는 출범 후 2021년 4월부터 오스트리아 빈에서 핵 합의 복원 협상을 시작했다. 바이든 정부는 협상을 재개하기 전

이란이 지원하는 예멘 후티 반군을 테러리스트 명단에서 제외하며 유화적 메시지를 보냈다. 그러나 협상을 개시하고 두 달 후인 6월에 대미 강경파인 에브라임 라이시Ebrahim Raisi가 이란 대통령에 당선되면서 협상은 혼란에 빠지는 듯 보였다. 협상은 잠시 중단되었다가 11월에 재개됐다. 바이든 정부는 협상이 중단된 시기였던 7월에 아프가니스탄 철수를 선언했다. 중동 내 역할 축소를 지향한다는 사실을 다시 한번 보여준 것이다. 과거 트럼프 정부는 핵 개발 중단을 포함해 역내 친이란 세력 지원 중단 등 열두 가지를 요구하며 핵 합의에서 탈퇴했다. 그러나 바이든 정부는 핵 개발 중단에 대해서만 합의가 된다면 핵 합의를 복원할 의도를 가지고 있다.

이란 핵 합의 복원의 또 다른 동기는 2022년의 석유시장이 트럼프 행정부가 핵 합의를 탈퇴했던 2018년과는 완전히 다르다는 데 있다. 이란 제재 해제는 거대 산유국 이란의 석유시장 복귀를 의미한다. 세계 최대 산유국 미국으로서는 이란의 복귀가 낳을 경제적 영향을 무시할 수 없다. 미국의 핵 합의 탈퇴와 이란 제재가 시행됐던 시점은 2018년 5월로, 셰일혁명으로 미국의 원유 생산이 급증하던 시기였다. 당시 세계 석유시장에 공급이 넘쳤다. 그러나 미국은 이란 제재를 통해 새로운 판매처를 쉽게 확보할 수 있었다. 그중 하나가 한국이었다. 한국은 연간 1억 배럴을 이란에서 수입해왔으나 이란 제재 이후에는 단 한 방울도 이란에서 들어오지 못하고 있다. 그 대신 연 1억 배럴 이상을 미국에서 도입하고 있다. 대형 산유국 미국 입장에서는 자국 원유 수출에 미칠 영향을 고려해 이란의 복귀 시점을 조율할 필요도 있었다.

그런데 2021년 하반기 이후 국제 유가는 고공 행진 중이다. 즉 수요 증가가 공급의 증가를 앞지르고 있다. 이에 인플레이션의 우려가 커지고 있다. 2022년 이후 세계 경제의 가장 큰 두려움은 인플레이션인데, 가장 큰 요인은 원자재 가격의 상승이고 그중에서도 국제유가의 상승이다. 이 상황에서 유가 상승을 억제할 효과적 방법은 이란산 원유의 수출 허용이다. 2020~2021년의 저유가 시기에는 이란산 원유의 출회는 유가 하락을 부추겨 전 세계 석유업계의 연쇄 파산을 불러올 수 있었다. 따라서 경제적 차원에서도 이란 제재는 유지될 필요가 있었다. 그러나 2022년 고유가가 지속되는 상황에서는 정확히 그 반대의 필요성이 커지고 있다. 결론적으로 미국 입장에서는 정치적, 경제적으로 이란과 핵 합의를 복원할 동기는 커진 상황이다. 그러나 이는 미국이 중동 내 이권을 포기한다는 의미는 아니다. 사우디, UAE, 쿠웨이트 등은 계속 미국의 우방으로 남아 있어야 한다. 다만 미국은 더 적은 자원을 투입하고 역할을 축소해도 충분히 중동 지역 관리가 가능하다는 판단을 할 뿐이다.

러시아의 가장 강력한 무기,
석유와 천연가스

러시아가 우크라이나를 침공하면
노르트스트림2에 가스가 흐르는 일은 없을 것이다.

_토니 블링컨Tony Blinken

2022년 2월 러시아의 우크라이나 침공 전, 미국의 조 바이든 대통령은 "러시아가 우크라이나를 침공할 경우 2차 대전 이후 세계정세의 가장 중대한 일이 될 것"이라고 경고했다.[1] 그러면서 바이든은 줄곧 한 가지 경고를 덧붙였다. 만약 러시아가 우크라이나를 침공할 경우 러시아와 독일을 연결하는 가스관 '노르트스트림2'Nord Stream2를 폐쇄할 것이라고 했다. 군사적 위협을 높이며 일촉즉발의 상황을 연출하는 러시아를 제재할 가장 강력한 수단 중 하나는 노르트스트림이라는 가스관의 폐쇄였던 것이다. 이 가스관은 2021년 9월 완공되었으나

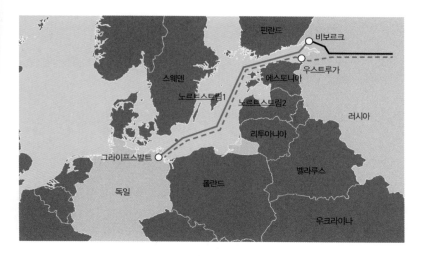

비보르크

핀란드

우스트루가

스웨덴

에스토니아

노르트스트림1

노르트스트림2

러시아

리투아니아

그라이프스발트

벨라루스

독일

폴란드

우크라이나

출처: euronews.com

러시아의 우크라이나에 대한 군사적 위협이 고조되면서 EU의 사용 승인이 이루어지지 않은 상황이었다.

　호르무즈 해협과 수에즈 운하가 그렇듯 석유와 가스가 지나는 통로는 단순히 에너지 공급의 의미를 뛰어넘는 정치적·외교적 영향력을 갖는다. 러시아와 독일을 잇는 가스관 노르트스트림2도 예외가 아니다. 노르트스트림2는 러시아의 국영 가스·에너지기업 가스프롬 Gazprom이 주관하여 건설한 러시아와 독일을 잇는 길이 1,234킬로미터의 초대형 가스관이다. 이 가스관이 개통될 경우 기존 노르트스트림1을 함께 쓰면서 러시아는 유럽의 연간 가스 수요의 절반 정도를 수송할 수 있다.

노르트스트림이 바꿔 놓은 두 나라의 역학 관계

—— 러시아는 자원 강국이다. 천연가스는 세계 2위, 원유는 세계 3위의 생산량을 자랑한다. 특히 천연가스는 2020년 기준 세계 생산량의 약 17%에 달하며 미국과 함께 세계 생산량의 약 40%를 차지하고 있다. 따라서 러시아의 핵심 이익은 원유와 가스의 안정적 공급 통로를 확보하는 것이다. 경제와 정치는 분리해서 생각할 수 없다는 점에서 러시아의 석유와 가스는 중요한 경제적 이익이면서 동시에 정치적 영향력을 확대할 수 있는 수단이다. 그래서 러시아가 이를 이용하려는 시도와 서방의 그것을 견제하려는 노력은 사실 어제오늘의 일은 아니었다. 이런 맥락에서 미국은 꾸준히 노르트스트림2의 건설을 반대해왔고 이 프로젝트에 참여한 업체를 제재하기도 했다.

노르트스트림 가스관이 생기기 전, 러시아가 유럽으로 가스를 공급하기 위해서는 우크라이나를 경유하는 가스관들을 사용해야 했다. 반면 노르트스트림은 러시아 서부 연안에서 발트해를 거쳐 독일로 연결된다. 따라서 우크라이나를 거치지 않는다. 우크라이나를 경유하지 않고 러시아와 유럽을 잇는 대형 가스관의 개통은 지정학적으로 매우 큰 의미가 있다. 먼저 우크라이나 입장에서는 전쟁 억지 수단을 잃는 결과를 갖는다. 우크라이나를 경유하는 가스관들이 주요 운송 수단일 때 우크라이나는 그 가스관을 레버리지로 러시아에 대항할 수 있었다. 앞서 언급했듯 오늘날 국제관계에서 군사적 수단을 제외하고, 상대를 가장 강력하게 타격할 수 있는 것은 석유와 가스 거래를 막는 것이다. 공급자는 가장 큰 경제적 이윤을 잃게 되고, 수입자는 산업과 일상의 근간이 되는 에너지 자원을 잃기 때문이다. 과거 우크라이나도 러시아가 위협할 경우 자국 경유 가스관을 잠그거나 파괴하겠다는 카드를 쓸 수 있었다. 그러나 노르트스트림1, 2 가스관은 우크라이나를 경유하지 않는다. 2021년 9월 노르트스트림2 가스관이 완공되고, 그 직후인 10월부터 러시아가 우크라이나 국경에 15만 병력을 배치하며 군사적 위협을 고조시킨 것은 우연이 아니다. 이때부터 러시아는 국가 주력 산업의 손실 없이 우크라이나를 침공할 수 있게 된 것이다. 설령 침공하지 않더라도 이 새로운 상황으로 러시아는 강력한 외교적 힘을 발휘할 수 있게 됐다.

우크라이나 침공은 20년 전부터 시작됐다

—— 1970~1980년대 미국 행정부의 외교·안보 브레인이었던 즈비그뉴 브레진스키Zbigniew Brzezinski는 저서 《거대한 체스판》에서 우크라이나를 잃은 러시아는 더 이상 제국이 될 수 없다고 설명했다. 러시아

가 이 지역을 잃게 되면 우크라이나의 엄청난 곡창지대와 함께 흑해에 대한 지배권도 잃기 때문이다.[2] 또한 러시아에게 우크라이나는 당장의 국가 안보를 위해서도 꼭 지켜야 할 최후의 보루다. 소비에트 연방 시절 소련의 영향력은 구舊 동독까지였다. 그러나 1989년 베를린 장벽이 무너지고 1991년 소련이 붕괴되면서 과거 소련의 영향하에 있던 동유럽 국가들은 차례로 미국이 중심에 있는 북대서양조약기구에 가입했다. 1999년에 체코, 폴란드, 헝가리 등 동유럽 국가가 대거 가입했고, 2004년에는 불가리아, 에스토니아, 라트비아, 루마니아 등도 NATO 회원국이 됐다. 2017년에도 몬테네그로가 가입하면서 현재 회원국은 29개국에 이른다. 2019년 출범한 우크라이나의 볼로디미르 젤렌스키Volodymyr Zelensky 정부도 친서구 성향이었다. 우크라이나마저 NATO에 가입하면 이 미국 중심의 군사동맹이 바로 러시아와 접경하게 된다. 우크라이나 국경에서 모스크바까지의 거리는 불과 490킬로미터다. 이곳에 미국의 미사일이라도 배치되면 러시아 안보를 크게 위협하게 된다. 따라서 러시아는 NATO의 동진을 멈추고 우크라이나의 NATO 가입 금지 확약을 요구했다. 그러나 우크라이나가 러시아와 유럽 사이의 가스 공급 통로 중간에 버티고 있는 한 강하게 압박하는 것은 불가능했다. 따라서 우크라이나와 NATO 회원국을 경유하지 않는 가스관 건설은 러시아의 숙원 사업이었다.

지금으로부터 20여 년 전인 2001년에도 러시아의 대통령은 블라디미르 푸틴이었다. 푸틴은 당시 독일 총리 게르하르트 슈뢰더에 한 가지 제안을 한다. '독이 든 성배'처럼 위험하지만 거부할 수 없는 제안이었다. 바로 러시아와 독일을 직통으로 잇는 가스관을 건설하는 것이었다. 양국을 직접 연결하는 가스관이 생기면 러시아의 천연가스를 독일로 저렴한 가격에 운송할 수 있어 양국에 모두 이익이 되지 않겠냐는 것이었다. 상업적으로만 보면 당연한 구상이었다. 천연가스는 액화하여 LNG 선박으로 운송하든 가스관을 이용해 보내든 운송비가 많이 발생한다. 따라서 주요 생산지와 주요 소비지를 직통으로 연결하면 운송 비용을 최소화할 수 있다. 독일 입장에서 다른 곳을 경유하는 것보다 러시아에서 바로 들여오는 것이 이익이었다. 독일은 에너지 자원의 대부분을 수입에 의존하는 나라지만 소련의 제안을 바로 승낙할 수는 없었다. 유럽에서 미국의 가장 중요한 우방국이 독일이다. 2001년 프로젝트 타당성 조사가 진행됐으나 슈뢰더는 바로 진행하지 못하고, 2005년 10월 퇴임 직전에서야 러시아와 가스관 건설에 합의한다. 그 직후 슈뢰더는 퇴임하고 '노르트스트림의 어머니'라 할 수 있는 앙겔라 메르켈이 2005년 11월 총리직에 취임한다.

메르켈의 뚝심 vs. 젤렌스키의 불안

—— 수많은 논란에도 불구하고 메르켈은 가스관 프로젝트를 뚝심 있게 추진했다. 그리고 2011년 11월 러시아에서 발트해를 거쳐 독일

로 연결되는 노르트스트림1 가스관이 개통된다. 노르트스트림1이 건설되기까지는 반발의 목소리도 있었지만 묵인하는 분위기도 있었다. 미국으로서도 동맹국 독일의 경제적 이익을 무시할 수 없었고, 또 노르트스트림1을 쓰더라도 우크라이나 경유 가스관을 모두 대체할 수도 없었다. 그런데 메르켈은 여기서 멈추지 않았다. 2011년 이후 노르트스트림1과 동일한 경로와 동일한 규모로 노르트스트림2 가스관 건설을 추진한다. 노르트스트림2까지 나란히 건설되면 러시아는 이 2개의 초대형 가스관을 통해 유럽 전체 가스 수요의 절반에 해당하는 양을 공급할 수 있다. 노르트스트림2는 노르트스트림1과 다른 전략적 가치를 갖는다. 노르트스트림2가 건설되면 기존 우크라이나 경유 가스관을 완전히 대체할 수 있다. 즉 러시아는 더 이상 우크라이나의 눈치를 보지 않아도 되는 것이다. 그래서 우크라이나 정부는 이 가스관 프로젝트를 강력히 반대해왔다. 젤렌스키 대통령은 "노르트스트림2가 크렘린의 위험한 지정학적 무기dangerous geopolitical weapon가 될 것이며 우크라이나의 안보를 위협한다."[3]라고 주장하며 지속해서 반대 입장을 표명했다.

트럼프의 반발 vs. 푸틴의 집요함

── 미국에게도 노르트스트림2는 중요한 관심사였다. 미국은

NATO 회원국이 러시아의 에너지 공급망에 편입되는 것을 꺼려왔다. 러시아가 가스 공급이라는 유럽의 목줄을 잡고 NATO 회원국에 영향력을 확대할 수 있기 때문이다. 따라서 미국 트럼프 행정부는 노르트스트림2 건설이 추진되자 이를 안보 위협으로 간주하며 적극적으로 반대했다. 2018년 트럼프 대통령은 "독일이 러시아의 포로 신세를 자처하고 있다."며 메르켈 내각을 강하게 비난했다.[4] 2019년 말에는 국가 안보를 이유로 노르트스트림2 건설의 핵심 업체를 제재했다. 해저에 가스관을 건설하기 위해서 대형 작업선이 필요한데 이 작업선 업체인 스위스의 올시즈Allseas 사를 제재한 것이다. 그 결과 공사는 1년 가까이 중단됐다. 미국의 제재와 이견이 있을 때마다 메르켈 총리는 "노르트스트림은 정치와 무관한 상업적 활동이며 유럽의 에너지 문제는 유럽이 알아서 할 사항으로 미국의 간섭 대상이 아니다."라고 주장했다. 결국 러시아는 대체 업체를 구해 공사를 재개했고, 2021년 9월 마침내 노르트스트림2가 완공됐다. 가스관이 완공된 직후인 2021년 12월, 메르켈은 총리직에서 퇴임했다.

노르트스트림1, 2는 푸틴의 집요함을 보여준다. 20년에 걸쳐 슈뢰더와 메르켈, 두 명의 독일 총리를 회유하고 미국의 제재를 이겨낸 끝에 러시아와 유럽을 잇는 초대형 가스관이라는 결실을 본 것이다. 이 가스관은 우크라이나를 경유하지 않는다는 점에서 지정학적으로 중요한 가치를 갖는다. 해저로 연결되어 있어 폭격으로도 파괴할 수 없다. 러시아는 가스관 완공 직후 기다렸다는 듯이 우크라이나 국경으로 군 병력을 집결시켰다. 가스관의 건설 목적이 단순히 가스 공급만은 아니었던 것이다.

미국이 패권국일 수 있는 중요한 이유는 해상권과 주요 석유 수송로를 장악하고 있기 때문이다. 그러나 유럽의 가스 보급로인 노르트스트림은 미국의 영향력에서 벗어나 있다. 해저에 있어 물리적으로 파괴하기 어렵고, 정치적으로도 NATO 회원국들이 이 가스관에 의존하는 상황이라 미국의 의도대로 조정할 수 없다. 유럽이 러시아산 가스에 이미 크게 의존하는 상황에서 새로운 가스관의 등장은 그 경제적 의존도를 더욱 높일 수 있다. 러시아가 가진 에너지 자원의 힘이 커질수록 미국은 그 힘을 견제할 필요성이 커진다. 그런 맥락에서 미국도 우크라이나가 NATO에 가입하기를 바랐을 것이다.

향후 노르트스트림2 가스관이 개통되면 러시아는 유럽에 영향력을 미칠 수 있는 강력한 레버리지를 얻게 된다. 따라서 가스관이 개통되더라도 미국은 NATO 회원국들이 러시아산 가스에 절대적으로 의존하게 되는 상황을 원치 않는다. 러시아가 가스를 통해 정치적 영향력을 행사하는 것을 막기 위해서는 미국산 셰일가스를 유럽으로 더 많이 수출하거나 유럽의 재생에너지 비중이 크게 늘어 러시아산 가스 의존도가 줄어야 한다. 지금으로서는 둘 다 가능성이 있는 이야기다. 유럽의 재생에너지 비중은 계속 증가하는 추세에 있고 미국의 천연가스 생산량도 2022년 이후 늘어날 것으로 보이기 때문이다. 이렇게 국제관계에서 에너지는 무기 혹은 방패가 되는 자원이다. 한국의 지정학적 위치도 만만치 않고, 한국의 에너지원이 수송되는 항로도 국제 정세의 큰 영향을 받는다는 점에서 에너지를 스스로 수급하고 비축하는 사업의 중요성을 생각해볼 필요가 있다.

독일은 왜 미국이 반대하는 가스관 건설을 추진했나?

―― 독일로서도 노르트스트림 가스관 건설에 정치적 부담을 느꼈지만 강행할 수밖에 없는 이유가 있었다. 2000년 이후 유럽의 텃밭인 북해에서 원유와 가스 생산량이 조금씩 감소하고 있었다. 특히 천연가스 생산량은 2010년 이후 10년간 약 30% 감소했다. 따라서 유럽 최대 에너지 소비국인 독일에게 대체 공급처 확보는 중요한 이슈였다.

그리고 메르켈 총리는 2011년 후쿠시마 원전 사고 이후 적극적인 탈원전 정책을 추진했다. 그 결과 2010년 발전량의 약 23%를 차지하던 독일의 원자력 비중은 2020년 약 11%로 감소했다. 탈원전 정책의 옳고 그름을 떠나 원자력의 빈자리는 다른 에너지원이 채워야 한다. 그런데 그 공백을 태양광과 풍력만으로 채울 수는 없었다. 독일은 세계에서 재생에너지를 가장 열심히 확대한 국가지만, 그럼에도 불구하고 여전히 발전량의 약 24%는 석탄에 의존하고 있다. 영국과 프랑스가 2% 미만의 석탄 발전 비중을 보이는 것과 비교되는 부분이다. 이

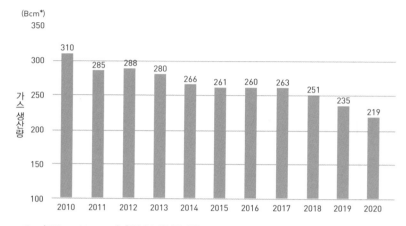

〈그림2-4〉 유럽의 천연가스 생산량 변화(2010~2020년)

(Bcm*)

* Bcm(billion cubic meter): 천연가스 생산량 단위

출처: BP, Statistical review of world energy, 2021

때문에 독일은 높은 재생에너지 비중에도 불구하고 유럽 최대 탄소배출국 자리를 벗어나지 못하고 있다. 독일은 감소하는 유럽 내 가스 공급을 보충하고 탄소 배출을 줄이기 위해서도 러시아의 천연가스가 꼭 필요한 상황이다(2022년 현재 노르트스트림2의 공식 사이트(www.nord-stream2.com)에서도 천연가스 발전은 석탄 발전 대비 탄소 배출량을 최대 50% 줄일 수 있고, 가스관 개통을 통해 EU는 2030년 탄소 감축 목표(1990년 대비 55% 감축)를 달성할 수 있다고 홍보한다).

러시아는 현대 전쟁사의 교훈을 잊고 있다

—— 2022년 2월 24일, 러시아가 우크라이나를 전격 침공해 세계를 경악하게 했다. 전쟁의 수많은 맥락에서 러시아의 중요한 계산 중 하나는 결코 서방이 러시아의 석유와 가스 거래를 끊을 수 없을 것이라는 생각이다. 러시아 국가안보회의 부의장 드미트리 메드베네프Dmitry Medvedev는 제재 등이 실현될 경우 "유럽은 멋진 신세계에 진입할 것"이라며 반어적 경고를 전했다. 유럽이 러시아산 가스를 수입하지 못한다면 유럽의 에너지 쇼크를 넘어 전 세계적 에너지 가격 상승을 촉발할 것이다. 이는 이미 인플레이션 우려가 팽배한 세계 경제에 거대한 충격이 된다. 또 그것은 유럽이 장기간 석탄 화력 발전으로 회귀해야 함을 의미한다. 따라서 푸틴은 절대로 서방이 러시아산 석유와 가스를 제재할 수 없을 거라고 계산했을 것이다. 오히려 러시아는 석유와 가스 공급 여부를 무기로 세계를 압박할 수 있다고 계산했을 것이다. 비슷한 상황이 있었다. 1973년 아랍 산유국들은 4차 중동전쟁을 일으켜 석유를 무기화하면서 전 세계를 압박했다. 그 결과 세계는 1차 오일쇼크의 충격을 겪어야 했다. 당시 미국의 국민총생산은 1973년에서 1975년 사이 무려 6%나 감소했다. 또 일본은 전후 처음으로 마이너스 성장을 기록했다. 당시 아랍 산유국은 매월 전월 대비 불과 5%씩 감산했을 뿐이었는데도 그 충격이 엄청났던 것이다. 1차 오일쇼크의 충격 속에서 한국 정부도 1973년 12월 이스라엘이 무력 점령

한 곳을 반환해야 한다는 요지의 '친아랍 성명'을 발표해야 했다. 석유는 그 정도로 강한 정치적 힘을 가진 자원이었다.

러시아는 과거 오일쇼크의 위력을 기억하고 있을 것이다. 그러나 현대 전쟁사의 가장 큰 교훈은 잊고 있다. 21세기 이후 현대 전쟁사의 가장 중요한 교훈은 '군사적 점령'보다 몇 배 더 어려운 것이 '행정적 통제'라는 것이다. 2003년 이라크전 당시 미국은 압도적 화력으로 수도 바그다드를 불과 20일 만에 점령했다. 미국이 이라크전을 벌인 중요한 이유는 사우디아라비아를 방어하기 위함이었다. 글로벌 석유 공급자로 가장 중요한 역할을 하는 사우디가 반미 세력에 넘어가는 것은 미국의 패권에 큰 위협이 된다. 따라서 사우디를 반미의 이란, 시리아 등으로부터 방어하는 완충지대로 이라크가 필요했다. 당시 미국의 목표도 이라크에서 반미 성향의 사담 후세인 정권을 축출하고 새로운 친미 정부를 수립하는 것이었다. 그러나 점령 후 10년에 가까운 세월 동안 미국은 이라크에서 4천여 명 이상의 미군 사망자를 내고, 한화로 1,000조 원이 넘는 재원을 쏟아부었음에도 행정적 통제에 실패했다. 2014년 이후에는 이라크에 급진 수니파 무장단체 IS마저 창궐하며 미국을 곤혹스럽게 했다. 지금의 이라크 정부도 미국을 적대시하는 이란과 같은 시아파가 장악하고 있다.

러시아가 우크라이나를 침공한 의도 역시 우크라이나를 행정적으로 통제하면서 NATO로부터 러시아를 보호하는 완충지역으로 남겨두겠다는 것이다. 이를 위해서 친러 정부를 수립해야 하며 이것이 러시아의 궁극적 목표다. 그러나 현대 전쟁사는 그것이 군사적 점령보다 훨씬 어렵다는 것을 보여줬다. 우크라이나는 이라크보다 큰 나라다. 또 러시아는 미국만큼 인력과 재원이 풍부한 나라도 아니다. 따라서 우크라이나를 러시아의 의도대로 통제할 수 있을지는 매우 불확실하다. 점령이 가능해져도 세계 여론과 우크라이나의 반러 정서는 그 점령의 의미를 무색하게 할 것이다. 러시아는 미국의 이라크전, 아프가니스탄전의 교훈뿐만 아니라 과거 소련의 아프가니스탄 침공 당시의 교훈을 잊고 역사를 반복하고 있다.

아프가니스탄은
왜 제국의 무덤이 되었을까?

중앙아시아의 국가가 이란처럼 석유, 근본주의, 핵무기를 뒤섞어 휘두를지 모른다는
생각만으로도 워싱턴과 모스크바는 등골이 서늘해질 것이다.

_피터 홉커크Peter Hopkirk

역사상 가장 충격적인 테러를 꼽는다면 2001년에 발생한 9·11 테러
일 것이다. 비행기 두 대가 뉴욕 세계무역센터에 충돌하고 110층의
쌍둥이 빌딩이 무너지는 끔찍한 모습은 20여 년이 지난 지금도 생생
히 기억될 정도로 충격으로 남아 있다.

당시 부시 행정부는 테러 주동자로 사우디 출신의 오사마 빈 라덴
과 그가 이끄는 알카에다Al-Qaeda를 지목했다. 그리고 그를 보호하고
있던 아프가니스탄 무장조직 탈레반을 공격한다. 테러가 있고 한 달
도 지나지 않은 2001년 10월 7일 시작된 이 전쟁은 무려 20년 가까이

지속됐다. 그러나 끝내 탈레반은 살아남았다. 결국 2020년 2월 미국과 탈레반은 카타르 도하에서 평화협정을 체결했고 이후 미군은 점진적으로 철수하기 시작했다. 그러자 아프가니스탄에서는 다시 탈레반이 급격히 세를 확장하며 2021년 8월에 카불을 재점령하기에 이른다.

석유도 없는 탈레반은 왜 미국과 적이 되었나?

—— 사실 탈레반은 처음부터 미국과 대결할 의도를 가진 집단은 아니었다. 탈레반의 지도자 무함마드 오마르Mohammed Omar는 내전 중인 아프가니스탄 장악이 최우선 목표였고 그 과업도 쉬운 것이 아니었다. 1989년 소련이 아프간에서 철수한 이후, 아프간은 구 정부군, 무장 군벌, 종교 세력이 치열한 내전 중이었다. 이 과정에서 칸다하르 지역에서 성장한 수니파 원리주의 성향의 무장 집단 탈레반은 사우디와 파키스탄의 지원을 받아 가장 강력한 세력으로 부상했다. 1996년에는 수도 카불까지 점령하기 이른다. 그러나 아프간 북부에서는 '북부 동맹' 세력이 이들에게 치열하게 맞서고 있었다. 당시 탈레반은 아프가니스탄의 지배 세력이 되는 것이 최대 과제였고 미국은 그들의 관심 사항이 아니었다.

그런데 탈레반의 성격이 바뀌는 사건이 발생한다. 1996년 5월, 사우디 출신의 오사마 빈 라덴이 아프가니스탄으로 들어온 것이다. 그는 사우디 왕실을 '미국의 대리인'으로 규정하며 왕실에 반기를 들었다. 따라서 신변의 위험을 느끼게 됐고 사우디와 수단에서 추방되다시피 하면서 아프가니스탄까지 쫓겨 갔다. 그리고 그곳에서 탈레반 지도자 무함마드 오마르를 만난다.

미국도 빈 라덴과 그가 이끄는 알카에다를 경계하고 있었다. 그러나 빈 라덴과 탈레반이 연합할 가능성은 작게 봤는데, 당시 탈레반의 가장 중요한 후원자는 같은 수니파의 맹주국 사우디 왕실이었기 때문이다. 탈레반이 사우디 왕가를 부정한 빈 라덴을 보호하고 연합한다면 사우디 왕가의 후원을 잃을 수 있었다. 실제로 탈레반의 지도자 오마르는 빈 라덴을 사우디에 넘겨줄 계획도 갖고 있었다. 1996년 8월 오마르는 사우디 정보당국에 빈 라덴을 송환할 수 있다는 의사를 밝혔다. 다만 그 적당한 시기를 찾지 못하고 있었다.

당시 미국도 탈레반을 부정적으로 보지 않았다. 사실 탈레반의 대다수는 냉전 시절 아프간을 침공한 소련과 싸우던 전사들이었다. 미국 입장에서는 반사회주의 성향이자 사우디와 같은 수니파인 탈레반이 아프간의 지배 세력이 되는 것은 괜찮은 지역 안정화 방향이었다.

그런데 빈 라덴의 탈레반 합류 이후 뜻밖의 장면이 펼쳐진다. 당시 빈 라덴은 서구 언론과 빈번하게 접촉했다. 이 과정에서 기생하는 처지였던 빈 라덴이 오히려 탈레반을 상징하는 인물이 된 듯한 착시 효과를 일으키며 대미 성전의 중심으로 떠오른다. 그는 아프가니스탄에 온 지 3개월이 지난 1996년 8월 '두 개의 성지를 점령한 미군에 대한 지하드 선언'Declaration of Jihad on the Americans Occupying the Two Sacred Places 을 서구 언론에 발표했다. 그는 이 선언에서 미군에 대한 테러는 그들의 의무이자 권리라고 주장했다.

사우디에 있는 이슬람의 성지 메카는 말 그대로 이슬람의 '메카'다. 그곳에 이교도의 군대 미군이 주둔하고, 사우디 왕실이 이에 타협한 것은 아랍의 공분을 사기에 충분한 것이었다. 이 상황에서 상당수 무슬림들이 하고 싶었던 말을 빈 라덴이 서구 언론을 통해 대신 표출한다. 빈 라덴은 언론을 통해 종교적이고 도발적 발언을 지속하면서 탈레반을 상징하는 인사가 된다. 결국 탈레반도 그를 사우디에 송환하는 것을 포기한다.

탈레반의 비호 아래 빈 라덴은 오랫동안 구상해온 테러를 치밀하게 준비했다. 이것이 바로 2001년의 9·11 테러다. 그의 계획은 미국의 정치, 경제, 국방의 중심을 동시에 공격하는 것이었다. 대형 여객기 네 대를 납치해 두 대는 미국 자본주의의 상징인 세계무역센터를, 한 대는 미국 국방부 건물인 펜타곤을, 그리고 마지막 한 대는 백악관을 공격하겠다는 구상을 한다. 훗날 백악관을 겨냥한 한 대의 여객기만 승객들의 용기 있는 저항으로 실패하지만 나머지 세 대는 빈 라덴의 계획을 실현했다.

이후 미군은 아프가니스탄에 들어와 정부군과 함께 탈레반을 수도 카불에서 몰아냈다. 그리고 2004년에는 미국의 보호하에 새로운 아프간 정부를 수립하고 대통령도 선출했다. 2011년 5월에는 마침내 오사마 빈 라덴도 미군 특수부대에 의해 사망했다. 오바마 대통령과 힐러리 국무장관은 격식 없는 자세와 놀란 표정으로 그 장면을 생중계로 지켜봤다. 그러나 탈레반은 남쪽 국경으로 밀려났을 뿐 완전히 격퇴되지 않았다. 미국은 오사마 빈 라덴을 제거하는 데 10년이 걸렸고, 이후 탈레반과 10년을 더 싸우지만 끝내 탈레반 격멸에 실패했다. 국토의 약 4분의 3이 해발 1,000미터 이상의 고원 지대에 속하는 거친 환경에서 미국이 정보망을 총동원해 지도자 오사마 빈 라덴을 사살할 수는 있었어도 뿔뿔이 흩어진 무장조직을 일일이 찾아다니며 제거하기란 매우 어려웠다(사실 빈 라덴도 아프간이 아닌 파키스탄에서 발견되었다). 1979년 아프가니스탄에 들어온 소련군이 무려 10년 동안 수만의 사상자를 내고도 아프간을 장악하지 못했던 전철을 반복한 것이다. 그리고 9·11 테러가 발생한 지 정확히 20년이 지난 2021년, 탈레반은 카불을 다시 점령했다.

모든 것의 시작에는 석유가 있었다

—— 탈레반은 석유를 갖지 않았다. 그럼에도 탈레반이 미국과 적이 되어 9·11 테러를 감행한 이유를 들여다 보면 부부 관계에 비유될 정도로 긴밀한 미국-사우디 관계에 대한 이슬람의 반발이 있다. 그런데 미국이 사우디 같은 대형 산유국을 핵심 우방으로 삼으려 했던 이유

는 결국 '석유'였다는 점에서 오늘의 역사에서 석유의 역할을 다시 생각하게 한다.

만약 미국이 아프가니스탄 전쟁을 시작한 2001년에 2010년 이후 나타난 셰일혁명을 예상했다면 아프간이라는 제국의 무덤에서 20년을 보내지 않았을지 모른다. 2010년 이후 석유시장의 가장 큰 뉴스는 미국 셰일오일의 등장이었다. 셰일오일은 석유시장의 초과 공급을 야기했다. 이에 따라 과거에 감산에 참여하지 않던 러시아가 감산에 참여하며 OPEC+라는 새로운 그룹이 출범하게 된다.

OPEC+ 출범 이후, 석유시장에서 유가를 결정하는 키워드는 'OPEC+의 감산'이 되고 있다. 그리고 OPEC+와 감산을 협의하지는 않지만 세계 최대 산유국이자 패권국인 미국의 셰일오일도 2010년 이후 석유시장에 중요한 영향력을 미치는 요소다. 다음 글에서는 지금 시장의 주인공인 OPEC+와 셰일오일의 관계를 살펴보겠다.

시장의 주인공이 된
셰일오일과 OPEC+

셰일혁명으로 미국은 세계 석유산업의 주인공으로 복귀했다.
_다니엘 예긴Daniel Yergin

2000년 이후 석유시장의 가장 큰 뉴스는 단연 미국 셰일오일의 등장이었다. 앞에서 살펴본 미국의 아프가니스탄 전쟁의 역사는 미국이 셰일오일의 등장으로 세계 최대 산유국이 될 것을 예견했다면 달라질 수도 있었다. 그만큼 셰일오일의 등장은 뜻밖이었고 국제정세와 미국 경제에 미친 영향이 컸다.

2000년대 초반 미국 정부와 EIA(미 에너지정보청), 그리고 업계 전문가들은 셰일오일의 폭발적 증산을 전혀 예견하지 못했다. 오히려 미국의 원유 생산 감소세로 중동산 원유 의존도가 심화되리라 예측했

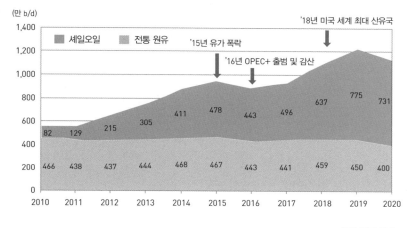

〈그림 2-5〉 미국 전통 원유 및 셰일오일 생산량 추이(2010~2020년)

(만 b/d)

'18년 미국 세계 최대 산유국

1,400

■ 셰일오일 ■ 전통 원유   '15년 유가 폭락

1,200

'16년 OPEC+ 출범 및 감산

1,000

800

775   731

637

600

411   478   443   496

305

82   129   215

466   438   437   444   468   467   443   441   459   450   400

200

0

2010 2011 2012 2013 2014 2015 2016 2017 2018 2019 2020

출처: 저자 작성

다. 그리고 그 예측이 미국의 국제 전략을 결정하는 한 요인이 되었
다. 그런데 예상과 달리 2010년 이후부터 셰일오일은 시장에 무서운
속도로 진입했다. 2010년 일 100만 배럴도 되지 않던 미국 셰일오일
생산량은 10년간 폭발적으로 성장하며, 2019년 일 800만 배럴에 이
른다. 미국 원유 생산의 3분의 2 이상이면서 세계 원유 생산량의 약
8%에 달하는 엄청난 물량이었다.

　셰일오일의 급증은 글로벌 석유시장의 지각변동을 가져왔다(그림
2-5 참조). 2015년과 2016년에 과잉 공급을 일으키며 국제유가를 폭
락시켰다. 그 결과 2014년 하반기 배럴당 100달러를 웃돌던 유가는
2015년 하락을 거듭하며 2016년 1월에 23달러까지 떨어졌다. 이를

계기로 기존 중동 산유국 중심의 OPEC 외에 러시아 등이 참여하는 새로운 산유국 협의 그룹 OPEC+가 출범하게 된다. OPEC+는 2016년 말 새로운 감산 실행에 합의했다. 그 합의가 연장을 계속하며 지금까지 이어지고 있다.

OPEC+의 감산이 지속된 2018년과 2019년에도 셰일오일 생산량은 매년 일산량 기준 140만 배럴의 폭발적 증가세를 이어갔다. 2018년에는 사우디와 러시아를 제치고 미국이 세계 최대 산유국 지위에 오른다. 이 때문에 OPEC+ 내에서는 감산 무용론이 제기됐다. OPEC+가 힘겹게 감산을 하면 그 빈자리를 미국의 셰일오일이 채운다는 것이다. 감산의 열매를 미국이 누린다는 불만은 2020년 3월 감산 중단으로 이어졌다. 러시아가 감산 협의를 거부한 것이다. 사우디 역시 증산을 선언하면서 결국 국제유가가 폭락했다. 세계 언론은 이를 '유가 전쟁'Oil Price War이라 불렀다. 그러나 코로나19로 석유 수요가 급격히 감소한 상황에서 모두가 공멸하는 유가 전쟁이 오래갈 수는 없었다. 결국 한 달 후인 2020년 4월 OPEC+는 일 970만 배럴이라는 대규모 감산에 합의한다. 일 970만 배럴은 세계 원유 소비량의 10%가 넘는 엄청난 물량이었다.

기술의 발전이 가져온 셰일혁명

—— 지하의 유전이라고 하면 땅속 거대한 동굴에 석유가 들어 있다고 생각하기 쉽다. 그러나 석유는 동굴 속이 아니라 암석 입자들 사이의 틈 속에 존재한다. 모래가 굳어서 만들어진 사암에 물을 부으면 물이 암석으로 흡수되는데, 이는 사암을 구성하는 모래 입자들 사이에 빈 곳이 많기 때문이다. 그런데 석유는 사암뿐만 아니라 진흙으로 만들어진 암석인 셰일에도 존재한다.

전통 원유와 셰일오일의 큰 차이점은 전자는 원유가 생성된 이후 암석의 틈을 타고 이동하지만 셰일에 있는 석유는 암석 입자들 사이 공간이 워낙 좁아 이동하지 못하고 셰일암석층에 갇힌 상태로 존재한다는 것이다. 전통 원유는 암석의 틈을 타고 이동하다가 매우 치밀한 구조의 암석층이 길을 막으면 더 이상 이동하지 못한다. 그리고 그곳 사암층 등에 집적하면서 유전을 이룬다. 그러나 셰일에 있는 원유는 생성 이후 이동하지 못하고 셰일암석에 그대로 갇혀 있다. 따라서 암석과 원유를 분리하기도 힘들고 어느 한 곳에 모여 있지도 않아 생산이 어려웠다.

그래서 지난 100년 이상의 석유 생산은 사암, 석회암과 같은 입자가 굵은 암석층에 모여 있는 원유를 찾아내 그곳에 시추하여 생산하는 방식이었다. 그러나 2000년대 들어 미국에서 수평시추와 수압파쇄 기술이 발전하면서 셰일 속에 갇혀 있는 원유와 천연가스 생산이

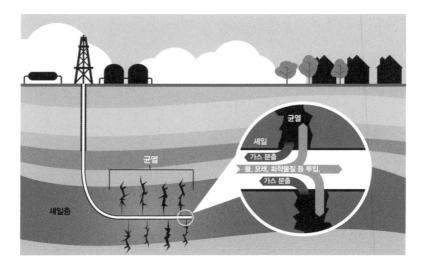

균열

셰일

가스 분출

물, 모래, 화학물질 등 투입,

가스 분출

균열

균열

셰일층

출처: seekingalpha.com

가능해졌다. 수직으로 시추를 하여 목표 셰일층에 도달하면 그때부터 수평으로 셰일층을 따라 시추한 후 모래와 화학물질을 넣은 물과 가스를 강한 압력으로 주입하여 셰일암석을 파쇄하는 것이다. 이러한 방법으로 2010년부터 미국은 셰일로부터 대량의 원유와 천연가스를 생산하여 생산량이 획기적으로 증가했다. 이른바 '셰일혁명'이다.

코로나19 이후 나타난 셰일업계의 전략 변화

—— 수압파쇄의 상용화로 2010년 이후 폭발적으로 생산량을 늘려가던 셰일업계도 코로나19의 직격탄을 맞았다. 코로나19의 영향이 본격화된 2020년 2분기 미국의 원유 생산량은 직전 분기 대비 약 17%(일 214만 배럴) 감소했다. 당연한 결과였다. 당시 코로나19가 줄이지 못한 것은 마스크 생산량뿐이었다.

그런데 2021년부터 셰일업계에 특이한 현상이 나타난다. 코로나19의 영향에서 벗어나 유가가 팬데믹 이전 수준을 넘어섰음에도 셰일업계는 생산을 거의 늘리지 않는 것이다. EIA에 따르면 2021년 3분기 미국의 원유 생산은 코로나19가 발생한 2020년 2분기 대비 불과 4.2% 늘었을 뿐이다(그림 2-7 참조). 같은 시기 WTI 유가는 거의 세 배(2020년 4월 평균 28.5달러에서 2021년 10월 평균 80.1달러)가 되었음에도 엄격하게 자본지출을 통제한 것이다. EIA는 2021년 이후에도 생산량 급증은 없을 것으로 전망한다.

2021년 10월 미국의 중견 석유기업 옥시덴털 페트롤리엄Occidental Petroleum의 CEO 비키 홀럽Vicki Hollub은 "자사는 생산량을 늘리기보다는 마진을 높이고 배당에 힘쓸 것이며, 2022년에도 과거와 같은 성장을 추구하지 않겠다."고 밝혔다. 또 다른 셰일업체 파이어니어 내추럴 리소스Pioneer Natural Resources의 CEO 스콧 셰필드Scott Sheffield도 고유가가 셰일업계 생산량에 영향을 미치지 않을 것이며 주주 배당 확대

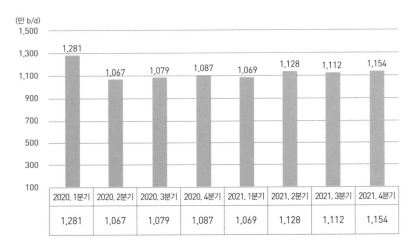

〈그림 2-7〉 미국의 분기별 원유 생산량(2020~2021년)

(만 b/d)

	2020. 1분기	2020. 2분기	2020. 3분기	2020. 4분기	2021. 1분기	2021. 2분기	2021. 3분기	2021. 4분기
	1,281	1,067	1,079	1,087	1,069	1,128	1,112	1,154

출처: EIA

와 부채 상환에 힘쓸 것이라고 밝혔다.

고유가는 수익을 늘릴 수 있는 좋은 기회다. 그럼에도 이들은 엄격하게 자본을 통제하며 생산을 늘리지 않고 있다. 과연 무엇이 셰일기업을 이토록 엄격하게 자제하도록 만드는 것일까?

셰일업계 생산량 유지의 배경

1. 안정적 기업으로 이미지 변신 필요

셰일기업들이 유가 상승에도 불구하고 생산량을 유지하는 가장 큰 이유는 셰일기업이 더 이상 성장 기업 또는 성장주로서 투자자에게 어필할 수 없기 때문이다. 성장성에 대한 확실한 사회적 공감이 있는 분야에서 과감한 신규 투자는 기업의 주가를 끌어올릴 수 있다. 그러나 오늘날 투자자에게 석유산업은 인공지능, 빅데이터, 5G처럼 미래의 주역으로 주목받는 산업이 아니다. 오히려 석유산업보다 석유 수요를 줄일 것으로 기대되는 전기차와 배터리산업에 투자자의 관심이 쏠린다.

석유 수요가 적어도 20년 이상 지속될 것임을 감안할 때, 그리고 최근의 세계적 에너지 공급난을 감안할 때 이것이 정당하게 기업가치를 평가하는 것인지는 논란이 될 수 있다. 그러나 투자자들은 전통적으로 미래 성장성과 가능성에 더 큰 가중치를 두었다. 따라서 미래 성장성을 의심받는 산업군은 재빠르게 다른 모습을 보여줘야 한다. 셰일기업이 과거처럼 투자와 생산을 늘려가며 성장주로 투자자에게 어필한다는 것은 호소력이 없다. 오히려 탄소중립을 추구하는 세계적 분위기에서 시대 흐름을 읽지 못한다는 비난을 받을 수 있다. 또한 단기적 수급 또는 유가 사이클에 따라 생산량을 조정하면 필연적으로 이익의 변동성이 심화될 수밖에 없다. 지금의 셰일기업은 지난 10년처럼 성장하는 기업이 아니라 사이클과 관계없이 안정적으로 수익을 창출하며 꾸준히 배당하는 기업으로 이미지를 바꾸려 한다.

2. 자본조달 환경의 변화

기업의 금융부채는 영구채가 아닌 이상 만기가 있다. 만기에 부채를 상환하지 않으면 그 기업은 파산할 수 있다. 일정 규모의 부채를 유지하는 기업은 회사채 만기가 도래하면 또 다른 신규채권을 발행하여 기존 부채를 상환한다. 이러한 차환借換 과정이 원활히 일어나지 않으면 기업은 지속할 수 없다. 따라서 기업이 투자자를 지속적으로 유치하며 사업을 영위하기 위해서는 엄청난 성장이 기대되는 장밋빛 미래를 보여주든지, 아니면 철밥통 같은 안정적 현금흐름을 지속하며 투자의 이유를 제시해야 한다.

그런데 코로나19는 투자자 관점에서 석유기업의 매력을 상실하게 했다. 펜데믹으로 석유기업들의 실적이 엄청난 변동성을 보이며 대부분 순손실을 기록했다. 뿐만 아니라 장기적으로도 석유산업이 과거와 같은 이익을 창출할 수 있느냐는 의문이 제기됐다.

코로나19 확산 초기, 투자자를 공포에 빠뜨렸던 중요한 사건이 있었다. 바로 셰일업체들의 파산이었다. 2020년 4월 중견 셰일업체 화이팅 페트롤리엄Whiting Petroleum이 파산 신청을 했고, 6월에는 체서피크Chesapeake가 같은 절차를 밟았다. 오클라호마에 본사를 둔 체서피크는 수압파쇄법을 선도하며 셰일혁명의 주역이었던 기업 중 하나여서 투자자에게 큰 충격을 안겼다. 체서피크는 2020년 1분기 코로나19의 영향으로 손실 폭이 급증했고, 유가 하락으로 약 85억 달러의 자산 손상을 계상했다. 2020년 상반기에 WTI 선물 유가는 배럴당 40달러, 헨리허브 가스 선물가격Henry Hub Price(북미 지역의 대표적인 천연가스 가격지표로, 미국 루이지애나주에 위치한 천연가스 배관망의 집결지 헨리허브에서 결정된다)은 MMBtu(100만 Btu)당 2달러에 머물면서 결국 체서피크는 채권자 설득에 실패했다. 화이팅과 체서피크 외에도 중소 규모 석유회사의 파산이 증가하면서 투자자들은 보수적인 관점에서 셰일 기업을 보게 되었다. 투자자들이 셰일업체가 과거에 보여준 성장 모델을 더 이상 신뢰할 수 없게 된 것이다.

이러한 상황에서는 단기 수급 불균형과 유가 상승에 의존해서 자본지출을 늘렸다가 코로나19 혹은 인플레이션 등과 같은 변수에 의해 석유 수요가 하락 사이클에 진입했다는 시그널이 발생할 경우, 2020년처럼 투자자가 대거 이탈할 수 있다. 다시 말해 만기가 도래한 부채를 상환하지 못할 수 있다. 따라서 지금의 셰일기업은 일정한 생산량을 통해 안정적 현금흐름을 유지하려 한다. 또 지난 10년간의 성장기에 늘려왔던 부채 규모를 축소하면서 자본조달 리스크를 줄이려 하고 있다. 달라진 자본조달 환경에서 우선순위는 생산량 증대가 아니라 재무제표의 개선이 된 것이다.

3. 투자자와 정부의 ESG 강화 요구

2020년 1월 세계 최대 자산운용사 블랙록Black Rock의 최고경영자 래리 핑크Larry Fink는 석탄 연료를 통해 얻은 매출이 25%가 넘는 기업은 투자 대상에서 제외하겠다고 밝혔다. 이후 실제로 액티브 펀드에서 관련 종목을 모두 제외시켰다. 또 엑손모빌 지분을 보유한 자산운용사 뱅가드(지분 7.8%)와 SSGA(지분 5.8%) 등은 엑손모빌 이사회 12석 중 3석 선임에 성공하며 이사회 참여를 통한 ESG 강화를 꾀하고 있다.

미국의 독립계 기업 중 가장 많은 부채를 가진 기업이 옥시덴털 페트롤리엄(이하 Oxy)이다. Oxy는 대표적 셰일기업인데, 2021년 기준 총부채 규모가 617억 달러로 자기자본 대비 무려 세 배가 많다. 또 다른 주요 독립계 기업인 EOG와 파이어니어의 총부채가 각각 155억 달러, 116억 달러이고 이들의 부채 비율이 모두 100% 이하인 것을 감안하면 Oxy의 부채 규모가 매우 크다는 점을 알 수 있다. 그러한 Oxy가 가장 높은 수준의 탄소감축 목표를 세운 것은 우연이 아니다. 에너지정보업체 우드맥킨지WoodMackenzie는 주요 셰일기업 중 Oxy가 가장 높은 수준의 탄소절감 목표를 가지고 있다고 평가한다. 실제로 Oxy는 CCS Carbon Capture and Storage(탄소 포집 및 저장) 사업을 가장 활발하게 실시하고 있다. Oxy는 막대한 부채 규모 때문에 ESG를 중시하는 투자자 이탈에 따른 리스크가 타사 대비 크다. 따라서 CCS 등을 통한 ESG 강화로 그 리스크를 제거할 필요가 있다. 이처럼 ESG를 강조하는 분위기가 강화될수록 셰일기업은 CCS와 재생에너지 등으로 사업을 다각화하려 할 것이다. 자연스럽게 원유 생산량을 늘릴 여력은 축소된다.

지금은 투자자뿐만 아니라 정부도 석유산업에 그다지 우호적이지 않다. 친환경 정책을 지향하는 바이든 정부하에서 과거와 같은 성장 전략을 유지하게 되면 환경 규제를 통해 제약을 받을 가능성도 커진다. 바이든 정부는 취임 직후 연방 토지와 해역에서 신규 석유 개발을 위한 리스 금지, 키스톤 XL 파이프라인 건설 허가 취소 등 석유 사업의 확장을 막는 정책을 다수 시행했다. 이후 초기 정책에서 후퇴한 듯한 모습도 보이지만 환경 이슈를 중시하는 정부의 기본 기조가 바뀌지는 않았다. 따라서 과감한 성장 전략은 규제 리스크를 키울 수 있다.

석유기업이 피할 수 없는 숙명적 리스크는 유가라는 외부 변수가 실적에 미치는 영향이 크다는 점이다. 과거처럼 석유 수요가 성장하고 유가가 우상향한다는 믿음이 있다면 투자자는 유가 사이클의 리스크를 어느 정도 감수한다. 그러나 지금은 유가라는 본원적 리스크에 대한 투자자의 민감도가 매우 커진 상황이다. 따라서 리스크를 최소화하며 기업을 운영할 필요가 있다는 것이 셰일업계의 판단이다. EIA는 2022년 3월 미국의 2022년 연간 원유 생산량이 전년 대비 7.6% 증가할 것으로 전망했다.[5] 러시아의 우크라이나 침공 후 생산량 전망이 다소 상향 조정되었으나 유가가 130달러를 돌파하며 2008년 이후 최고치를 기록한 것에 비하면 여전히 신중한 모습이다.

러시아에 의한 공급 차질이 발생할 경우 셰일업계가 생산량을 더 늘릴 가능성을 완전히 배제할 수는 없다. 그러나 코로나19, 인플레이션, 환경 규제 등 변수가 산재해 있다는 점에서 과거의 성장 모델을 추구할 가능성은 크지 않다.

포스트 코로나 시대 유가의 향방은?

── 앞서 살펴본 것처럼 지난 10년간 셰일오일은 국제유가를 결정하는 가장 중요한 요인이었다. 셰일오일이 유가 등락의 주요 요인이었던 이유는 그것이 전에 없던 새로운 물량이었기 때문이다. 기존에 없던 물량이 빠른 속도로 시장에 들어오면서 기존 질서를 흔들었다. 그러나 지금 셰일오일은 굴러온 돌이 아니라 박힌 돌로 정착했다. 이제 셰일기업은 더 이상 고위험, 고수익의 성장주가 아니라 사이클과 관계없이 일정 생산량을 유지하며 안정적 수익을 지속하는 기업으로 변모하려 한다. 이러한 상황에서는 과거처럼 국제유가를 좌우하는 영향력을 가질 수 없다. 과거와 같은 영향력을 보여주지 못하는 상황에서 유가를 좌우할 수 있는 그룹, 즉 생산량 조정을 통해 유가를 결정하는 스윙 프로듀서swing producer의 역할을 할 수 있는 그룹은 OPEC+다. 2016년 이후 유가 관련 소식에서 가장 중요한 것은 OPEC+의 감산 여부와 그 규모다.

현재 OPEC+에는 사우디와 러시아 등 23개국의 산유국이 속해 있다. 미국 셰일오일 생산량이 급증하지 않는 한 향후 OPEC+의 생산 능력에 따라 향후 유가가 좌우될 것이다. 그런데 이들 산유국의 신규 석유 개발 투자가 매우 부진한 상황이다. 셰일오일이 시장에 본격적으로 유입된 2015년 이후부터 투자가 감소하기 시작해서 코로나19가 발생한 2020년에 재차 많이 감소했다. 그 결과 2020년 세계 석유 개발 상류 부문 투자는 2006년 이후 최저치인 약 3,300억 달러에 머물렀다. 2014년의 약 7,800억 달러에 비하면 절반도 되지 않는 규모다. 팬데믹에서 다소 벗어난 2021년에도 투자 부진은 계속됐다.

그 결과 2011~2015년까지 세계 석유 개발 투자 규모는 연평균 약 6,500억 달러 수준이었으나 2016~2021년에는 연평균 약 4,200억 달러 수준으로, 앞선 5개년 평균 대비 약 3분의 1이 감소했다. 감소한 투자는 생산 능력 감소로 나타나기 마련이다. 문제는 투자는 크게 감소했는데 팬데믹에서 벗어나는 시점에 석유 소비는 증가할 가능성이 크다는 것이다. 코로나19가 사라지지 않았음에도 2022년 기준 석유 소비는 팬데믹 이전 수준에 근접하고 있다. 이 때문에 JP모건은 2022년 1월 전망에서 2022년 중 브렌트유 기준으로 유가가 배럴당 125달러에 이르고, 2023년에는 150달러까지 치솟을 것으로 전망했다.[6] 에너지 정보 업체 라이스타드 에너지Rystad Energy도 투자 증대가 없다면 15년 내 생산 가능한 매장량이 고갈될 것이라 주장한다. IEA도 2021년 11월 발표한 〈세계 에너지 전망〉World Energy Outlook에서 2021년 이후 상류 부문 투자액이 연 6,470억 달러가 필요하다고 말한다. 탄소중립을 위해 석유 소비의 급격한 감소를 가정한 규범적 시나리오(넷제로 시나리오)에서조차도 연 3,650억 달러의 투자가 필요하다. 그러나 2020년과 2021년의 상류 부문 투자액은 불과 연 3,300억 달러 수준이었고 2022년에도 이 수치는 크게 증가하지 않을 것으로 보인다. 이런 이유로 향후 공급이 수요를 따라갈 수 없을 것이라는 주장이

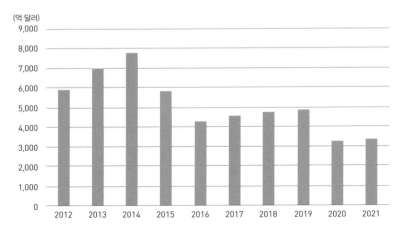

(억 달러)

출처: IEA, 'Oil 2021 Analysis and forecast to 2026'/ IEA, 'World Energy Investment 2017'

빈번하게 제기된다.

　이러한 상황에서 중동 최대의 산유국 사우디는 추가 유전 개발을 통해 생산 능력을 확대하고 있다.[7] 사우디는 일 1,200만 배럴의 생산 능력을 보유하고 있는데, 이를 2023년까지 1,300만 배럴로 늘리는 것을 추진하고 있다. 사우디의 이러한 움직임이 의미 있는 이유는 사우디야말로 OPEC 회원국의 사정을 가장 잘 아는 위치에 있기 때문이다. 사우디는 OPEC 회원국의 공급 능력이 충분치 않다고 생각한 듯하다. 만약 사우디의 예측이 틀린다면 늘어난 생산 시설로 불필요한 유휴 시설 유지 비용이 늘어나는 결과를 맞을 것이다. 일부는 좌초 자산이 될 수도 있다.

〈그림 2-9〉 IEA 시나리오별 상류 부문 연평균 필요 투자 금액

(단위: 억 달러)

구분	2020년	STEPS*		APS**		NZE***	
		21~30년	31~50년	21~30년	31~50년	21~30년	31~50년
투자 금액	3,300	6,470	6,910	5,720	4,550	3,650	1,710

*   STEPS(STatEd Policies Scenario): 각국 정책과 공약 중 현 시점에서 이행가능한 것만 반영한 시나리오
**   APS(Announced Pledges Scenario): 각국 정책과 공약이 모두 이행된다고 가정한 시나리오
*** NZE(Net Zero Emissions by 2050 Scenario): 2050년 탄소중립 달성을 가정하고 이행 경로를 제시한 규범적 시나리오

출처: IEA, World Energy outlook, 2021

중국에서도 국영 석유 3사가 석유 개발 투자를 늘리고 있다.[8] 중국은 세계 최대의 원유 수입국으로 유가 변동에 영향을 가장 크게 받는 나라라는 점에서 중국의 움직임도 눈여겨볼 필요가 있다. 중국은 2020년 유가가 급락한 시기를 이용해 석유 비축량을 크게 늘린 데 이어 2021년에는 석유 개발 투자를 크게 늘렸다. 여전히 사우디와 중국의 석유기업은 석유 수요가 크게 늘어날 것처럼 움직이고 있다. 이와 대조적으로 유럽의 석유기업들은 석유의 시대가 끝나가는 것처럼 석유 개발 투자를 줄이고 있다. 대신 이들은 재생에너지 사업을 확대하고 있다.

사우디와 중국처럼 석유의 안정적 공급과 소비를 원하는 쪽이 있는가 하면 유럽처럼 재생에너지로 전환에 더 무게를 두는 쪽도 있다. 어느 쪽이 더 실제 미래 모습에 가까울까? 또 석유 수요는 언제 피크

에 이를까? 수년째 부진한 석유 개발 투자는 향후 수급의 불균형을 가져올까 아니면 자연스러운 석유 수요의 감소와 에너지 전환으로 이어질까? 이 질문은 기후변화 대응뿐만 아니라 에너지 전략을 구성하는 데 매우 중요하다. 제3장에서는 석유의 미래에 대한 각국의 시각을 살펴보고, 탄소감축과 에너지 전환이라는 시대의 흐름 속에서 석유라는 자원을 어떻게 대하고 관리해야 하는지 살펴볼 것이다.

2050 THE FUTURE OF ENERGY WAR

제3장

석유는 언제까지
주요 에너지원일까?

미국과 유럽의
엇갈리는 석유 수요 예측

아직도 10억 이상의 인구가 전기가 들어오지 않는 지역에 살고 있다.
이것이 에너지 수요 증가의 중요한 근거다.
_'2020 엑손모빌의 연례보고서' 중에서

코카콜라는 자본주의와 미국을 상징하는 기업이다. 코카콜라가 진출
하지 못한 나라는 북한과 쿠바뿐이라고 할 정도로 코카콜라는 전 세
계에서 사업을 하며 오랫동안 순이익과 고배당을 유지해온 미국적인
기업이다. 그런데 코카콜라보다 더 미국적인 기업이 있다. 바로 석유
기업 엑손모빌이다. 두 기업은 공통적으로 검은색의 액체를 사업 대
상으로 하면서 하나는 자본주의의 맛과 느낌을, 다른 하나는 미국의
부와 힘을 상징해왔다. 엑손모빌은 코카콜라를 압도하는 거대자본으
로 전 세계에서 사업을 하며 매년 수백억 달러의 이익을 냈다. 2012년

애플에게 시가총액 1위 자리를 내주기 전까지 기업가치 면에서도 장기간 최정상을 유지했다. 미국을 대표하는 기업답게 이 회사의 최고 경영자를 10년간 역임한 렉스 틸러슨_{Rex Tillerson}은 트럼프 행정부의 첫 번째 국무장관으로 지명되기도 했다.

그랬던 엑손모빌이 유가 하락으로 2020년 막대한 손실을 기록했고 다우존스 산업지수에서 제외되는 굴욕을 당했다. 일각에서는 엑손모빌이 시대의 변화를 놓치고 추락하고 있다고 주장한다. 2020년과 같이 유가가 지속적으로 낮게 유지된다면 버틸 수 있는 석유기업은 많지 않을 것이다. 그래서 상당수 석유기업이 석유 일변도의 사업구조에서 탈피하고자 새로운 에너지 분야로 진출하고 있다.

그러나 이런 시대적 흐름에도 엑손모빌은 지금까지 하던 대로 하겠다는 입장이다. 즉 석유 수요가 증가한다는 전망을 토대로 석유 사업에 집중하는 전략을 고수하고 있다. 반면 유럽 최대 석유기업 BP는 2030년까지 석유가스 생산을 40% 감축하고, 신재생에너지 사업을 확대하겠다고 선언했다. BP의 CEO 버나드 루니_{Bernard Looney}는 석유 시대의 종말을 언급하며 BP는 석유기업이 아닌 종합 에너지기업으로 변모할 것이라고 선언했다. 두 회사의 전략이 이렇게 극명한 차이를 보이는 주된 이유는 미래 석유 수요에 대한 시각차가 크기 때문이다. 엑손모빌은 2040년 기준 석유 소비량의 20% 증가를, BP는 같은 시기 30% 이상 감소를 이야기한다. 왜 이런 차이가 생겼고, 대체 누구 말이 맞는 걸까? 그리고 탄소중립이라는 시대적 흐름 앞에서 미래의 석유 수요는 어떤 방향으로 흘러가게 될까?

요동치는 유가 vs. 우상향하는 소비량

—— 석유 소비량은 국제유가와의 상호 연관성에도 불구하고 서로 아주 다른 모습으로 움직인다. 개념과 약속으로 존재하는 유가는 가볍고 크게 움직인다. 급등과 급락의 반복은 물론이고, 시장 참여자의 의도에 따라 왜곡되거나 거품이 발생하기도 한다. 반면 실물로 존재

〈그림 3-1〉 세계 원유 소비량 추이(1999~2019년)

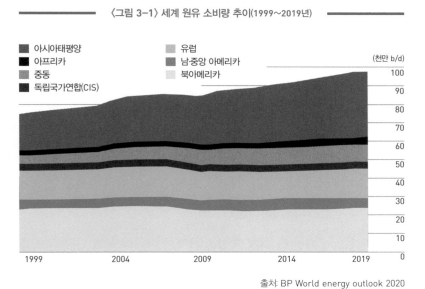

출처: BP World energy outlook 2020

하는 석유 소비량은 급증과 급감 없이 안정적으로 움직여왔다.

그림 3-1은 1999년부터 2019년까지 일부 시기를 제외하고 석유 소비량이 안정적으로 우상향하는 모습을 보여준다. 앞서 장기 유가 추이를 보여준 그림 2-1의 그래프(46쪽)를 참고했을 때, 같은 시기 유가가 심하게 요동치는 모습과 뚜렷하게 대비된다.

석유 수요의 증가는 인구 규모에 달려 있다

──── 지난 20년간 석유 소비량은 약 30% 증가했는데 그 추세가 일정한 편이어서 매년 평균 1.3%씩 증가하면서 완만하게 우상향했다. 연평균 유가가 전년 대비 20% 이상 상승하며 배럴당 100달러를 돌파했던 2011년에도, 전년 대비 20% 이상 하락하며 40달러대로 추락했던 2016년에도 석유 소비량은 크게 줄거나 늘지 않았다. 인구 증가율과 비슷한 수준의 증가세를 유지했을 뿐이다. 이렇게 가격과 다르게 석유 소비량이 비탄력적으로 움직인 이유는 석유가 인류의 일상과 산업의 '필수재'이기 때문이다. 석유는 가격에 따라 쉽게 소비를 줄이거나 늘릴 수 있는 자원이 아니었던 것이다.

석유 수요의 가장 큰 결정 요인은 가격이 아니라 세계 인구 규모였다. 지난 20여 년간 석유 소비량이 우상향한 가장 큰 이유는 인구가 증가하고 그에 따라 경제 규모가 커졌기 때문이다. 비단 석유 수요뿐만 아니라 경제 관련 장기 예측을 할 때 가장 중요한 요소가 바로 인구다. 현대 경영학의 아버지라 불리는 피터 드러커는 "인구 통계 변화는 정확한 미래 예측을 할 수 있는 유일한 수단"이라 할 정도로 인구의 영향을 강조했다. 특히 석유 수요는 식량을 제외한다면 다른 어떤 상품 수요보다 인구와 상관관계가 높다. 따라서 인구는 석유 수요 예측에서 가장 중요한 요소다.

UN의 '2019년 세계 인구 전망'에 따르면 세계 인구는 2019년 기준 약 77억 명이며, 2040년에 92억 명에 이르고 2057년에 100억 명을 돌파한다. 이러한 인구 증가는 필연적으로 에너지 소비를 증가시킨다. 인구 증가와 함께 자연스럽게 시장이 커지고 경제 규모도 커질 것이다. 이동하는 사람의 수와 물자의 양도 늘어날 것이다. 무엇보다 늘어난 사람만큼 더 많은 식량과 주택이 필요하고 더 많은 생필품이 소비될 것이다. 인구가 석유 수요를 결정하는 가장 중요한 펀더멘털적 요소라는 것을 논박하기는 어렵다.

과거 20년간의 추세도 이를 뒷받침한다. 2000년 기준 약 61억 명이었던 세계 인구는 2019년에 77억 명으로 약 25.6% 증가했다. 같은 기간 석유 수요는 하루 약 7,650만 배럴에서 약 9,760만 배럴로 27.6% 증가했다. 최근 20년간 석유 수요가 인구보다 약간 더 많이 증가한 것인데, UN은 현재 77억 명인 세계 인구가 2040년에는 92억 명이 되어 현재 대비 약 19% 증가할 것으로 내다봤다. 과거 20년간의 흐름을 반복한다면 2040년의 석유 수요는 19%보다 약간 더 많이 증가할 것이

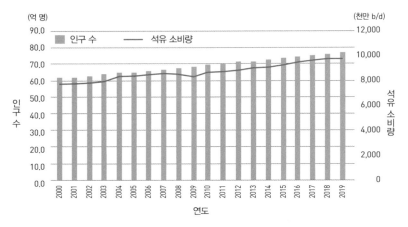

(억 명) / (천만 b/d)

■ 인구 수 ── 석유 소비량

인구 수 / 석유 소비량

연도

* 최근 20년간 인구 변화와 석유 소비량을 같이 보면 위와 같이 거의 똑같은 양상으로 증가하고 있음을 알 수 있다.

출처: (인구)UN World Population Prospects 2019,
(석유 소비량)BP Statistical review of world energy 2021

다. 현재 엑손모빌의 CEO인 대런 우즈Darren Woods는 19%보다 1%포인트가 큰 20%의 수요 증가를 주장했다. 석유 수요의 비탄력성과 과거의 패턴, 그리고 향후 인구 전망을 종합하면 앞으로 석유 수요가 완만하게 증가하리라는 생각은 합리적인 추정이다.

인구 증가를 주도하는 나라들이 주로 아프리카와 아시아의 산유국이라는 점도 석유 수요 증가 쪽에 무게를 더한다. UN은 향후 인구 증가율이 높은 나라로 인도, 나이지리아, 인도네시아, 콩고, 이집트 등을 꼽는다. 아프리카의 최대 산유국인 나이지리아의 인구는 현재 2억 명에서 2067년에 5억으로 증가하고, 또 다른 산유국 콩고도 같은 기간 0.9억 명에서 2.6억으로 증가한다. 아시아의 주요 산유국 인도네시아도 2.7억 명에서 3.4억으로 증가한다. 중동의 이라크도 같은 기간 인구가 두 배 이상으로 늘고, 사우디와 이란의 인구도 큰 폭으로 증가하리라 예상된다. 이 국가들은 모두 석유 경제를 포기할 수 없는 나라들이다. 그들에게 석유를 포기하거나 감산하라는 것은 국가 경제를 포기하라는 말과 같다.

계속해서 늘어나는 개도국의 수요

—— 석유 수요 증가를 예상할 수 있는 두 번째 이유는 개도국의 수요 증가다. 지난 20년간 선진국 그룹 OECD 국가의 석유 수요는 약 5% 감소(2000년 일 4,851만 배럴→ 2019년 일 4,606만 배럴)했다. 그러나 비非OECD 국가의 석유 수요는 약 84% 증가(2000년 일 2,799만 배럴→ 2019년 일 5,154만 배럴)했다. 경제 성장이 어느 정도 한계에 이른 선진국은 석유 수요가 정체하거나 감소하지만, 개도국은 여전히 석유가 크게 늘고 있다. 석유 수요가 줄기 위해서는 비OECD의 국가의 석유 소비가 감소해야 한다. 그러나 대부분의 개도국에서 경제 성장이 우선시되는 것이 현실이다. 특히 사우디, 이라크 등 중동국가들과 러시아, 브라질 등의 산유국은 석유에 대한 경제 의존도가 높아 석유 생산

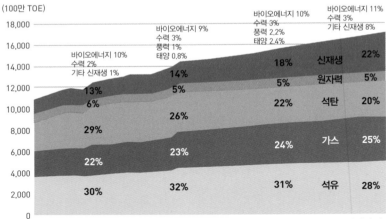

출처: IEA, World Energy Outlook, 2020.

감축을 추구하지 않는다. 세계 인구의 1, 2위를 차지하는 중국과 인도
는 향후 소비 증가를 주도할 것으로 보인다. 그리고 현재 세계 석유
수요의 단 4%만을 차지하는 아프리카 대륙에서 석유 수요가 감소할
여지는 없다. 엑손모빌은 2020년 연례보고서에서 아직 전기가 들어
오지 않은 지역에 거주하는 인구가 10억 명에 달해 에너지 수요는 꾸
준히 증가할 것이라고 내다봤다.[1]

석유 외 운송용 에너지원의 부재

━━ 석유 수요 증가의 세 번째 이유는 단기간에 운송용 에너지원을 대체하기 쉽지 않다는 점이다. 원유의 가장 큰 용도는 운송용 연료다. 전체 원유의 약 60%가 휘발유, 경유, 항공유, 중유 등으로 가공돼 운송용 연료로 쓰인다(그림 3-4 참조). 그러므로 운송용 연료가 석유가 아닌 다른 에너지원으로 대체되어야 석유 수요가 감소할 수 있다. 그런데 항공기와 선박의 연료는 대체 연료가 거의 없고 이를 대체하려는 움직임도 약하다. 다만 도로운송 분야에서 내연기관차가 전기차

〈그림 3-4〉 석유의 용도별 비중

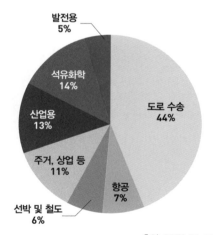

출처: OPEC World Oil Outlook 2020(재구성)

로 대체될 경우 석유 소비를 줄일 수 있다. 그러나 전기차의 급성장세에도 불구하고 가시적인 석유 소비 감소가 나타나기까지는 상당한 시간이 걸릴 것이다. 2018년 이후 전기차 판매 규모는 급격히 증가했으나, 코로나19가 발생한 2020년을 제외하고 석유 수요가 우상향하는 추세를 막지 못했다. 물론 전기차 산업은 급격하게 성장하고 있다. 앞으로도 성장세는 이어질 것이다. 그러나 지구상의 전체 차량 중 전기차가 차지하는 비중은 2021년 기준 약 1% 정도다. 전기차의 성장세가 가파르지만 향후 전기차의 비중이 10%가 넘어갔을 때도 고속 성장을 할 수 있을지는 지켜봐야 한다.

위와 같이 인구 증가와 개도국 수요 증가 그리고 운송용 연료 대체의 어려움 등 때문에 엑손모빌 등 석유기업뿐 아니라 주요 에너지 기관들도 공통적으로 2040년까지 석유 수요의 증가를 예상한다. IEA는 '2021년 세계 에너지 전망' 자료에서 2040년 석유 소비량이 2020년 대비 약 18% 증가할 것으로 전망했다(일 8,790만 배럴→1억 360만 배럴, STEPS 시나리오 기준). EIA도 2021년 10월에 발표한 '2021년 국제 에너지 전망'International Energy outlook 2021에서 2050년 석유 소비량이 2020년 대비 무려 37% 증가할 것이라고 내다봤다(일 9,210만 배럴→일 1억 2,590만 배럴).

그런데 이러한 다수 기관의 전망과 달리 유럽의 석유 공룡 기업 BP는 석유 수요의 급격한 감소를 예상한다. 다음 글에서 석유 시대의 종말을 외치는 BP의 주장을 살펴볼 것이다.

석유 공룡 BP는
왜 석유 시대가 끝났다고 할까?

세계 석유 수요는 2019년에 정점을 찍었다.
_'2020 BP의 에너지 전망 보고서' 중에서

2020년 이전까지는 석유업계와 에너지 관련 기구 사이에서 적어도 2040년까지는 석유 수요가 증가한다는 것이 공통의 시각이었다. 그런데 이러한 의견의 일치가 2020년 BP의 에너지 전망 보고서Energy Outlook 2020로 깨진다.

유럽 최대의 석유회사 BP는 2020년 연례 에너지 전망 보고서에서 앞으로 석유 수요는 증가하지 않을 것이라는 파격적인 주장을 내놓았다. 2019년에 인류는 석유 수요의 최고점을 찍었다는 것이다. 이는 일반적 의견과 다를 뿐 아니라 BP가 직전 연도에 발표한 의견과도 배

2019년	2040년 석유 수요		
	IEA	OPEC	BP
0.98억 배럴/일	1.04억 배럴/일	1.09억 배럴/일	0.67억 배럴/일*

* BP는 세 개 시나리오로 구분해 예측했는데, 그중 중간값인 '급격한 변화' 시나리오 기준

출처: 저자 작성

치되는 것이었다. BP의 전망은 그전까지의 일반적 생각과 상충하기에 많은 사람의 주목을 받았다. 석유 수요 피크가 지났다는 BP의 주장은 한국 언론도 크게 다루어서 당시 "석유 시대의 종말"이라는 제목의 기사들이 포털 사이트의 메인을 장식하기도 했다. BP는 파격적 주장의 주인공이 되면서 세계 언론의 스포트라이트를 받았는데, 그것을 노렸다는 생각이 들 정도로 BP의 주장은 많은 관심을 받았다.

BP는 세 개의 시나리오로 나누어 예측했는데, 석유 수요가 가장 크게 감소하는 '넷제로'Net zero 시나리오에서 2040년에 석유 수요가 2019년 대비 50% 가까이 감소한다. 가장 적게 감소하는 '현상 유지'Business-as-usual 시나리오에서도 2040년까지 약 4% 감소한다. 그리고 앞의 두 시나리오의 중간치인 '급격한 변화'Rapid 시나리오에서는 약 31% 감소한다.

BP는 이러한 전망을 정당화하기 위해 향후 신재생에너지가 크게 증가하고, 에너지 효율 기술도 획기적으로 발전할 것이라고 설명했다.

신재생에너지는 급격한 변화 시나리오를 기준으로 했을 때 2040년 전체 에너지원 비중에서 33%를 차지한다('급격한 변화 시나리오'는 세 개 시나리오 중 중윗값으로, 모든 분석에서 대체로 가장 먼저 제시된다). IEA의 전망치 약 20.7%에 비해 10%포인트 이상 높다.

BP의 전망에서 가장 주목해야 할 점

—— 2022년 현재, 2020년 9월에 발표된 BP의 전망을 돌아보면 빗나간 부분이 있다. BP는 2019년에 석유 수요 피크를 찍었다고 주장했으나 석유 수요는 여전히 새로운 피크를 향해 가고 있다. 코로나19로 항공유 수요가 급감한 상황에서도 석유 소비량은 2022년 하반기, 늦어도 2023년에는 2019년 수준을 넘어설 것으로 보인다. IEA를 비롯한 다수 기관들은 석유 수요 피크는 아직 오지 않았다고 주장한다. BP는 2021년 이례적으로 연례 에너지전망 보고서를 발간하지 않았다. 2020년의 파격적 전망을 어떻게 이어갈지 난감했을 것이다.

그러나 BP의 당시 전망은 국제사회가 탄소감축을 달성하기 위해서 무엇을 해야 하는지를 알려주었다는 점에서 큰 의미가 있었다. BP는 보고서에서 에너지 소비의 감축을 이야기했다. BP는 향후 인구 증가와 경제 성장을 부정하지 않았다. UN의 2019년 세계 인구 전망을 그대로 인용해서 2050년까지 인구가 약 20억 명 증가하여 97억 명에 이른다고 했다. 또한 GDP는 연평균 2.6%씩 성장하여 2018년 129조 달러에서 2050년에 297조 달러에 이른다고 했다.[2] 이렇게 인구가 20억 명 증가하고 GDP는 두 배 이상으로 증가하는 상황이라면 에너지 사용량도 어느 정도 비례해 늘어난다고 보는 것이 자연스럽다. 그러나 BP는 중간 시나리오에서 세계 에너지 수요량이 2018년 576엑사줄Exa Joule(에너지 단위)에서 2050년 625엑사줄로, 30여 년간 불과 8.5% 증가한다고 전망했다. 경제 규모가 두 배로 증가하는 상황에서 에너지 소비의 한 자리 수 증가는 부자연스럽다. 특히 2030년 이후부터는 인구 증가와 경제 성장에도 무려 20년간 에너지 수요량 곡선이 수평을 유지하는데 이는 비현실적인 전망이다. 2030년부터는 매년 증가하는 에너지 수요가 매년 개선되는 에너지 효율과 상쇄되어 에너지 소비 증가율이 정확히 제로가 된다는 의미인데 너무 작위적이다. 또한 그 현상이 지금이 아닌 10년 후부터 나타난다는 것도 이성보다는 희망이 앞서 있다는 느낌을 준다.

그런데 BP의 보고서에서 주목할 부분도 바로 이 비현실적이라고 말한 에너지 소비의 가정이다. BP는 2030년 이후 에너지 소비가 늘어나지 않는다고 가정했다. 이것은 우리가 탄소중립으로 가는 길에서 무엇이 가장 중요한지 암시한다. BP는 에너지 전환과 탄소감축을 이루기 위해서는 에너지 소비를 늘리지 않아야 함을 전제한 것이다. 과거처럼 인구와 경제 규모가 증가하면서 자연스럽게 에너지 소비가 증가하는 것은 넷제로 모델이 될 수 없다는 것이다. BP가 이러한 에

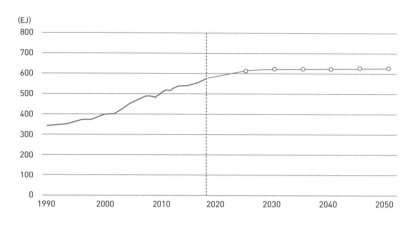

출처 : BP Energy Outlook 2020

너지 전망 보고서를 발간하고 약 8개월 후인 2021년 5월 IEA도 유사한 내용의 보고서를 발간한다. 2050년까지 탄소중립을 달성하기 위해서 각국 정부와 개인이 무엇을 해야 하는지 로드맵을 제시한 〈2050 넷제로〉 보고서가 그것이다. 이 보고서의 핵심도 탄소중립을 달성하기 위해서는 재생에너지의 확대와 함께 에너지 소비 감축이 필요하다는 것이다. 구체적으로 2030년까지 세계 경제 규모가 2020년 대비 40%가 커지지만, 에너지 소비는 오히려 7% 줄어야 한다고 말한다.[3] 그리고 이를 위해 행동양식의 변화와 정책적 노력이 필요하다고 주장한다.

어떻게 에너지 소비를 줄일까?

─── BP의 주장은 BP가 석유를 잘 아는 기업이었기에 할 수 있는 주장이다. 석유는 환경 영향을 제외하면 단연 최고의 에너지원이다. 그래서 대체하여 줄이기보다는 소비 자체를 줄여야 한다. 석유는 탄소배출이라는 단점을 제외하면 에너지원으로서 갖추어야 할 장점을 모두 가지고 있다. 2022년 3월 현재 국제유가는 브렌트유 기준 배럴당 100달러 수준에서 움직이고 있다. 2014년 이후 처음으로 100달러를 돌파했고 2020년의 연평균 유가 43달러에 비하면 두 배가 넘는 수준이다. 그런데 배럴당 100달러의 유가를 1리터당 단가(1배럴은 158.9리터)로 따지면 0.6달러 정도로 한화 800원 정도다. 최근 급등한 가격임에도 콜라나 먹는 샘물보다도 싸다. 한마디로 석유는 압도적으로 가격이 싸다. 그런데도 높은 에너지 밀도를 갖는다. 또한 액체 형태라서 운송과 저장이 쉽고 장기간 비축도 가능하다. 저장이 어렵고 기상에 따라 발전량이 불규칙한 재생에너지와 대비되는 특성이다. 석유는 연료전지와 2차전지 없이도 바로 저장과 사용이 가능하다. 가격, 에너지 밀도, 휴대성, 저장성 등 전반적 특성에서 석유를 능가할 에너지원은 없다. 따라서 현 시점에서 에너지 전환이란 과거처럼 저비용과 고효율로의 전환이 아니다. 화석연료에서 다른 에너지원으로 전환은 저효율과 친환경으로 전환인 것이다. 그러므로 에너지 전환을 하는 동력은 시장의 힘이 아닌 탄소규제와 탄소세 등 의도된 정책의 힘이

다. 그리고 그 과정에서 BP와 IEA가 말하는 것처럼 에너지 소비의 축소가 나타나야 한다.

BP가 파격적 전망을 하며 석유 사업을 축소하는 것도 결국 이 기업이 유럽 정책의 영향을 받기 때문이다. 기업 전략은 정부 정책의 영향을 크게 받는다. 특히 에너지 부문은 세제, 보조금, 외교 역량 등에 크게 기대고 있어 더욱 그러하다. 현재 유럽은 미국보다 진보적인 에너지 정책을 추구하고 있다. 특히 BP의 본사가 있는 영국은 2024년 10월까지 모든 화력발전소의 문을 닫고, 2030년부터 신규 내연기관 자동차 판매를 금지하겠다고 선언했다. 이러한 환경에서 2020년 2월 취임한 BP의 CEO 버나드 루니는 취임 직후 BP의 석유·가스 생산량을 향후 10년 내에 40% 감축하고, 신재생에너지 사업에 투자를 확대하겠다고 선언했다. 또한 BP를 석유회사에서 '종합 에너지회사'로 변모시키겠다고 천명하며 175억 달러(한화 약 21조 원)의 석유·가스 자산을 손상 처리했다. 자산의 손상 처리는 유가 하락으로 광구나 유전의 가치가 현저하게 떨어졌으므로 이를 재무제표에 반영하겠다는 의미다. 이를 통해 자산 총액의 6%가 사라졌다. 동시에 신재생에너지 투자액 10배 증대, 2050년까지의 탄소제로 실현 등을 선언하며 강력한 에너지 전환 의지를 보였다.

석유는 에너지원으로 등장한 이후 모든 재화와 서비스를 풍부하게 했다. 사실 지금도 우리는 석유가 만든 대량 생산 체제 아래에서 살아가고 있다. 향후 석유 개발이 지속적으로 쇠퇴하고 석유가 부족해지는 상황이 오면 우리는 그 반대의 변화를 생각해야 한다. 다른 에너지원이 석유를 대체한다는 것은 생각보다 쉽지 않다. 현재 석유 소비는 대체되어 줄어드는 것이 아니라 소비 절감을 통해야만 줄어들 수 있는 상황이다. 그만큼 석유는 에너지원으로서 압도적 능력을 자랑한다. 누군가는 재생에너지가 확대되면 석유 수요가 자연스럽게 줄어들 것으로 생각한다. 그러나 그렇지 않다. 다음 글에서는 그 이유를 알아볼 것이다.

재생에너지가 늘어도
석유 소비는 줄지 않는 이유

인식Perception은 자주 사실Fact로 받아들여진다.
_공병호

일반적으로 재생에너지가 확대되면 석유 수요가 감소할 것이라고 생각한다. 그러나 앞에서도 이야기한 것처럼 이는 사실이 아니다. 아주 먼 미래라면 모를 일이지만, 중기적으로 재생에너지와 석유는 전혀 다른 용도의 쓰임을 이어갈 것이다. 그래서 서로의 수요를 잠식하기 어렵다. 이는 독일과 영국의 사례에서 잘 나타난다.

현재 재생에너지(수력 제외) 개발과 사용에서 가장 앞선 곳은 유럽이고 그중에서도 독일과 영국이 선두를 달리고 있다. 독일은 가장 적극적으로 풍력과 태양광 발전을 확대해왔다. 독일은 이미 2019년 상반기에 발전發電에서 재생에너지가 차지하는 비중이 거의 50%에 달했다. 10여 년 전인 2009년에는 그 비중이 약 18%이었으니[4] 10년 동안 독일은 재생에너지 확대에 매진하며 전기 생산 중 거의 절반을 재생에너지로 충당하는 국가로 도약한 것이다.

그럼 그동안 독일의 원유 소비량은 감소했을까? 그렇지 않다. BP가 매년 발표하는 통계에 따르면 2009년 독일의 원유 소비량은 일 234만 배럴이었고, 2019년에는 일 227만 배럴을 기록했다. 10년 전 소비 물량에서 약 7만 배럴 감소했다. 재생에너지 발전량은 두 배 이상으로 증가했지만 석유 소비량은 불과 2.9% 감소했다.

이것은 영국의 경우도 마찬가지다. 영국도 북해에서 불어오는 해상의 강한 바람을 이용해 풍력발전을 빠르게 확대하며, 독일 못지않게 재생에너지의 비중을 늘렸다. 영국은 2009년 이후 재생에너지의 발전 비중을 약 다섯 배로 증가시키면서 2019년 기준 약 37%의 전기를 재생에너지에서 얻었다.[5] 그러나 원유 소비량은 독일처럼 같은 기간 불과 5.5% 감소에 그쳤다.

석유와 재생에너지는 장화와 하이힐의 관계

—— 높은 재생에너지 비중에도 불구하고 독일과 영국은 여전히 많은 양의 원유를 소비한다. 독일의 2019년 원유 소비량은 앞서 언급했

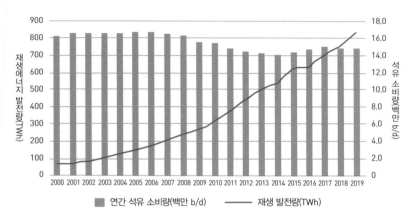

재생에너지 발전량(TWh)

석유 소비량(백만 b/d)

900
800
700
600
500
400
300
200
100
0

18.0
16.0
14.0
12.0
10.0
8.0
6.0
4.0
2.0
0

2000 2001 2002 2003 2004 2005 2006 2007 2008 2009 2010 2011 2012 2013 2014 2015 2016 2017 2018 2019

■ 연간 석유 소비량(백만 b/d)　── 재생 발전량(TWh)

출처: BP Statistical review of world energy 2020(재구성)

듯이 일 227만 배럴이다. 한국의 소비량인 일 270만 배럴보다 적다. 그러나 한국은 수입한 원유의 절반 이상을 휘발유, 경유, 등유 등 석유 제품과 석유화학 제품으로 정제하고 가공해 수출한다. 이렇게 가공 후 수출한 물량을 제외한 순 소비량을 놓고 비교하면, 재생에너지 강국 독일은 경제 규모에 맞게 한국보다 훨씬 많은 양의 원유를 소비하고 있다. 독일과 영국만을 예로 들었지만 스페인, 이탈리아, 노르웨이 등 유럽의 다른 국가들도 재생에너지 개발과 사용에 적극적이다. 그러나 유럽은 여전히 경제 규모에 비례하여 막대한 원유를 소비 중이다.

유럽 전체의 상황을 봐도 마찬가지다. 독일과 영국뿐만 아니라 유럽 국가들은 재생에너지를 가장 선도적으로 확대해왔다. 유럽의 재생에너지 발전량은 2000년 65테라와트시TWh에서 2019년 840테라와트시로 약 13배로 증가했다. 그러나 같은 기간 석유 소비는 일 1,619만 배럴에서 일 1,483만 배럴로 불과 8.4% 감소했을 뿐이다.

그렇다면 왜 재생에너지의 증가에도 불구하고 석유 소비량은 줄지 않는 것일까? 가장 중요한 이유는 재생에너지와 석유는 그 쓰임이 달라서 서로의 대체재가 아니기 때문이다. 조금 과장하면 둘은 마치 장화와 하이힐처럼 용도가 판이하게 다르다. 많은 사람이 우리가 쓰는 전기는 석유에서 온다고 생각한다. 그러나 석유를 이용한 발전 비중은 3~5% 수준이며 화력발전은 대부분 석탄과 천연가스를 사용한다. 석유의 가장 큰 용도는 휘발유, 항공유 등으로 가공되어 차량, 선박, 항공기 등의 연료로 쓰이는 것이다. 수송용 연료로 전체 석유의 약 50~60%가 소비되며, 그다음으로 플라스틱, 합성섬유, 합성고무 등 석유화학 제품의 원료로 약 15~20%가 소비된다. 그리고 남은 일부가 산업용, 난방용 연료나 기타 용도로 활용된다.

반면 재생에너지는 전기 생산을 위한 발전용으로 대부분 사용된다. 재생에너지 중 비중이 가장 큰 수력으로 전기 생산은 가능하지만, 그것이 항공기와 선박의 연료는 될 수 없다. 풍력과 태양광 역시 전기 생산의 원료가 될 수는 있지만 그 역시 일상에서 접하는 수많은 석유화학 제품을 대체할 수는 없다. 한마디로 재생에너지는 발전용 에너지로 비중을 늘려갈 것이고 마땅히 그래야 할 테지만 그것이 석유를

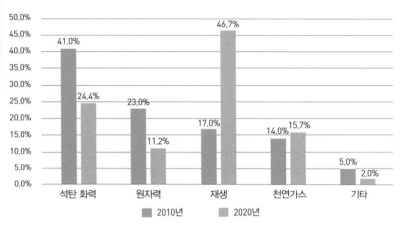

출처: MIT Technology Review(2010)/ IEA(2020)

대체할 수는 없다. 물론 전기차가 확산되면 전기가 석유를 대신해 자동차의 동력원이 될 수도 있다. 그러나 전기차 시대가 열린다고 해도 석유 소비가 감소하기 쉽지 않다. 우선 전기차는 소형차에 한정해 보급되고 있다. 전기차가 연료 소비가 많은 대형화물차 등 상용차 분야에서 쓰이기 위해서는 배터리 용량과 동력이 한 단계 더 발전해야 한다. 게다가 소형차 부문에서도 아직 의미 있는 비중이 아니다. 전기차 비중이 높은 독일과 영국의 상황을 살펴봐도 석유 소비에 미친 영향은 크지 않았다. 전기차의 영향에 대해서는 제7장에서 더 자세히 살펴볼 것이다.

그렇다면 독일과 영국이 늘린 재생에너지는 무엇을 대체한 것일

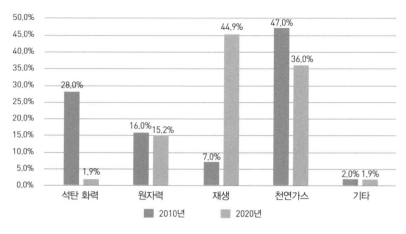

출처: UK Statistics Authority(2010)/ IEA(2020)

까? 다시 말해 그들의 노력이 석유 소비를 줄이지 못했다면 도대체 어느 부분의 무엇을 줄인 것일까? 여기서 독일과 영국은 흥미로운 차이를 보인다. 독일은 2011년 후쿠시마 원전 사고 이후 적극적인 탈원전 정책을 폈다. 사고 이전 전체 발전량의 약 23%를 차지하던 원자력발전이 2020년에 약 11% 수준까지 감소했다. 즉 독일은 재생에너지를 늘려가면서 주로 원자력을 줄였다.

반면 영국은 같은 시기 원자력발전은 유지하고, 미세먼지와 이산화탄소 배출이 많은 석탄 화력발전을 줄이는 정책을 추진했다. 2010년 전체 발전량에서 약 28%의 비중을 차지했던 영국의 석탄 화력발전은 2020년 기준 1.9%로 줄었다. 그리고 2024년 10월까지 모든 화력발전소가 문을 닫을 계획이다.[6] 이렇게 되면 영국은 산업혁명으로 대량의 석탄 사용을 시작한 나라에서 가장 먼저 그것을 멈추는 나라가 될 것이다.

영국과 달리, 독일은 석탄 화력발전에 대한 의존도가 여전히 높다. 독일에는 화력발전에 필요한 갈탄이 풍부한데 이 때문에 1960~1970년대에 한국의 파독 광부들이 갈탄 생산 현장에서 땀을 흘리기도 했다. 파독 광부는 역사 속으로 사라졌지만 화력발전은 건재하다. 이 때문에 독일은 높은 재생에너지 비율에도 불구하고 탄소 배출은 줄지 않는 상황이 나타나고 있다. 독일도 2020년 1월 2035년까지 모든 화력발전소를 폐쇄하겠다고 선언했다.

앞으로 에너지 분야에서 중요한 사회적 합의는 재생에너지의 확대에 따라 독일처럼 원전을 줄일지 아니면 영국처럼 화력을 줄일지와 관련될 수 있다. 직설적으로 표현하면 원전은 탄소 배출이 없지만 위험하고, 화력발전은 저렴하지만 탄소와 미세먼지를 배출한다. 독일과 영국은 이 문제를 두고 각기 다른 선택을 했다. 독일은 핵물리학자를 나치의 부역자로 인식한 역사가 있고, 영국은 1950년대 런던 스모그 사건으로 1만 명 이상의 사망자가 발생했던 트라우마가 있는데 이러한 역사적 배경이 그들의 에너지원 선택에 영향을 주었다는 주장도 있다. 그들의 역사적 배경과 무관하게 그리고 그 선택이 무엇이건 간에, 그들에게 석유는 여전히 주요 에너지원 역할을 유지하고 있다는 점을 염두에 둘 필요가 있다.

결국 필요한 것은 각 정부의 정책적인 노력

—— 유럽의 사례는 석유 수요가 상상 이상으로 견고하다는 점을 보여준다. 따라서 향후 에너지 전략과 탄소감축 노력에서 석유 수요를 어떻게 관리할지에 대한 문제가 매우 중요한 부분이 될 수 있다. 단순히 재생에너지 확대가 석유 소비 감소와 탄소감축으로 이어지지 않기 때문이다(이는 탄소 문제를 다루는 제6장에서 더 자세히 살펴볼 것이다). 석유 소비는 환경에 대한 경각심 고조나 시민의 자발적 노력으로 줄일 수 있는 것도 아니다. 석유가 산업의 근간이 되는 상황에서는 석유 수요를 재생에너지 확대만으로 줄이는 것은 불가능하다. 때문에 IEA는 각국 정부의 정책적 노력 없이는 석유 수요를 줄이기는 힘들 것이라고 강조한다.[7]

또한 석유 수요는 국가 경제와 밀접한 관련이 있어서 치밀한 준비 없이 석유 소비를 줄일 경우 국가 경제에 충격을 미칠 수 있다. 단적인 예로 지금까지는 원유 가격이 너무 많이 오를 때, 국내 소비자 부담을 완화하기 위해 유류세 인하를 통해 물가에 미치는 영향을 줄일 수 있었다. 그러나 앞으로는 유가가 오를 때도 탄소 배출 규제를 위해 세금도 추가로 부과해야 하는 상황이 올 수 있다. 따라서 석유 의존도를 줄이고 새로운 에너지원을 준비해야 한다. 이는 석유가 한정된 자원이기 때문인데, 다음 글에서 살펴볼 석유 매장량과 관련한 내용은 장기적으로 석유 공급이 충분치 않을 수도 있음을 보여준다.

석유 고갈,
지금부터 대응해야 한다

석기 시대는 돌이 부족해져서 끝난 것이 아니다.
_아메드 자키 야마니Shaikh Ahmed Zaki Yamani

석유와 가스는 한번 소비하면 재생이 불가능한 '비재생에너지'다. 언젠가는 고갈된다. 그렇다면 남아 있는 석유의 양은 얼마나 되고 인류는 과연 앞으로 얼마나 더 오랜 기간 석유를 쓸 수 있을까? 이 문제는 석유가 사용된 이래 줄곧 제기되어 온 질문이다. 1956년 미국의 지질학자 매리언 킹 허버트Marion King Hubbert는 통계적 방법을 활용해 미국 원유 생산량이 1970년에 정점에 도달할 것이라는 허버트 피크Hurbert's Peak 이론을 주장했다. 허버트가 피크 이론을 내놓은 직후 텍사스에서 대규모 유전이 발견되기 시작하여 많은 사람이 그의 이론을 비웃었다. 그

〈그림 3-10〉 미국의 원유 생산량(1940~2019년)

(100만 b/d)

2019
1,223만 b/d

2018
1,099만 b/d

1970
964만 b/d

출처: EIA

러나 미국에서의 석유 생산은 허버트의 예측대로 1970년대 일 964만 배럴로 피크를 이룬 이후 점차 감소했다. 셰일혁명이 없었다면 허버트의 이론이 맞았을지 모른다. 셰일혁명 덕분에 미국의 원유 생산량은 2010년 이후 1970년대의 생산량 정점을 넘어섰고, 2019년에는 역대 최대 생산량인 일 1,223만 배럴을 생산했다.

허버트의 피크 이론 외에도 석유 고갈론은 꾸준히 제기되어 왔다. 1970년대에 서유럽의 과학자, 경제학자, 경영자 등이 지구의 자원, 환경에 대한 연구를 위해 설립한 로마클럽도 1972년 석유 고갈론을 제기했다. 로마클럽은 1972년 발간한 〈성장의 한계〉라는 지금은 고전이 된 보고서에서 석유가 40년 뒤인 2010년경에 완전히 고갈될 것이

132 •

라고 주장했다. 1988년에도 BP 출신의 콜린 켐벨Colin Campbell이 전세계 석유 생산은 2010년에 정점을 찍을 것이며 그 이후 생산이 줄어듦에 따라 유가가 상승할 것이라고 했다. 2002년에는 제러미 리프킨이 2020년 이전에 석유 생산이 피크에 이를 것이라고 예측했다. 이외에도 다수의 에너지 관련 기관이 수십 년 후 석유가 고갈될 것이라는 예측을 반복했다. 그러나 2021년에 확인된 전 세계 확인매장량은 여전히 약 1조 7,300억 배럴로 여전히 인류가 약 50년간 사용할 양이다. 이젠 석유가 고갈될 것이라는 주장은 나타나지 않은 늑대가 나타났다고 외치는 양치기 소년의 외침이 되어버린 듯하다.

'양치기 소년'이 된 석유 고갈론

—— 1950년대의 허버트, 1970년대의 로마클럽은 당시의 기술 수준에 근거하여 석유의 미래를 예측했다. 그들은 이후 급속도로 발전한 석유 개발 기술에 의해 매장량이 추가로 늘어날 것을 예상하지 못했다. 석유 개발 기술과 IT 기술의 발전에 힘입어, 과거에는 경제성이 없어 개발되지 못했던 수많은 한계 유전marginal field들의 상업적 개발이 가능해졌다. 1980년대부터는 기술의 한계를 극복하여 수심 수천 미터의 심해에서도 유전이 개발되고 있다. 과거에는 개발이 어려웠던 베네수엘라의 초중질유와 캐나다의 오일샌드도 1990년대 후반부터

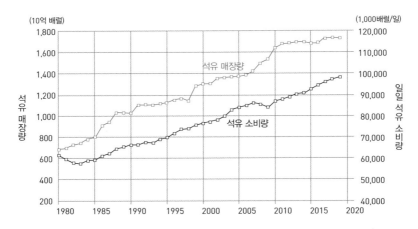

〈그림 3-11〉 원유 매장량 및 소비량 변화(1980~2019년)

* 아래 출처의 도표를 참고하여 재구성함.

출처: BP Statistical Review of World Energy 2020.

본격적으로 개발이 시작됐다. 또 2010년 이후 시작된 미국의 셰일혁명으로 셰일가스와 더불어 생산되고 있는 셰일오일도 매장량 증가의 중요한 계기였다. 그림 3-11은 1980년부터 2019년까지 석유 매장량과 석유 소비량의 증가를 보여주고 있다.

　해당 그래프를 보면 1985년에서 1988년 기간에 매장량이 급증한다. 이는 사우디, 이란, 이라크, UAE 등 중동의 OPEC 국가들이 자국의 매장량을 석연치 않은 이유로 증가시켜 발표했기 때문이다. 1998~1999년에는 캐나다 오일샌드가 정식으로 매장량으로 인정되면서 매장량이 크게 추가되었고, 2008~2010년에는 베네수엘라 오리노코

벨트Orinoco belt의 초중질유가 매장량으로 인정되면서 또 한 차례 매장량이 급증했다.

위 기간 중 석유 소비량 역시 증가했지만 매장량 증가폭이 약간 더 컸다. 석유 소비량은 1985년 이후 연평균 1.2%씩 계속해서 증가했는데, 매장량은 이를 상회하는 연평균 2.2%씩 증가해온 것이다. 1985년 전 세계 확인매장량은 8,000억 배럴이었고 일일 소비량은 5,900만 배럴로, 전자를 후자로 나눈 가채년수는 37년이었다. 이후 매장량과 소비량이 동시에 증가하며 2019년 기준 확인매장량은 1조 7,339억 배럴, 일일 소비량은 9,800만 배럴로서 확인매장량 기준 가채년수는 48년이다. 기술은 끊임없이 발전하며 매장량을 소비량 이상으로 증가시켜왔다.

지하 석유의 부존량을 얘기할 때 일반적으로 매장량이라고 부른다. 엄밀하게 구분하면 매장량은 시추를 통해 유전이 발견된 후 상업성이 충분하여 개발하기로 확정되었을 때 부르는 명칭이다. 즉 고정된 숫자가 아니라 상업성과 개발 가능성에 따라 변하는 유동적 숫자다. 개발이 확정되기 전에는 매장량이라 부르지 않고 '자원량'이라고 한다. 개발이 확정된 매장량은 어느 정도 확실한 숫자인 반면 자원량은 산출하는 데 불확실성이 많다. 따라서 지구상에 남아 있는 자원량을 정확히 예측하기는 불가능하다. IEA가 2018년 말에 추정한 전 세계 남아 있는 매장량과 자원량의 합은 6조 1,650억 배럴이다. 그런데 자원량의 경우 불확실성을 고려하여 이를 완전히 인정하지 않고 일부만 실제 매장량으로 전환된다고 본다. 미국 석유평가공학회spee의 조사를 근거로 개발 가능한 자원량(매장량 포함)을 추정해보면 2조 9,545억 배럴에서 3조 8,475억 배럴 범위 내에 있는데, 이를 현재의 소비량으로 나누어보면 가채년수는 85년 내지 111년으로 계산된다. 다시 말해 우리가 쓸 수 있는 원유의 양은 매장량으로 확인된 것이 48년이고, 잠재적인 자원량을 포함하더라도 약 100년에 불과하다.

기술의 진보가 가져온 혁명은 끝났다

—— 사실 2000년 초반에 가까운 바다의 유전은 거의 개발이 완료된 상태였다. 이 때문에 2000년대 초반 석유 고갈론이 강하게 대두되었는데, 이것은 미국과 영국이 2003년 이라크전 등을 통해 중동 개입을 강화한 배경이기도 했다. 그러나 2010년 이후 갑자기 나타난 셰일혁명은 다시 한 번 석유 고갈론을 양치기 소년으로 만들었다. 그런데 앞으로도 계속 그럴 수 있을까?

결론부터 말해 앞으로 석유 사업에서 더 이상의 혁명 가능성은 낮다. 석유 고갈론이 매번 빗나갔던 이유는 기술의 진보 때문이었다. 그러나 보다 근원적 이유를 꼽자면 시대의 욕망이 석유로 집중되었기 때문이다. 석유는 '검은 황금'이었다. 석유기업 엑손모빌은 2012년까지 장기간 시가총액 1위를 유지했고, 석유 메이저 기업들은 전 세계에서 사업을 하며 매년 수백억 달러의 순이익을 창출했다. 거대 자본은 석유산업으로 몰렸고, 많은 사람이 석유에 천착하며 연구하고 도전했다. 자연스럽게 석유 탐사와 생산 기술은 진보와 혁신을 거듭했다. 요컨대 석유가 부와 권력의 원천이었기 때문에 인류는 석유의 고갈을 허용하지 않았다. 결국 변화를 만드는 것은 사람의 욕심과 돈의 방향이다. 따라서 특정 산업의 미래를 판단할 때 그 분야로 인재와 자본이 몰리고 있는지 봐야 한다.

그런데 오늘의 석유산업은 과거와 다르다. 한때 세계 최대 규모의 기업이었던 엑손모빌은 2020년 다우지수 산정 종목에서도 제외됐다. 투자자와 인재의 관심도 석유가 아닌 새로운 에너지원과 4차 산업 관련 분야로 집중되고 있다. 게다가 석유기업이 예전처럼 극지와 오지에서 탐사하려면 쏟아지는 비난을 각오를 해야 한다. 이 분야에서 혁혁한 성과를 낸다고 해도 환영받는 일이 아닐 수 있다. 필자는 전작 《황금가스전》을 통해 미얀마에서 이뤄진 가스전 탐사와 개발 성공의 경험을 소개한 적 있다. 황금가스전과 같은 사례가 많이 나오기를 기대하지만 현재는 이런 도전 자체가 많이 사라진 상태다.

이제 새로운 유전을 찾기 위해서는 여론과 환경단체의 반대를 무릅쓰고 심해와 극지로 가서 시추를 해야 한다. 더 먼 곳에서 더 어렵게 시추하고 더 큰 리스크를 감수해야 하는 것이다. 탐사를 통해 새로운 유전을 찾아 매장량을 추가하는 것이 더욱 힘들어졌다. 그래서 이미 일부 메이저 석유기업은 더 이상 신규 지역 탐사는 시도하지 않겠다고 선언했다. 유럽의 주요 석유기업 BP, 쉘Shell, 토탈Total 등이 일제히 석유산업을 축소하고 재생에너지 사업을 확대하는 추세다. 이러한 변화의 중요한 원인은 그들이 접근할 수 있는 석유 잔존량이 이제 얼마 남지 않았기 때문이다. 실제로 2020년과 2021년 세계 석유 개발 상류 부문 투자 규모는 2014년 대비 절반 이하로 감소했다. 과거처럼 막대한 자본과 인력을 쏟아 붓기도 힘들고, 또 그렇게 하려 해도 개발이 용이한 유전은 이미 개발이 끝난 상태다. 게다가 탄소규제의 강화에 따른 리스크도 커지고 있다.

새로운 에너지원 개발은 생존의 문제와 연결되어 있다

—— 사우디의 전 석유 장관 아메드 자키 야마니는 "석기 시대는 돌이 부족해져서 끝난 것이 아니다. 석유 시대도 석유가 고갈되기 전에 끝날 것이다."라는 말을 남겼다. 그러나 그의 말은 틀릴 가능성이 높아지고 있다. 그가 이러한 말을 남긴 이유는 기술의 진보가 언젠가 석유보다 우수한 에너지원을 만들어낼 수 있으리라 생각했기 때문이다.[8] 그러나 지금의 에너지 기술은 아직 석유 수요를 없애기 어렵다. 따라서 그의 말과는 달리 석유는 정책이 허락하는 수준까지는 생산될 가능성이 크다. 2022년 현재, 석유 소비량은 여전히 증가 추세에 있고, 탄소중립을 외치는 상황에서도 석유 소비의 정점을 의미하는 '석

유 피크'는 아직 요원하기 때문이다.

석유는 아직 50년간 사용 가능한 매장량이 남아 있다. 잠재적 자원량을 고려하면 그 기간이 조금 더 길어질 수 있다. 그 정도면 충분하다고 생각할 수도 있다. 그러나 인류 역사에서 50여 년은 대단히 짧은 기간이며 석유를 대체할 만한 자원을 찾기 쉽지 않은 상황에서 결코 긴 시간이 아니다. 그리고 50년분의 매장량도 생산하기 위해서는 시추를 하고 육상과 해상에 생산 설비를 건설하는 투자가 있어야만 한다. 석유산업은 끊임없이 자본 투자를 해야 생산을 지속할 수 있다. 이것은 땅이 많다고 해서 그것이 바로 주택 공급 증가로 이어지지 않는 것과 같다. 넓은 땅이 주택 공급으로 이어지려면 자본 투자와 공사가 필요하듯 지층의 매장량이 원유 생산으로 이어지려면 자본을 투하해 생산 시설을 건설하는 작업이 필요하다. 대형 유전은 생산이 가능하도록 개발하는 기간만 5~10년이 걸린다. 또한 생산 중인 유전이라도 화수분처럼 영원히 석유를 뿜어내는 것이 아니라서 끊임없이 생산정을 시추하고 생산 시설을 건설해야 지속적인 생산이 가능하다. 그런데 지금은 석유 개발 투자가 급격히 감소하고 있다. 요컨대 자원량이 매장량으로 전환되고 매장량이 생산량으로 이어지기 위해서는 막대한 투자가 필요한데 지금과 같은 낮은 투자 수준에서는 탐사를 통해 새로운 유전을 찾는 것은 고사하고 이미 찾아 놓은 매장량과 자원량조차 적기에 충분한 공급량으로 이어지지 못할 수 있다.

원유시장에서 공급이 감소하게 되면 산유국은 생산 원유를 자국 소비에 우선 충당한다. 2021년 12월 멕시코는 연료 자급률을 높이기 위해 2023년부터 원유 수출을 중단하겠다고 선언했다. 2022년 1월에는 인도네시아가 일시적으로 석탄 수출을 중단하겠다고 했다. 한국처럼 필요한 원유를 전량 수입하는 입장에서는 주요 산유국의 원유 생산 능력 감소가 심각한 에너지 위기를 불러올 수 있다(이러한 점에서 중동 산유국에서 석유 개발사업 또는 석유 공동비축사업 등을 통해 에너지 분야에서 상호 협조 체제를 구축하는 것은 장기 에너지 안보 측면에서 꼭 필요한 일이다. 일방적으로 원유를 수입하는 관계에서는 상대를 제어할 수 있는 레버리지가 없기 때문이다).

한국은 세계 5위의 거대 원유 수입국이라는 점에서 세계 석유 수급의 변화는 국가경제에 큰 충격이 될 수 있다. 따라서 새로운 에너지원에 대한 관심과 도전이 절실하다. 일반적으로 에너지 전환은 기후변화 대응과 탄소감축 필요 때문으로 인식된다. 그러나 남아 있는 석유의 양이 많지 않기 때문에도 에너지 전환은 필요하다. 기후변화 못지않게 새로운 에너지원의 부재도 큰 문제를 야기할 수 있다. 새로운 에너지원에 대한 관심과 도전은 선택의 문제가 아니라 생존의 문제이다. 석유는 자발적으로 소비를 줄여가기도 해야 하지만, 현재와 같은 석유 개발 부진과 탄소감축을 추구하는 환경에서는 타의에 의해 석유 소비를 감축해야 하는 상황도 생길 수 있다. 탈석유의 과정, 혹은 석유 피크 이후의 시간들을 대비하기 위해서는 대안이 있어야 한다. 어떤 자산이든 피크를 찍고 감소하는 상황에서 시장의 불안과 수급의 혼란이 가중되기 때문이다.

　아울러 세계의 석유 공급 능력 변화를 예의주시하면서 석유를 확보할 수 있는 기술적, 사업적 역량도 유지하고 확보할 필요가 있다. 화석연료에서 벗어나는 에너지 전환 과정도 기본적으로 거대한 인프라 구축 사업이다. 따라서 막대한 에너지 소비가 수반된다. 산업과 운송이 절대적으로 석유에 의존한 현실에서는 에너지 전환에서도 석유의 역할이 필요하다. 어쩌면 그것이 석유에게 남겨진 가장 중요한 임무일 것이다. 한마디로 장기적 에너지 전환과 지금 당장의 석유 수급 모두 관심을 가져야 한다.

　제2부에서는 이러한 한국의 에너지 현실에서 재생에너지와 수소가 어떤 의미를 갖는지, 그리고 한국은 이에 어떻게 대응해야 하는지 살펴볼 것이다.

제2부

'검은 황금'을 대체할
새로운 에너지

제4장

재생에너지는
한국에 어떤 의미를 갖는가?

한국의 재생에너지
비중이 낮은 이유

인생은 원래 공평하지 못하다.
_빌 게이츠

재생에너지는 두 가지 결정적 장점이 있다. 첫째는 탄소 배출이 없다는 점이다. 이는 탄소중립을 추구하는 시기에 설명이 필요 없는 장점이다. 두 번째 장점은 말 그대로 재생가능Renewable한 에너지원이라는 것이다. 땅속에 있는 석유, 가스, 석탄 등의 화석연료는 한 번 사용하면 연소되어 없어진다. 이때 그냥 사라지는 것이 아니라 탄소를 배출하면서 사라진다. 그러나 땅 위의 바람(풍력)과 태양(태양광)과 물(수력)은 한번 사용해도 사라지지 않는다. 엄밀히 말하면 재생再生이라는 표현은 적절하지 않을 수 있다. 태양은 지구상 모든 생명체의 에너지원이지만, 생명의 탄생과 소멸 과정에서 태양으로 돌아가는 에너지는 없다. 태양광 패널에서 전기로 전환된 에너지도 마찬가지다. 태양은 지구의 일에 상관없이 매일 새로운 에너지를 발산할 뿐이다. 바람도 어제의 바람이 다시 살아서 돌아오는 것이 아니다. 애초에 바람은 소모되지 않아서 재생의 과정도 없다. 단지 순환하며 불어올 뿐이다.

재생에너지는 소모되지 않는다는 점에서, 그리고 탄소 배출이 거의 없다는 점에서 사용 비중을 높여가야 한다. 탄소감축 차원에서도 재생에너지 확대는 중요한 이슈이지만 화석연료가 지속가능하지 않다는 점에서도 비재생에너지에서 재생에너지로의 전환은 필연적인 흐름이다.

혹자는 원자력을 활용하면 재생에너지 개발을 하지 않아도 된다고 생각하는데 이는 맞지 않다. 원자력발전은 에너지 전환 과정에서 재생에너지의 역할 부담을 조금 덜어주는 역할을 할 수 있을 뿐이다. 현재 한국의 발전량에서 원자력발전 비중은 약 27%다. 탈원전을 하지 않고, 원전을 현 수준의 두 배(27%→54%)로 확대한다 해도 전력 생산의 약 절반 정도만 감당할 수 있다. 물론 원자력도 충분히 활용해야 한다. 그러나 지역의 수용성과 환경 영향을 고려할 때 앞서 언급한 것처럼 원전을 두 배로 늘린다는 것도 비현실적이다. 한국은 국토가 좁다는 점에서 재생에너지만으로 탄소중립을 달성하기 어려울 수 있다. 따라서 원자력이 재생에너지와 함께 저탄소 에너지의 한 축을 차지할 필요도 분명히 있다. 그러나 그것이 비재생에서 재생에너지원으로

구분	미국	중국	독일	영국	프랑스	캐나다	일본	한국	세계 평균[1]
전체 발전량 중 재생에너 지 비중	20.6%	29.0%	46.7%	44.9%	25.0%	68.8%	21.7%	7.2%	28.6%

출처: IEA, 'Monthly OECD Electricity Statistics Revised Historical Data', 2021.

가는 흐름 자체를 막을 수 없다. 국내 전력 생산에서 석탄, 가스 등 화석연료가 차지하는 비중은 거의 70%에 이른다. 이것을 어느 하나의 에너지원만으로 대체할 수 없다. 한국은 재생에너지, 수소, 암모니아, 원자력 등 다양한 에너지원을 그 효용의 최대치까지 모두 활용해야 한다. 어느 하나의 에너지원이 독주할 수 있는 환경이 아니다.

지속가능한 에너지, 그리고 환경을 위해 화석연료의 자리는 어느 시점에 재생에너지가 채워야 한다. 앞에서 살펴봤듯 석유 고갈도 먼 미래가 아니다. 또한 지금은 화석연료의 사용이 가능하다 하더라도 탄소감축을 위해서는 재생에너지와 비재생에너지 간의 비중 조절이 필요하다.

안타깝게도 한국의 재생에너지 비중은 매우 낮다. 한국은 나름의 노력을 기울여왔지만 세계 평균에도 크게 못 미친다. 2020년 기준 세계 재생에너지 발전 비중은 28.6%인데 한국은 7.2%에 그치고 있다.[2] 이웃 나라 중국과 일본에 비해서도 많이 뒤쳐져 있다. 중국은 2020년

구분	석탄	원자력	재생	천연가스	석유	기타	합계 (총 발전량)
한국	36.9%	27.5%	7.2%	25.7%	1.1%	1.6%	100% (554,377GWh)
중국	62.9%	4.7%	29.0%	3.1%	0.2%	0.1%	100% (7,417,980GWh)
일본	31.0%	4.4%	21.7%	33.8%	4.0%	5.1%	100% (949,052GWh)

출처: IEA, 'Monthly OECD Electricity Statistics', 2021.

기준으로 전체 발전량에서 재생에너지 비중이 29%에 달한다. 2021년에는 에너지 전환을 위해 약 2,660억 달러를 투자했는데 이는 전 세계에너지 투자의 약 35%에 해당한다.[3] 현재 세계에서 재생에너지 부문에 가장 많은 투자를 하는 국가는 중국이며, 가장 많은 풍력과 태양광 발전량을 기록한 국가도 중국이다. 다만 중국은 발전량에서 재생에너지 비중도 높지만 석탄화력의 비중도 매우 높은 양상을 보인다.

일본도 재생에너지 사용에서 세계 평균치에는 미치지 못하지만 한국보다는 높은 사용 비율을 보인다. 재생에너지 사용 비중이 21.7%로 한국의 7.2%보다 월등히 높다. 또 석탄, 가스 등 화석연료 발전 비중은 약 70%로 한국과 비슷하나 그 구성에서 한국보다 천연가스 비중이 높고 석탄 비중은 낮아 한국보다 친환경적이라고 할 수 있다.

위와 같이 한국이 OECD 내에서는 물론 세계 평균보다도 재생에너지 비율이 낮고 수출 품목이 많이 중복되는 중국, 일본 등과 비교해서도 탄소 저감 노력이 뒤처질 경우, 과다한 탄소 배출을 이유로 국제 교역에서 불이익을 당할 가능성도 있다. 이미 EU는 탄소국경세 등을 포함하는 탄소국경조정제도 시행을 공언하고 있다.

토지 집약적인 재생에너지 사업

—— 빌 게이츠는 저서 《빌 게이츠, 기후재앙을 피하는 법》에서 다음과 같이 고백한다. 그는 탄소 배출을 줄이기 위해서 풍력과 태양광과 같은 재생에너지의 개발이 매우 중요하다고 생각했다. 그러나 재생에너지가 엄청나게 많은 땅을 필요로 한다는 점을 깨닫고 생각을 조금 바꾼다. 그는 같은 양의 전기를 생산할 때 태양광은 석탄 화력의 '5~50배'의 땅이 필요하고, 풍력은 태양광의 '10배'의 땅이 필요하다고 말한다. 결국 그는 재생에너지가 필요로 하는 땅의 규모 때문에 재생에너지에 대한 기대치를 낮춘다. 그러면서 전기를 모두 재생에너지로 생산하기보다 전기 사용 자체를 일부 줄일 필요가 있다고 생각한다.[4] 광대한 국토를 가진 미국에서 이러한 생각을 한다는 것이 한국의 입장에서는 당황스럽기도 하다.

태양광과 풍력은 모두 물리적으로 넓은 땅을 요구한다. 이것은 국토가 좁은 나라 입장에서는 뼈아픈 부분이다. 미국산, 호주산 소고기가 한우에 비해 저렴한 이유는 그 나라의 국토가 넓고, 따라서 낮은 가격에 방목이 가능하기 때문이다. 이것은 소고기뿐만 아니라 쌀, 옥수수와 같은 각종 농산물 가격 형성에서도 나타나는 현상이다. 풍력과 태양광발전 사업은 바람과 일광이 좋은 넓은 땅이 필요하다는 점에서 농축산업과 닮아 있다. 경제적으로 농축산물 가격 형성의 불리한 여건을 한국의 풍력과 태양광발전도 그대로 안고 있다. 모두 토지 집약적 사업이다. 그러나 그것이 재생에너지를 포기해야 할 이유가 되지는 않는다. 다만 어느 정도의 비중을, 어느 정도의 속도로 늘려갈지에 대한 고민에서 고려해야 할 사항이다.

또 한 가지 한국은 재생에너지의 한 축인 수력발전 여건이 다른 나라에 비해 불리하다. 재생에너지라고 하면 대부분 풍력과 태양광을 생각하기 쉽지만 가장 비중이 큰 재생에너지는 사실 수력이다. 세계 재생에너지의 60% 이상은 수력발전에서 나온다. 나머지 40%가 풍력과 태양광 등으로 구성된다. 재생에너지 비중이 최상위권인 나라들은 대부분 수력발전의 비중이 매우 높다. 물론 독일과 영국처럼 일부 유럽 국가는 풍력, 태양광 중심으로 높은 재생에너지 비중을 이루기도 했으나 재생에너지 비중 상위 10개국은 대부분 압도적으로 높은 수력 발전량을 보인다.

재생에너지 발전 비중이 세계 1위와 2위인 노르웨이와 브라질은 풍력과 태양광 때문이 아니라 지형의 선물인 수력 때문에 재생에너지 모범국이 되었다. 노르웨이는 전력의 90% 이상을 수력에서 얻고 있

〈그림 4-3〉 재생에너지 비중 상위 국가의 수력 발전 비중(2020년 기준)

구분	노르웨이*	브라질	캐나다	스웨덴	독일**	영국***	한국
전체 발전 중 수력 비중	91.8%	66.3%	60.7%	44.9%	4.6%	2.5%	1.3%
(수력을 포함한) 재생에너지 비중	98.4%	85.0%	68.8%	69.3%	46.7%	44.9%	7.2%

* 노르웨이는 산유국임에도 호수가 많은 지형의 특성상 수력 발전이 전력 생산의 90퍼센트 이상을 차지한다.
** 독일은 수력을 제외한 재생에너지 비중이 전 세계에서 가장 높다.
*** 영국도 독일과 함께 수력을 제외한 재생에너지 비중이 높은 대표적 나라다.

출처: IEA, 'Monthly OECD Electricity Statistics Revised Historical Data', 2021.

으며 브라질도 전력의 60% 이상을 수력을 통해 생산한다. 중국의 수력 비중도 17.7%, 일본도 9.3% 수준으로 한국의 1.3%와는 현격한 차이를 보인다.

사실 수력발전은 지형 조건의 영향이 절대적이라서 정부와 기업의 노력으로 확대할 수 있는 에너지원이 아니다. IEA는 수력발전 비중의 증가가 2040년까지 미미할 것으로 보고 있다.[5] 이미 수력 발전소가 세워질 곳에는 다 세워졌다는 것이다. 이런 면에서 재생에너지 확대 경쟁은 출발점 자체가 다른 상황이다. 어찌 보면 한국의 낮은 재생에너지 비중은 산업 구조와 자연 여건상 당연한 결과로 볼 수도 있다. 다음 글에서 유럽의 재생에너지 확대 배경을 살펴보면 한국과 차이가 나타난 이유를 더 뚜렷이 알 수 있다.

유럽이 탄소중립에
앞장서는 속셈

EU가 기후변화 외교를 주류에 편입시키기 위해
부단히 노력한 것은 인정받을 만하다.
_리처드 영스Richard Youngs

먼 훗날 인류가 탄소 배출을 극적으로 줄이고 기후변화를 극복한다면
미래 역사가는 EU의 기여가 컸다고 서술해야 할까. 2021년 7월, EU
의 행정부 격인 집행위원회는 수입품에 대한 탄소국경조정과 재생에
너지 확대 등을 포함하는 탄소감축 정책 제안 '핏 포 55'Fit for 55를 발표
했다. 2030년까지 탄소 배출을 55% 줄이겠다는 방안이다. 우르줄라
폰 데어 라이엔Ursula von der Leyen 집행위원장은 "유럽은 2050년 탄소
중립을 선언한 최초의 대륙이면서, 그것을 향한 세부 로드맵 또한 최
초로 제시했다."라고 말했다. 실제로 EU가 2019년에 탄소중립을 골

자로 하는 '유럽 그린딜'을 발표한 이후 한국, 중국, 일본 등도 탄소중립 선언에 동참하는 등 탄소 문제는 국제 사회의 주요 의제로 뚜렷이 등장했다. 미국의 트럼프 행정부가 파리기후협약을 탈퇴하는 가운데에서도 EU는 그 방향을 뚝심 있게 지키면서 이젠 그것이 하나의 담론을 넘어 실질적 규제와 법규의 단계로 진입하도록 유도하고 있다.

그렇다면 왜 EU는 앞장서서 탄소감축과 재생에너지 확대에 열심일까? 사실 화석연료를 선도적으로 개발 및 보급하고 최초로 대량 사용한 곳이 유럽이었다. 영국의 증기기관은 석탄의 사용을 급격히 증가시켰고, 독일에서 완성된 내연기관은 석유의 사용 가치를 크게 높였다. 유럽의 산업혁명과 중동 진출, 메이저 석유회사의 활약으로 석탄, 석유는 현대 산업사회의 근간이 되었다. 그랬던 유럽이 지금은 그것의 퇴출에 앞장서고 있다. 물론 기후변화 대처라는 당위 앞에서 그 역할에 앞장서고 그 중요성을 환기하는 것을 나쁘다 할 수 없다. 그러나 탄소 경제의 혜택을 가장 많이, 또 가장 오래 누려온 유럽이 탄소제로로 가는 여정에서 페이스메이커 역할을 하고, 일방적으로 규칙까지 제시하는 것은 뭔가 어색하다. 전력 시설도 완비되지 않은 일부 개도국에게는 새로운 사다리 걷어차기로 비칠 여지도 있다.

EU가 탄소중립과 재생에너지 확대를 외치는 이유는 기후변화 때문이기도 하지만 그것이 유럽 산업계에 유리하기 때문이다. 현재 풍력과 태양광 등 재생에너지 분야에서 가장 앞서 있는 국가들은 유럽 국가들이다. 2020년 기준으로 독일, 영국, 이탈리아, 스페인 등의 발

구분	석탄	원자력	재생	천연가스	석유	기타	합계 (총 발전량)
독일	24.4%	11.2%	**46.7%**	15.7%	0.7%	1.3%	100% (543,383GWh)
영국	1.9%	15.2%	**44.9%**	36.0%	0.4%	1.5%	100% (300,184GWh
프랑스	0.9%	65.7%	**25.0%**	6.7%	1.1%	0.5%	100% (510,662GWh)
이탈리아	6.9%	0.0%	**42.8%**	46.0%	3.3%	1.0%	100% (273,150GWh)
스페인	2.1%	22.0%	**45.0%**	26.3%	4.2%	0.4%	100% (253,027GWh)

출처: IEA, 'Monthly OECD Electricity Statistics Revised Historical Data' 2021.

전량에서 재생에너지 비중은 모두 40%를 넘는다. 한국의 7.2%와 비교가 되지 않을 뿐 아니라 미국(20.6%), 일본(21.7%)과 비교해도 월등하다. 앞에서 살펴본 것처럼 유럽은 수력을 제외한 재생에너지 비중에서 가장 앞서 있다. 독일의 재생에너지 비율이 46.7%, 영국 44.9%, 스페인 45.0%, 이탈리아 42.8% 등이며, 지금도 이 숫자는 증가하는 추세다. 따라서 유럽은 재생에너지 분야에서 가장 많은 사업 경험과 기술을 축적하며 비교우위를 점하고 있다. 일례로 영국은 2010년 전후 석탄 화력발전이 발전량의 약 40%를 차지했지만 현재는 석탄의 완전한 퇴출을 눈앞에 두고 있다. 영국은 이 과정에서 약 1만 기 이상의 풍력 발전기를 설치했다.

　그림 4-4에 제시된 유럽 주요국 중 프랑스를 제외한 모든 국가가 총 발전량의 40% 이상을 재생에너지에서 얻고 있다. 오직 프랑스만 25%로 상대적으로 낮다. 그러나 상대적 비중이 작을 뿐이지 재생에너지 발전량의 절대량을 따지면 영국과 비슷한 수준이고 이탈리아보다는 약간 많다. 이는 프랑스가 항공, 방산, 자동차 등 중공업이 발달해 있어 타 유럽국에 비해 절대적인 전력 소비량이 많기 때문이다. 전력 소비가 많은 탓에 프랑스는 1970년대 이후 원자력발전에 집중해 왔고, 2020년 기준 65.7%의 전기를 원자력으로 충당했다. 프랑스는 사실상 원자력(65.7%)+재생(25%)+가스(6.7%) 조합만으로 전력을 생산하고 있다. 석탄발전의 비중은 0.9%에 불과하다. 프랑스는 프랑스만의 방식으로 저탄소를 실현하고 있는 셈이다.

　프랑스와 대조적으로 이탈리아에는 원자력발전소가 없다. 1986년 체르노빌 원전 사고 이후 모든 원전 운영이 중단되었고, 2008년 이후 원전 건설을 검토했으나 2011년 후쿠시마 원전 사고 이후 백지화되었다. 대신 이탈리아는 재생에너지(42.8%)와 가스 비중(46%)이 매우 높다. 또한 이탈리아는 EU 내에서 가장 많이 전기를 수입하는 나라인데, 주로 국경을 접하고 있는 프랑스와 스위스에서 전기를 들여와 부족분을 충당한다. 이렇게 접경하고 있는 특성 때문에 상호 전력을 공유하고, 거래하는 에너지의 '깐부' 관계를 형성할 수 있다는 것도 유럽이 가진 큰 유리함이다.

재생에너지 확대를 선도하는 유럽

—— 재생에너지 비중이 유럽 주요국에서 약 40%를 넘게 차지한 데에는 자연 환경적 여건도 있지만 산업 구조적 이유도 있다. 유럽 주요국은 대부분 GDP 규모가 한국보다 크다. 일반적으로 경제 규모가 크면 전력 사용량도 많기 마련이다. 그런데 유럽은 그렇지가 않다. 2020년 기준 한국의 GDP 순위는 세계 10위인데, 독일은 4위, 영국 5위, 프랑스 7위, 이탈리아 8위 등으로 유럽 주요국이 한국보다 앞서 있다. 그럼에도 이 국가들의 전기 사용량은 모두 한국보다 적다. 제조업이 발달한 독일만 한국과 비슷한 발전량을 기록했고, 영국, 이탈리아, 스페인은 한국의 절반 수준에 불과하다.

2019년 한국의 산업에서 제조업 비중은 28.4%로 EU의 16.4%보다 높다. 단순히 제조업 비중이 높을 뿐만 아니라 제조업 중에서도 전력 소비가 큰 철강, 자동차, 조선, 석유화학 등 중공업의 비중이 높다. 따라서 급격한 에너지 전환은 산업계의 부담으로 작용하고 경쟁력을 약화시킬 우려가 있다. 반면 유럽은 에너지 가격의 영향이 적은 금융, 법률, 관광 등 서비스업이 산업에서 큰 비중을 차지한다. 낮은 가격으로 경쟁하는 생필품보다는 고급 브랜드의 '명품' 사업도 발달하여 전기요금이 경쟁력의 주된 요소가 아닌 면도 있다. 따라서 탄소중립과 재생에너지 확대에 따른 부담이 다른 지역에 비해 상대적으로 덜하다. 탄소국경조정 등 탄소 배출량을 기준으로 국제 규제와 제도를 도

구분	독일	영국	프랑스	이탈리아	한국
연간 발전량(GWh)	543,383	300,184	510,662	273,150	554,377
GDP 순위	4위	5위	7위	8위	10위

출처: IEA, 'Monthly OECD Electricity Statistics', 2021.

입할 때도 가장 유리한 입장에 있다.

검은 황금을 대체할 재생에너지는 무엇인가

—— 20세기 최대 교역상품은 석유였다. 국제무역에서 가장 큰 비중을 차지한 것은 석유였고, 세계 경제는 석유를 동력으로 움직였다. 한국의 수입 품목 중 단연 1위도 원유다. 석유를 확보한 나라는 가장 큰 부와 힘을 가질 수 있었다. 유럽 석유회사들은 20세기 초반 중동에 가장 먼저 진출해서 석유를 발견하고 개발을 주도했다. 이후 그것을 발판으로 엄청난 부를 창출했다. 그러나 1970년대 이후 소위 '자원 민족주의'의 대두와 산유국의 자체적인 개발 역량 확보로 중동 석유를 지배하던 시절의 영광을 포기해야 했다. 물론 그 이후에도 BP, 쉘, 토탈, 에니Eni 등 유럽의 주요 석유회사는 대형 석유회사로 나름의 입지를 확보했지만 예전만큼은 아니었다. 1970년대 이후 계약 체계 변경

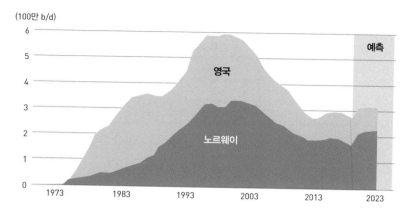

〈그림 4-6〉 북해 원유 생산량 변화 추세

출처: UK's Oil&Gas Authority, Norwegian Petroleum Directorate

과 개발 권한의 축소 등으로 산유국에서의 이권은 줄어들기 시작했고, 2000년대 이후에는 산유국의 국영 석유회사에게 주도권을 완전히 내주었다. 게다가 유럽의 텃밭인 북해의 석유 생산량은 지속적으로 감소해서 지금은 1990년대 말의 절반 수준이다.

　2020년 생산량을 기준으로 한 10대 석유회사 중 과반인 여섯 개는 중동과 중국의 국영 석유회사가 차지하고 있다. 2002년 〈파이낸셜타임스〉는 20세기 석유 사업은 서구의 세븐 시스터즈(1950~1970년대 석유산업을 지배했던 미국과 영국의 일곱 개 정유사들을 일컫는 말)가 주도했지만 2007년에는 산유국의 국영 석유사들로 이루어진 뉴 세븐 시스터즈가 지배하고 있다고 표현했다.[6] 그만큼 석유산업에서 유럽이 차지하는 역할과 비중은 날이 갈수록 축소되고 있다.

그러나 재생에너지 분야에서는 다른 양상이 펼쳐진다. 특히 풍력 분야는 유럽업체들이 가장 앞서 있다. 풍력 분야에서 덴마크의 베스타스Vestas와 독일과 스페인 합작사인 지멘스가메사Siemens-Gamesa 두 업체가 세계 시장의 약 4분의 1을 점유한다. 중국의 골드윈드Goldwind와 인비전Envision도 중국 내수시장을 중심으로 빠르게 성장하고 있다.

엄청난 시장이 열린다

─── IEA에 따르면 2019년 한 해에만 전 세계에서 태양광발전 100기가와트, 풍력발전 60기가와트, 총 160기가와트의 재생에너지 시설이 추가되었다.[7] 2022년 이후로 설치 규모가 더 커질 것으로 보이는데, 에너지정보업체 우드맥킨지는 2020년부터 향후 10년간 매년 250기가와트의 재생에너지 설비용량이 신규로 건설될 것이라고 예측했다.[8] 현재 석탄, 원자력, 재생에너지 등을 모두 포함한 한국의 총 발전설비 용량이 약 129기가와트다(2020년 기준). 우드맥킨지의 전망은 매년 한국의 두 배 수준의 전력 설비가 재생에너지로만 추가된다는 뜻이다. BP의 에너지 전망 보고서는 여기서 한발 더 나아가 2025년부터 2030년까지 매년 300기가와트의 재생에너지 발전 시설이 설치되고, 2030년 이후에는 매년 500기가와트가 설치된다고 내다봤다.[9]

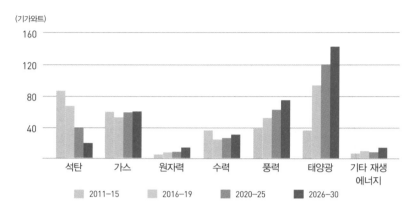

〈그림 4-7〉 발전원별 연간 설비 증가량 추세 및 전망

(기가와트)

석탄　가스　원자력　수력　풍력　태양광　기타 재생에너지

2011-15　2016-19　2020-25　2026-30

출처: IEA, World Energy Outlook 2020

BP는 바로 이러한 예측하에서 종합 에너지기업으로 변신을 시도하고 있다. 이미 유럽은 재생에너지가 각국 발전량에서 30~40%를 차지할 정도로 관련 시장이 성숙 단계에 진입했기 때문에 BP는 유럽 외에 미주와 아시아에 새로운 시장이 열릴 것으로 기대한다. 이미 에퀴노르Equinor, BP, 토탈 등은 한국 등 아시아에 진출해서 사업을 추진 중에 있다.

우드맥킨지의 예측대로 매년 250기가와트의 재생에너지 설비가 추가되려면 매년 수백조 원의 자본 투자가 이루어져야 한다. 설령 예측치의 절반만 이루어진다고 해도 엄청난 산업이 열리는 것이다. 이러한 재생에너지 시장을 두고 유럽, 중국, 미국이 치열한 경쟁을 펼칠 것이다.

2021년 11월 영국 글래스고에서 열린 26차 기후협약당사국총회에서 당사국들은 석탄발전의 감축에 합의했고 탄소국경세 등의 국제 규제도 시행을 눈앞에 두고 있다. 세계 각국은 이제 자의 반, 타의 반으로 재생에너지를 늘려가야 하는 상황이다. 그런데 이것을 순수 자국의 자본과 기술과 인력으로 할 수 있는 나라는 많지 않다. 따라서 풍력 등 재생에너지 시설의 설계, 개발, 설치 등에서 전문 기술을 보유한 유럽 업체들이 시장을 과점하며 과거 세븐 시스터즈의 영광을 재현하려 할 것이다. 과거 유럽 석유업계는 해외 석유 사업으로 성장의 사다리를 놓았다. 이제 유럽은 재생에너지 사업으로 새로운 사다리를 놓고 있다. 빨리 놓을수록 다른 나라들이 따라올 수 없다. 후발국들은 먼저 출발한 유럽이 새로운 형태의 '사다리 걷어차기'를 하는 건 아닌지 걱정해야 하는 상황에 놓일 수도 있다. 아주 장기적으로 본다면 재생에너지는 과거 석유가 차지했던 '상품의 왕' 지위를 이어받을 수도 있다. 따라서 유럽에게 탄소중립은 시대적 당위이기도 하지만 21세기 '뉴딜'로서 성장 동력이기도 한 것이다.

메이저 석유회사가
재생에너지에 적극적인 이유

지금 만드는 점들이 어찌 됐건
미래로 하나하나 연결된다는 것을 믿어야 한다.
_스티브 잡스

지금 재생에너지 확대에 가장 적극적인 기업은 BP, 토탈, 쉘, 에니 등 유럽의 메이저 석유기업들이다. 유럽 메이저 석유기업의 신재생에너지 추구는 순수한 상업적 관점에서 보면 이해하기 어려운 부분이 있다. 단기적으로만 보면 재생에너지 사업의 수익률은 석유 사업에 비해 높지 않기 때문이다. 더군다나 미국 셰일혁명으로 2015년에 유가가 폭락한 이후 나타난 투자 부진이 2022년까지 이어지고 있는데 이는 향후 고유가 사이클을 불러와 석유업계의 기회가 될 수도 있는 상황이다.

이러한 장기 석유 사업의 수익성에 대한 낙관적 예상에도 불구하고, 유럽 기업들은 석유 개발 부문 사업 축소 의지를 강하게 드러내고 있다. 단순한 선언을 넘어 대형 재생에너지 프로젝트를 실제로 진행하고 있는데 이러한 사업 다각화의 배경에는 여러 가지 이유가 있다. 정부와 투자자의 요구도 있고, 날로 강해지는 환경 규제도 있다. 또한 중동의 국영 석유기업, 미국의 석유기업과 달리 유럽 내 매장량이 지속적으로 감소하는 것도 하나의 요인이다.

그러나 가장 중요한 이유는 유럽의 메이저 석유기업들이 탄소 문제를 분명한 메가트렌드로 인식하고 있다는 점이다. 탄소 이슈는 꾸준히 성장 중이다. 탄소 문제에 대한 대중의 인지도와 관심이 점차 커지고 있으며 그러한 이슈의 국제 공론화에 유럽이 앞장서고 있기도 하다. 때로는 관심이 줄어드는 시기도 있긴 하겠으나 우상향하리라는 점만은 분명하다. 따라서 시간이 갈수록 투자자나 정부 입장에서는 화석연료만 전문적으로 취급하는 기업에 투자하는 것이 부담이 될 수 있다. 이미 탈탄소와 재생에너지는 상업성을 떠나, 하나의 '당위'로 대중에게 인식되는 경향이 있다. 탄소 문제가 한때의 유행이 아니라 장기 트렌드라면, 화석연료 기업으로만 남는 것은 대단히 큰 리스크를 부담하는 일이다. 2020년 10월 한국전력은 베트남에 1,200메가와트급 석탄발전소 건설에 약 2,000억 원을 투자하기로 했다가 여론과 시민단체의 비난에 취소 직전까지 가야 했다. 일부 국회의원들은 한전이 '기후 악당'임을 자인했다고 비난했고, 일부 외국계 투자기금은 한전 지분을 매각했다.

지금 석유기업이 재생에너지 사업을 확대하고, ESG 기조를 강화하고, 도전적인 탄소감축 목표를 설정하는 것은 지금 당장의 수익률 관점에서 판단할 수 없다. 이것은 탄소중립이라는 성장하는 이슈와 미래의 사업 환경에 대한 대처로 봐야 한다.

영광 재현을 노리는 유럽 석유업계

—— 20세기 석유 개발 역사에서 주도적 역할을 한 이들은 석유 자원의 주인이었던 중동이나 남미의 현지 산유국이 아니라, 미국과 유럽의 기업이었다. 산유국은 자국의 석유 자원 개발을 서구에 위탁하면서 그로 인한 수익을 서구 기업과 반분하는 계약을 수십 년간 유지했다. 이러한 시스템에서 미국과 유럽의 석유회사들은 급성장할 수 있었다. 결과적으로 중동의 석유는 20세기 후반 서구의 성장 동력 역할을 톡톡히 했다.

석유 개발 초기에 중동 산유국들이 자국의 석유 자원을 스스로 개발하고 판매하지 못했던 이유는 그들 스스로 할 수 있는 기술과 자본, 그리고 인력을 갖추지 못했기 때문이다. 재생에너지 사업에서도 유럽의 기업은 앞선 기술과 경험을 선도적으로 확보하여 과거 석유 개발의 역사를 다시 한번 반복하려 한다. 이미 유럽의 에너지업계는 특

구분	상대 수준(최고 수준: 100%)					기술 격차(최고 수준: 0년)				
	유럽	미국	일본	한국	중국	유럽	미국	일본	한국	중국
풍력발전시스템	100%	95.3	95.6	83.8	80.1	0	0.39	0.37	1.36	1.67
풍력단지	100%	88.3	83.5	72.5	73.5	0	0.98	1.38	2.31	2.22
운영, 계통연계	100%	96.7	95.9	88.0	88.0	0	0.28	0.34	1.01	1.01

출처: 한국풍력에너지학회, '국내외 풍력발전산업 및 기술개발 현황', 2018.

히 풍력 분야에서 미국, 일본, 한국 등에 비해 훨씬 앞선 기술 수준을 보이고 있다.

그런데 기술력의 차이보다 더 중요하게 살펴봐야 할 것이 있다. 유럽 재생에너지 산업의 자본과 인력 규모 등이 다른 국가를 압도한다는 점이다. 유럽과 다른 나라의 '초격차'로 작용할 수 있는 것은 기술력의 차이보다는 '저변'의 차이다. 즉 유럽에서는 재생에너지가 더 이상 비인기종목이 아니다. 유럽에서는 과거 석유 메이저라 불리던 기업들이 대거 재생에너지 산업에 진출하면서 유럽은 질뿐만 아니라 양 Capacity에서도 앞서가고 있다. 대규모 자본과 대형 프로젝트 수행 경험을 가진 대형 석유기업이 조선, 화학, 건축 등 업계에 분산된 재생에너지 관련 역량을 흡수하며 더 체계적이고 계획적으로 재생에너지 사업을 확대하고 있다. 노르웨이의 국영 석유회사인 에퀴노르는 2035년까지 16기가와트의 재생에너지 설비를 건설하겠다고 선언했고, 이탈리아의 에니는 2035년까지 25기가와트, 프랑스의 토탈은 2025년까지 35기가와트를 건설하겠다는 목표를 설정했다.[10] 그리고 유럽 최대의 석유회사인 영국의 BP도 2030년까지 재생에너지 50기가와트를 달성하겠다고 선언했다. 물론 이렇게 유럽의 석유기업이 재생에너지 사업을 확대하는 이면에는 탄소중립과 기후변화 대응이 지구촌의 지속적 이슈로 존재하면서 해외 시장을 열어줄 것이라는 기대 심리도 자리하고 있다.

신재생 진출이 본업 변경을 의미하지는 않는다

——— 신재생에너지 사업에 가장 적극적인 BP는 2021년에 250억 달러 규모의 자산처분 프로그램을 통해 석유·가스 생산량을 향후 10년 내 40%(110만boe) 감소시키겠다고 선언했다. 메이저 석유회사 중 가장 적극적인 석유 사업 축소다. 그러나 이러한 신재생에너지 사업 진출이 '석유기업으로서의 정체성을 버리는 것은 아니'라는 점에 유의할 필요가 있다. BP가 40%의 석유·가스 생산량을 감축하기로 했지만, 이는 돌려 말하면 BP는 여전히 60%의 석유·가스 생산은 유지하겠다는 뜻이다. 가장 적극적으로 신사업을 추구하는 BP에서도 여전히 석유 사업이 본업의 지위를 갖고 있다는 얘기다. 어떤 면에서 재생에너지 사업은 석유 사업이라는 본업의 안정적 운영을 위해서도 필요

하다. 즉 재생에너지 사업을 적극적으로 추진하여 기업의 이미지를 제고함으로써 석유 사업도 지속하게 할 수 있게 되는 것이다. 화석연료 기업 이미지를 유지하는 것은 리스크가 크기 때문에 규모에 상관없이 신재생에너지로 사업을 다각화하는 것은 기업의 이미지를 제고하는 좋은 방법이다.

또한 최근 20년간 유럽에서 재생에너지가 급격히 늘었지만 석유 사용량은 크게 줄지 않았다는 점에서 재생에너지의 성장이 석유산업의 퇴보로 이어지지 않을 가능성이 크다. 따라서 재생에너지는 꾸준한 성장세를 이어가지만, 석유 수요도 쉽게 꺾이지 않는 형태로 에너지 시장이 구성될 가능성이 높다. 그렇다면 석유기업은 석유와 재생에너지를 포괄한 사업 포트폴리오를 구성하는 것이 더 유리하다.

신사업을 시작할 때 그 신사업의 비중은 그다지 중요하지 않다. 테슬라가 당장의 실적보다는 전기차의 선두주자라는 이미지 때문에 높은 평가를 받듯이 메이저 석유기업은 발빠른 신재생에너지 진출 선언만으로도 종합 에너지기업으로서 이미지를 확보할 수 있다. 장기적으로 보면 에너지 시장에서 재생에너지의 성장세가 유지되면서 수익원에서 차지하는 비중도 조금씩 커질 것이다. 어떻게 보면 유럽 메이저의 재생에너지 사업 진출은 에너지 전환기에 리스크 관리 측면에서 자연스러운 전략이다.

재생에너지를 키운 건 8할이 정책이었다

── 재생에너지의 성장성에 부정적 시각도 있다. 에너지 밀도와 효율에서 재생에너지가 기존 화석 에너지원에 현저하게 뒤처지기 때문이다. 여전히 재생에너지 발전 비용은 석탄발전과 비교했을 때 2~3배가량 비싸다.[11] 그러나 유의할 점이 있다. 에너지 시장은 시장의 논리보다 정책의 힘이 매우 강력하게 작용한다는 사실이다.

현재 석탄은 가장 값싼 에너지원이다. 이 값싼 에너지원이 유럽의 발전용 에너지원에서 차지하는 비중은 10% 미만이다. 특히 영국과 프랑스에서는 1~2%의 비중으로 퇴출 직전에 있다. 이것은 시장 원리가 아니라 정책의 힘이었다. 프랑스에서 원자력발전 비중이 70%에 이르지만 인접한 이탈리아에서는 단 한 기의 원전이 없는 것도 경제 논리로 설명할 수 없다. 지금 유럽 주요국의 발전용 에너지 믹스에서 재생에너지 비중이 40% 이상인 것도 시장 논리로 설명할 수 없다. 모두 정책의 차이에서 비롯된 것이다.

2020년~2021년 사이 자주 발생했던 산불, 이상 고온, 이상 한파, 잦은 태풍 등이 지속적으로 나타난다면 기후위기 의식은 더욱 고조될 것이다. 기후변화에 대한 논의도 점차 국제정치의 주류로 등장할 것이다. 그렇게 될수록 기후변화 대응에 대한 논의가 단순한 담론을 벗어나 구체적 정책으로 옮겨갈 수 있다. 바로 이 지점에서 재생에너지의 성장 가능성을 찾을 수 있다.

한국은 어떻게
재생에너지를 확대할 것인가?

미래를 건설한다는 것은 대단히 어려운 일이다. 한 세대 안에 이 작업이 완료되리라고
기대할 수는 없다. 지금 당장 시작해야 하는 이유가 바로 여기에 있다.

_르네 카생Rene Samuel Cassin

정부는 2년마다 전력수급 계획을 발표한다. 2020년 12월 발표된 '9차 전력수급 기본계획'에서는 신재생에너지를 2019년의 6.5%에서 2030년 20.8%로 크게 늘리겠다고 했다. 같은 시기 발표된 '5차 신재생에너지 기본계획'에 따르면 현재 1.3기가와트인 풍력발전 설비는 24.9기가와트로 약 19배로 늘어날 예정이다.[12]

2019년 기준으로 전국에 약 560여 기의 풍력 발전기가 설치되어 있다. 단순 산술 계산으로 19배를 늘리기 위해서는 현재 560기의 풍력 발전기가 19배인 약 1만 600기로 늘어나야 한다. 한국의 대표적

구분	원자력	석탄	LNG	신재생	기타	계
2019년(실적)	25.9%	40.4%	25.6%	**6.5%**	1.6%	100%
2030년(전망)	25.0%	29.9%	23.3%	**20.8%**	1.0%	100%

출처: 산업부, '제9차 전력수급기본계획(2020~2034) 확정 공고', 2020.

풍력 시설인 대관령 풍력단지에 53기의 풍력 발전기가 설치되어 있는데, 그 정도 규모의 풍력단지가 약 200개 더 생겨야 한다는 의미이기도 하다.[13]

1만 600기의 풍력 발전기 숫자는 거대하지만 탄소감축을 위해 달성해야 할 숫자다. 그리고 이미 외국에서는 실현된 숫자다. 영국은 2020년 기준 1만 930기의 풍력 발전기를 운영하고 있다. 발전 용량 기준으로 24.1기가와트이며 이를 통해 자국 발전량의 약 20%를 충당한다. 미국 바이든 정부는 대선 캠페인 당시 약 6만여 기의 풍력 발전기를 새로 설치하겠다고 약속했다.

물론 한국은 국토 면적이나 풍력 자원 면에서 앞서 언급한 나라들과는 다르기에 같은 선상에 놓고 비교할 수는 없다. 그렇다고 해도 한국이 목표한 풍력 설비 용량 24.9기가와트와 이와 상응하는 1만 기라는 숫자는 이제 터무니없는 숫자가 아니라 감당해야 하는 숫자가 되어가고 있다. 다행인 점은 지금껏 설치된 풍력발전 터빈이 대부분

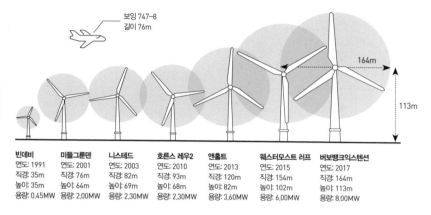

〈그림 4-10〉 해상풍력 터빈의 크기 변화 추이

보잉 747-8
길이 76m

164m

113m

빈데비
연도: 1991
직경: 35m
높이: 35m
용량: 0.45MW

마들그룬덴
연도: 2001
직경: 76m
높이: 64m
용량: 2.00MW

니스테드
연도: 2003
직경: 82m
높이: 69m
용량: 2.30MW

호른스 레우2
연도: 2010
직경: 93m
높이: 68m
용량: 2.30MW

앤홀트
연도: 2013
직경: 120m
높이: 82m
용량: 3.60MW

웨스터모스트 러프
연도: 2015
직경: 154m
높이: 102m
용량: 6.00MW

버보뱅크익스텐션
연도: 2017
직경: 164m
높이: 113m
용량: 8.00MW

출처: Posco News Room, '차세대 에너지로 각광받는 해상풍력 에너지의 모든 것', 2018.

2메가와트였지만, 앞으로 4~8메가와트급도 많이 사용될 것이라는 점이다. 터빈 용량이 커지면 단위면적당 발전량이 많아진다. 두산중공업은 2022년 중 8메가와트급 터빈 개발을 완료할 계획을 가지고 있다.[14] 따라서 1만 기가 아닌 그보다 훨씬 더 적은 숫자로도 목표한 풍력발전 설비가 가능해지길 기대할 수 있다.

역사의 데자뷰

―― 2034년까지 계획된 풍력발전 용량 24.9기가와트를 달성하기

사업자	발전 용량	추진 일정
한국석유공사, 동서발전, 에퀴노르	0.2GW	20년 풍황 측정 완료, 23년 착공, 25년 발전
에퀴노르(노)	0.8GW	20년 6월 부유식 라이다 설치(2개), 23년 착공, 26년 발전
GIG(영)	1.5GW	20년 4월 어민 상생 협약 체결, 23년 1단계 착공, 30년까지 3단계 완료
CIP(덴), SK E&S	1.2GW	20년 8월 울산, 어민협회, CIP간 MOU 체결, 20년 9~10월 부유식 라이다 설치
KFW	1.0GW	25년 착공, 28년 발전
Shell(네·영)–CoensHexicon	0.2GW	부유식 라이다 설치 예정

출처: 부유식 해상풍력 국제포럼(2020), 6개사 발표 자료.

위해서는 매년 1~2기가와트의 풍력발전 설비를 신설해야 한다. 현재 한국은 이 거대한 사업을 수행할 저변이 아직 부족하다. 그래서 이미 오스테드ØRSTED, 에퀴노르, 토탈 등 유수의 해외 에너지 업체들이 한국에서 풍력발전 사업을 추진하겠다고 선언했다. 2020년 11월 덴마크의 세계적 풍력발전 업체인 오스테드는 약 1.6기가와트의 전력을 생산할 수 있는 아시아 최대 규모의 해상풍력 단지를 인천 연안에 건설하겠다고 발표했다. 투자비는 약 8조 원 정도로 추정된다. 이를 비롯해 국내에서 추진 중인 풍력 사업 프로젝트의 상당수는 해외 기업이 주도하고 있다.

불가피하게 해외 업체가 한국의 풍력 자원을 개발해야 하는 상황인데 이 모습은 과거 산유국이 자국의 석유 자원 개발을 서구에 위탁했던 것과 다르지 않다. 다만 '석유 자원'이 '풍력 자원'으로 바뀌었을 뿐이다. 물론 해외 업체가 우위에 있는 역량을 가지고, 더 적은 비용으로 더 신속하게 목적을 이루게 해준다면 양쪽에게 윈윈win-win이다. 그것이 국가 간에 무역을 하는 이유이기도 하다. 그러나 에너지는 일반적인 상품이 아니라, 국가의 생존 및 안보와 관련된 분야다. 따라서 이 분야의 자주적 역량은 경제성과 별개로 확보해나갈 필요가 있다.

또한 해외 업체가 프로젝트를 진행하더라도 국내 업체와 상생하며 고용을 창출하고 관련 기술과 경험을 공유하면 좋을 것이다. 그러나 모든 회사는 이익에 따라 움직인다. 덴마크의 에너지기업 오스테드는 2020년 11월 인천 연안에 대규모 풍력단지 조성을 발표하는 기자회견에서 국내 업체와의 상생을 강조했다. 그러나 정작 한국산 풍력발전 터빈을 쓰지 않는 이유에 대해서 답변을 회피했다. 오히려 한국에서 사업을 하려면 많은 부문을 '현지화'해야 한다는 점을 어려운 점으로 꼽았다.[15] 모든 사업이 그러하듯 외국 업체가 재생에너지 사업을 하더라도 그 수익 배분과 국내 업체와 상생 정도는 협상에 달려 있다. 그리고 그 협상력은 한국의 재생에너지 사업 능력에 비례한다. 다시 말해 한국의 기술과 인력이 유럽 수준에 근접해서 크게 의존하지 않을 정도가 되어야 협상에서 유리한 조건을 끌어낼 수 있다. 반대로 자국의 풍력 자원을 개발할 능력을 갖추지 못한다면 판매자가 우위에 있는 사업 환경이 지속될 수밖에 없다.

한국의 풍력도 경쟁력이 있다

— 한국 정부는 2021년에 2030년까지 한국을 세계 5대 해상풍력 강국으로 만들겠다고 발표했다. 이는 올바른 비전이다. 국토가 좁고 3면이 바다인 나라에서 해상풍력은 선택의 여지가 없는 옵션이다. 사실 한국은 할 수만 있다면 태양광도 바다에서 해야 할 실정이다. 비용이 문제지만 비용은 기후변화가 심해지고 석유가 부족해지는 상황에서는 의미를 잃는다. 또 급속히 커지는 시장만큼 비용 절감 속도도 빨라질 것으로 전망된다.

더욱이 한국은 해상풍력 분야에서 비교우위에 설 수 있는 여러 잠재력을 가지고 있다. 한국의 풍력 관련 업계는 협소한 시장과 소규모 인력으로도 높은 수준의 능력을 확보했다. 시간이 좀 더 주어진다면 더 빨리 격차를 좁힐 수 있을 것이다. 풍력발전의 핵심인 터빈과 블레이드 분야는 아직 유럽과 차이가 있지만, 풍력 발전기 기둥과 하부 구조물 제작에서는 세계 정상급의 능력을 보유하고 있다.

해상풍력은 조선업과 관련이 깊다. 과거 북해 유전을 개발하던 석유 업체들이 오늘날 풍력발전의 선두주자가 된 것은 바로 이런 이유 때문이다. 북유럽 에너지기업들은 북해 원유 생산을 위한 해양 플랜트 사업과 함께 성장했으나 2010년 이후 해양 플랜트 산업이 위기를 맞는다. 이로 인해 높은 실업률과 경기침체 문제가 나타났다. 이를 극복하기 위해, 덴마크, 네덜란드, 노르웨이 등 북유럽 국가들은 적극적인 해상풍력 육성 정책을 시행했다. 이후 해상유전의 지리적 특성을 이용한 풍력발전을 도입하는 등 해상 원유 생산 시설을 건설하던 석유기업과 조선업체의 능력이 이들을 해상풍력의 선두로 이끌었다. 노르웨이의 국영 석유회사 에퀴노르는 오늘날 대표적 풍력발전 업체가 되었고, 석유 개발 업체였던 덴마크 오스테드도 세계적 풍력 사업자가 되었다.

이런 면에서 동해-1 가스전 등 다수의 해상유전 개발 경험을 보유한 한국석유공사와 국내 중공업 업체의 협조는 의미 있는 시너지를 창출할 수 있다. 한국석유공사는 2020년 9월 두산중공업, 현대중공업과 MOU를 체결했다. '동해1 부유식 해상풍력 발전사업 한국형 공급체계 구축 상호협력에 관한 협약'을 통해 향후 해상풍력발전 분야에서 협조하기로 한 것이다. 이 외에도 세진중공업, 우리기술 등 풍력발전공급 체계에 있는 기업들과도 협력하면서, 석유공사는 한국형 풍력발전의 구심점 역할을 지향하며 해상유전 운영 경험과 조선업·중공업 역량의 결합을 시도하고 있다.

'한국형' 재생에너지 확대 전략이 필요하다

—— 사실 재생에너지는 탄소 배출이 없다는 점 외에도 한국의 입장에서 엄청난 매력이 하나 더 있다. 한국은 현재 석유, 석탄, 우라늄 등

의 에너지원을 거의 전량 해외에 의존하고 있다. 제5장에서 살펴볼 수소도 당분간은 수입에 의존해야 한다. 그런데 재생에너지만큼은 국내에서 자급할 수 있다. 석유와 가스는 없지만, 햇빛과 바람은 우리도 가지고 있다. 에너지 분야에서 자주성을 확보할 수 있는 가장 확실한 방법은 국내에서 에너지원을 자급하는 것이다. 바로 이 점 때문에 중국은 재생에너지 분야에 엄청난 투자를 진행하고 있다. 미국이 지배하는 해상 석유 수송로의 영향을 줄일 수 있는 것이 재생에너지이기 때문이다. 한국 입장에서도 재생에너지는 지정학적 영향을 줄일 수 있는 수단이다.

재생에너지는 에너지의 형태가 다를 뿐 산업의 동력이자 일상을 유지하는 필수재라는 점은 석유와 다르지 않다. 즉 석유가 전략 물자라면 풍력과 태양광 자원 역시 전략적 성격이 있다. 한국의 재생에너지 사업은 에너지 자립도와 에너지 안보를 높이는 계기가 되어야 한다. 향후 엄청난 규모로 성장할 재생에너지 시장이 한국의 성장 동력으로 활용되기 위해서도 이 분야의 경쟁력을 강화할 필요가 있다. 결론적으로 한국의 불리한 여건을 고려해도 현재 발전량의 약 7%인 재생에너지 비중을 중국(29%) 또는 일본(21.7%)과 비슷한 수준으로 늘릴 필요가 있다.

한국은 2020년 12월 탄소중립을 선언했고 이제 산업계와 국민 모두가 그것을 향해 나아가는 초기 단계에 있다. 따라서 한국형 탄소중립 경로는 아직 뚜렷하지 않다. 탄소중립은 국민 생활과 산업계의 광범위한 변화와 참여를 동반한다. 따라서 각국의 상황에 따라 다른 전략과 속도가 필요하다. 한국은 제조업 비중이 클 뿐 아니라 재생에너지 사용 여건과 기술 수준에서도 유럽과의 격차가 크다. 따라서 한국의 조건과 환경에 맞는 전략을 구상할 필요가 있다. 한국은 재생에너지 기술과 연관성이 높은 조선과 해양 플랜트 등 관련 중공업 분야에서 충분한 잠재력을 보유하고 있으므로 이 장점을 활용한 '한국형 전략'이 필요하다.

또한 재생에너지 발전 비용이 화석에너지보다 낮아지기까지는 다소 시간이 걸릴 수 있고 지금 당장은 시장 논리만으로 이윤을 창출하기 힘들 수 있다. 따라서 한국 기업들이 재생에너지 사업을 더욱 적극적으로 시도하기 위해서는 정책적 지원이 뒷받침되어야 한다. 다른 어느 사업보다도 정부의 세심한 전략과 지원이 필요한 곳이 바로 재생에너지 분야다.

제5장

환상적 스토리의 주인공, 수소

수소가
세계를 지배할까?

수소에도 급이 있다.
_조원경, 《넥스트 그린 레볼루션》 중에서

앞에서 살펴본 재생에너지의 가장 큰 단점은 기상 조건에 따라 발전
량이 들쭉날쭉하다는 것이다. 짙은 구름이 태양을 가리고 바람 한 점
도 없는 날에는 태양광발전과 풍력발전을 기대하기 힘들다. 반대로
햇빛과 바람이 모두 강한 날에는 지나치게 많은 전력이 발생해 송배
전 시설이 감당할 수가 없다. 재생에너지 비중이 높은 독일의 경우,
잉여 전력이 많이 발생하면 인접한 프랑스와 이탈리아 등에 전기를
판매하고, 부족할 때는 수입하기도 한다. 2020년 독일은 전체 발전량
의 12%를 수출했고, 약 9%의 소비량은 수입했다.[1] 전기가 남을 때는

수출하고 부족할 때는 수입한 것이다. 그러나 한국의 경우 동서남북 4면이 막혀 있어 전력 거래도 쉽지 않다.

이런 이유로 재생에너지의 '간헐성'을 보완할 수 있는 수단이 꼭 필요하다. 이때 유용한 수단이 바로 수소다(수소는 대표적 '신에너지'이며 '재생에너지'로 분류되지 않는다. 수소와 같은 신에너지와 태양광, 풍력 등의 재생에너지를 통칭하여 '신재생에너지'라 한다.). 수소 중에서 가장 깨끗한 '그린수소'는 생산 과정에서 많은 양의 전기가 필요하다. 따라서 재생에너지가 잉여 전력을 생산할 때 그 전기를 수소 생산에 사용하면 잉여 전력을 버리지 않고 수소라는 새로운 에너지원으로 전환할 수 있다. 수소는 재생에너지의 불규칙한 전력을 이용할 수 있다는 점에서 가장 큰 의미를 갖는다. 다시 말해 수소의 가장 큰 효용은 재생에너지를 수소 형태로 저장하고 이동시킬 수 있는 에너지 캐리어energy carrier의 기능이다. 또 수소는 재생에너지를 통해서만 친환경적인 생산이 가능하기도 하다. 이런 점에서 수소와 재생에너지는 서로 보완하며 함께 성장해 가야 하는 에너지원이다.

일론 머스크는 왜 수소에 대해 부정적일까?

─── 수소는 가장 가볍고 가장 간단한 구조를 가져 원자 번호 1번이 부여된 원소다. 물을 구성하는 원소 중 하나로 한자로는 물 수水를 써

서 수소라 쓴다. 수소는 우주에서 가장 풍부한 물질로 우주 질량의 75%를 차지해 고갈의 염려가 없다. 이러한 점 때문에 많은 전문가가 수소가 미래의 주종 에너지원이 될 것이며 언젠가는 수소 시대가 도래할 것이라고 말한다. 제러미 리프킨은 이미 2002년에 저서 《수소 혁명》을 통해 수소가 미래 인류 문명을 재구성하고, 세계 경제와 권력 구조를 재편할 것이라고 주장했다. 단 그 전제조건은 수소를 쉽게 생산해낼 수 있어야 한다는 것이다.

석유, 석탄은 값이 싸다. 원자력은 탄소를 배출하지 않는다. 수력을 위한 댐은 수자원 활용 등 다목적 활용이 가능하고 수명도 길다. 이렇게 기존 에너지원이 널리 쓰이는 이유는 제각기 다르다. 저마다의 다른 장점이 있기 때문이다. 그러나 새로운 에너지원이 크게 쓰이지 못하는 이유는 모두 비슷하다. 바로 비용과 기술 수준이 아직 못 미치기 때문이다. 수소도 비용과 기술 면에서 넘어야 할 산이 많다. 전기차의 선두주자인 테슬라는 수소차에 대해서 매우 냉소적 입장이다. 테슬라의 CEO 일론 머스크는 2015년 인터뷰에서 "수소차의 시대는 오지 않을 것"이며 "몇몇 업체들이 수소차를 좇는 것은 대단히 어리석다."고 주장했다. 또한 "수소는 앞으로도 계속 미래의 에너지일 것이다."라고 말했다.[2] 그는 2020년에도 같은 주장을 반복했다. 전기차의 선도자인 그가 수소차를 회의적 시선으로 보는 것은 기술적 구현에 문제가 있어서가 아니다. 이미 현대자동차는 2013년 수소차 개발을 완료했고 양산도 가능한 것으로 알려져 있다.

전기차와 수소차 모두 전기를 발생시키는 전지를 통해 동력을 얻는다는 점은 같지만, 둘은 중요한 차이를 가진다. 전기차에서 쓰이는 2차전지rechargeable battery 혹은 secondary cell 기술은 스마트폰, 노트북 등에서도 쉽게 접할 수 있다. 한번 쓰고 버려야 하는 1차 전지(일회용 건전지)와 구분하여 2차전지로 불린다. 2차전지는 미리 에너지를 충전하는 과정이 필요하다. 이와 달리 수소차에서 쓰이는 연료전지fuel cell는 사전에 필요한 에너지를 충전하는 개념이 아니다. 수소연료전지는 구동 중에 수소가 지속적으로 주입되면서 전기를 발생시킨다. 구동 전에 수소를 주입하는 시간이 짧기 때문에 장시간 충전이 필요 없고, 대용량 배터리가 필요 없다는 점에서 무게 면에서도 유리하다. 물론 수소차도 장거리를 이동하기 위해서는 많은 양의 수소를 주입해야 하지만 수소는 지구상에서 가장 가벼운 물질이기에 무게가 문제가 되지 않는다.

이러한 수소연료전지의 장점 때문에 테슬라가 시도하지 못한 항공기 분야에서도 수소를 에너지원으로 하는 항공기 제작이 시도되고 있다. 유럽 최대 항공기 제작사인 에어버스Airbus는 2035년 상용화를 목표로 수소 비행기 제작을 추진 중이다.[3] 반면 전기 항공기의 제작은 현시점에서 거의 불가능하다. 이륙과 비행에 필요한 엄청난 양의 에너지가 충전된 배터리를 항공기에 부착하게 되면 그 무게 때문에 비행 자체가 불가능할 것이다.

또 전기차의 핵심인 2차전지 기술은 발전 가능성이 크지만, 주유소에서 주유하듯 빠르게 충전해서 수백 킬로미터를 달리는 모습은 아직 낯설고, 특히 대형 화물차 분야에서 그렇다. 반면 수소전기차는 전기차에 비해 더 짧은 충전 시간과 더 긴 거리의 주행이 가능하다. 전기차가 아직 배터리 무게나 충전 시간의 제약 때문에 주로 승용차에 한정해서 출시되고 있는 반면, 수소차는 화물차 등 상용차 분야에서도 사용이 더 용이할 것으로 보인다. 요컨대 수소차는 전기차에 비해 충전 시간, 주행 거리, 전지 무게 등에서 우위에 있고 이런 수소차를 기술적으로 구현하는 것도 큰 장애 요인은 아니다. 그럼 이처럼 기술적 구현이 어렵지 않은 수소차에 대해 테슬라는 왜 부정적인 입장일까?

수소의 가장 큰 문제는 수소 자체

──── 수소 사용 확대에 가장 큰 장애가 되는 것은 수소 자체다. 수소는 우주에서 가장 흔한 물질이지만 지구상에서 '단일 수소 원소 형태'로 거의 존재하지 않는다. 주로 물, 석유, 천연가스와 같은 화합물로 발견된다. 따라서 순수한 수소를 분리해서 생산하는 것이 매우 어렵다. 생산 비용도 문제지만 더 심각한 문제가 있으니 추출 수소는 생산 과정에서 기존 석유, 석탄의 몇 배에 달하는 온실가스를 배출한다는 점이다. 현재 상황에서 수소를 친환경 에너지원으로 보는 것은 무리가 있다.

수소 분류	원료	생산 방법
부생수소	석유	석유화학 공정에서 부수적으로 생산되는 수소
브라운수소	갈석탄	갈석탄으로부터 가스화 공정을 통해 수소를 추출, 생산 과정 발생하는 CO_2는 대기로 방출
그레이수소	천연가스	천연가스에 스팀을 가해 메탄으로부터 수소를 추출, 이 과정에서 발생하는 CO_2는 대기로 방출
블루수소	석탄 및 천연가스	그레이수소나 브라운수소와 생산 과정은 동일하나 생산 과정에서 발생하는 CO_2를 포집 및 지하 저장
그린수소	물	재생에너지로 생산한 전기로 물을 전기분해하여 수소 생산

출처: 저자 작성

수소를 생산하는 방식은 세 가지다. 현재 가장 흔한 방식은 '탄화수소 개질'이고, 가장 이상적인 방법은 '수전해' 방식이다. 그리고 석유화학 공정에서 부수적으로 발생하는 '부생수소'가 있는데, 부생수소는 석유화학 산업에 종속된 생산량이라는 점에서 미래의 대량생산 방법이 될 수 없다.

결국 '탄화수소 개질'과 '수전해', 이 두 가지 방식에 미래의 수소 공급을 의존해야 한다. 이 중 탄화수소 개질은 말 그대로 천연가스, 석탄 등과 같은 탄화수소의 개질reforming(열이나 촉매의 작용을 통해 물질의 구조를 변경하는 것)을 통해 수소를 추출하는 방식이다. 이렇게 탄화수소에서 추출한 수소를 '추출수소'라고 하며, 원료에 따라 '그레이수소'(천연가스에서 추출) 또는 '브라운수소'(석탄에서 추출)라 한다. 그런데 탄화수소에서 수소를 추출할 때 다량의 이산화탄소가 배출된다. 이를 보완하기 위해 생산 과정에서 탄소를 포집하여 격리하는 기술인 CCS를 결합하기도 하는데 CCS 기술을 결합하여 탄소 배출을 줄인 수소를 '블루수소'라 한다.

수전해水電解는 말 그대로 '물을 전기분해'하여 수소를 얻는 가장 이상적 방법이다. 그런데 전기분해 방식이므로 막대한 양의 전기가 필요하다. 이때 화력발전으로 생산한 전기를 사용할 경우, 석탄 연소에 따른 탄소가 배출된다. 따라서 석탄이 아닌 재생에너지로 전기를 생산하고, 그 전기로 물을 분해하여 수소를 생산해야 한다. 이렇게 생산되어 생산 과정에서 탄소 배출이 없는 수소를 '그린수소'라 한다. 문제는 그린수소 생산 시 많은 양의 재생에너지와 물을 분해하는 수전해 시설이 필요하다는 것이다.

현실은 블루수소, 이상은 그린수소

── 추출수소는 생산 시 이산화탄소가 많이 배출되기 때문에 궁극적으로 그린수소를 지향해야 한다. 그러나 그린수소는 재생에너지의 확대를 선결 조건으로 요구하기 때문에 당분간은 추출수소가 수소 공급의 중심이 될 것이다. 현재 가장 일반적인 수소 생산 방식도 천연가

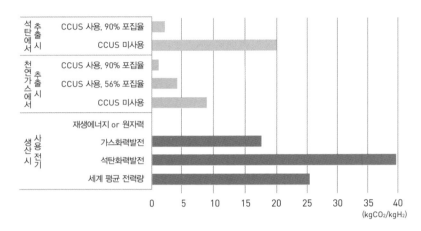

〈그림 5-2〉 원료별, 생산 에너지원별 탄소 배출량

출처: IEA, The Future of Hydrogen, 2019.

스에서 수소를 추출하는 방식이다. 천연가스에서 수소를 추출할 때 다량의 이산화탄소가 발생하는데 이때 탄소를 포집하고 격리하는 CCS 기술을 결합하여 탄소를 제거할 수 있다. 이렇게 CCS를 통해 탄소를 제거한 추출 수소를 블루수소라 한다.

그림 5-2처럼 CCS 기술이 도입되지 않은 상태에서 천연가스를 개질하여 수소를 추출하면 수소 1킬로그램 당 약 8킬로그램의 이산화탄소가 배출된다. 따라서 천연가스에서 수소를 추출하더라도 CCS 기술을 통해 탄소를 제거한 블루수소에 한정해 공급을 확대해야 한다. 현재 블루수소와 그린수소 외 수소는 친환경 에너지원이라 할 수 없다.

천연가스를 고온고압에서 촉매 반응(개질)시키면 천연가스의 주성분인 메탄(CH_4)이 물(H_2O)과 반응하여 수소 분자 4몰을 얻을 수 있다. 그리고 동시에 이산화탄소 분자 1몰이 발생한다.

$$CH_4 + 2H_2O \longrightarrow 4H_2 + CO_2$$

그런데 수소 분자 1몰 질량은 2그램이고, 이산화탄소 분자 1몰 질량은 44그램이다. 따라서 위 과정에서 수소는 8그램(4몰×2그램), 이산화탄소는 44그램(1몰×44그램)이 발생한 것이며, 발생한 수소와 이산화탄소의 질량비는 1:5.5가 된다. 그런데 이것은 아무런 손실과 부반응이 없는 이론상의 결과이고, 실제 수소 추출 과정에서는 이산화탄소가 수소의 7~10배가 발생한다.

	메탄(CH_4)	물(H_2O)	수소(H_2)	이산화탄소(CO_2)
몰(mol)	1	2	4	1
분자량(g/mol)	16(12+1×4)	18(2+16)	2(1×2)	44(12+16×2)
질량(g)	16	36	8	44

* 분자량(g/mol): 분자 1몰의 질량
* 원자량: 탄소(C) 12, 수소(H) 1, 산소(O) 16

출처: 저자 작성

물이 에너지가 되는 꿈의 선결 조건

── 블루수소는 탄소 배출을 최소화할 수 있고, 그린수소로 가는 중간 단계로서 수소 생태계를 형성하는 데 기여할 수 있다. 하지만 화석연료인 천연가스를 원료로 한다는 점에서 최선의 방법은 아니다. 궁극적으로는 그린수소가 상용화되어야 한다. 결국 관건은 재생에너지와 수전해 방식을 결합하여 생산한 수소, 즉 그린수소를 얼마나 빨리

(단위: 달러/kg)

생산단가	2020년	2030년	2040년
최저값	2.06	1.40	0.74
평균값	6.08	3.48	2.70
최대값	10.06	5.58	4.43

출처: Wood Mackenzie, 'Hydrogen production costs: is a tipping point on the horizon?', 2020.

경제적으로 생산할 수 있느냐가 될 것이다. 현재 그린수소의 생산 비용은 천연가스 추출수소의 생산 비용 대비 3~4배 높다. 전기분해가 비싼 설비를 필요로하고 전력 소비량도 크기 때문이다. 우드맥킨지에 따르면 그린수소 생산 비용은 2040년까지 빠르게 하락할 전망이다. 다만 향후에도 지역별로 생산 비용의 차이는 크게 유지될 것으로 보인다. 그린수소 생산 단가는 재생에너지 생산 비용에 비례하는데, 재생에너지 생산 비용의 편차가 지역별로 크기 때문이다.

한편 일론 머스크는 2020년 6월에도 수소연료전지에 대해 부정적인 생각을 트위터에 표출했다. 현시점에서 '수소차의 시대는 오지 않을 것'이라는 일론 머스크의 시각은 그가 유한한 인간이라는 점에서는 성급하고 섣부른 것일 테다. 그러나 단지 한 시대의 이익을 추구하는 사업가로서는 합리적인 판단일 수 있다. 수소차가 상용화되려면 전기차보다 재생에너지의 확대를 훨씬 더 필요로 할 수밖에 없는데 아직 그것이 갖추어지지 않았기 때문이다.

수소 유토피아로 가는 길

―― 수소는 고갈의 염려가 없다는 점에서도 인류가 반드시 에너지원으로 삼아야 할 물질이다. 물을 분해하여 에너지로 쓰는 일은 우리가 미래 사회에 대해 가진 하나의 이데아의 실현이면서, 한국이 에너지원을 해외에 의존하지 않게 함으로써 에너지 독립의 꿈을 실현하는 것이기도 하다. 나아가 세계 경제의 지속가능한 성장을 위해 이뤄야 할 목표들의 '끝판왕' 같은 것이라 할 수 있다. 그러나 기술적·경제적 여건이 해결되지 않은 상황에서 수소 사회는 이상적이지만 가닿을 수 없는 '유토피아'에 가깝다. 그린수소를 만들기 위해서는 일단 재생에너지 확대가 먼저이고 재생에너지조차 초보 단계에 있음을 생각할 때 단기간에 주요 에너지원으로 부상하기는 어렵다. 당분간은 수소도 재생에너지와 천연가스가 풍부한 외국에 의존해야 하는 상황이다.

다음 글에서는 위와 같은 현실에서 한국과 비슷한 에너지 환경을 가진 일본이 수소에 대해 어떤 생각을 가지고 있고, 어떤 전략을 추진하고 있는지 살펴볼 것이다.

일본 수소 전략의
넘버와 내러티브

일본은 두 개의 미래 에너지 기술에 대담한 베팅을 했다.
하나는 수소이고, 다른 하나는 전고체전지다.
_〈파이낸셜타임스〉, 2021년 4월

비즈니스 세계에는 매력적인 내러티브를 만들어내는 '스토리텔러'가 있는가 하면 의미 있는 숫자와 모델을 통해 계좌를 구축하는 '넘버크런처'도 있다. 뉴욕대 교수 어스워스 다모다란Aswath Damodaran은 저서 《내러티브 앤 넘버스》에서 내러티브와 넘버를 균형 있게 결합하여 판단할 수 있을 때 비즈니스의 가치를 유지할 수 있다고 주장한다. 너무나 당연한 아이디어임에도 그의 책이 베스트셀러가 된 것은 그만큼 그것이 쉽지 않기 때문일 것이다.

에너지 분야만큼 내러티브와 넘버 사이에서 균형을 찾기 어려운 분야도 드물다. 신재생에너지에는 온갖 수식어가 붙는다. 또한 그것이 제시하는 스토리는 너무나 매력적이어서 '친환경', '그린', '저탄소' 등의 말은 엄격한 심사 없이 대중에게 어필한다. 새로운 에너지가 어느 정도 역할을 할지 판단하려면 그 에너지가 가진 숫자에 주목해야 함에도 숫자에 대한 관심은 부족하다. 그도 그럴 것이 새로운 에너지의 스토리는 지구를 구할 정도로 멋진 반면, 에너지 관련 숫자들, 가령 물량, 열량, 비용 등은 외계어처럼 느껴진다.

내러티브와 넘버가 충돌하는 대표적 에너지가 바로 수소다. 수소가 제공하는 스토리는 그야말로 환상적이다. 우주에서 가장 풍부한 물질이면서 물을 사용해 에너지를 만든다는 수소의 이야기는 미래 에너지가 전할 수 있는 최상의 스토리를 제공한다. 그러나 아무리 깨끗하고 청정한 스토리를 가졌다 하더라도, 그것이 기존 에너지원 대비 적은 에너지를 생산한다면 매력도는 떨어진다. 사실 수소가 제시하는 숫자들은 아직 매력적이라고 할 수 없다. 그렇다고 수소를 깎아내릴 수도 없다. 오늘의 숫자로 미래의 가치를 예단할 수 없기 때문이다. 바로 이 지점에서 고민이 발생한다. 그런 관점에서 오늘날 수소에 가장 많은 투자를 하는 일본은 이 고민을 어떻게 다루고 있으며, 일본의 수소 전략에서 '넘버'를 뛰어넘는 정성적 판단은 무엇인지 알아보고자 한다.

일본 수소 전략에 대한 의문

━━ 〈파이낸셜타임스〉는 2021년 4월 기사에서 일본이 미래 에너지 기술 두 개 분야에 대담한 베팅을 했다고 표현했다.[4] 그중 하나가 수소이고, 다른 하나는 전고체전지다. 이 중 수소는 일본 정부와 기업이 합동으로 글로벌 생산망 구축을 추진하고 있고 도요타, 혼다 등의 기업은 수소연료전지차, 연료전지 등에 역량을 집중하며 정부 정책에 호응하고 있다.

수소를 에너지원으로 상용화하는 데는 두 가지 난제가 있다. 먼저 수소를 사용하는 인프라가 신설되어야 한다. 수소연료전지차가 보급되어야 하고, 수소충전소가 설치되어야 한다. 수소로 전기를 생산하려면 수소 발전소도 지어야 한다. 다행인 점은 수소를 운송할 때 기존의 가스 파이프라인 시설을 어느 정도 활용할 수 있다는 것이다. 이 때문에 미국의 기후특사 존 케리John Kerry는 파이프라인 시설을 갖춘 미국의 메이저 석유기업이 그 장점을 활용하여 수소 사업에 진출해야 한다고 주장했다. 또한 러시아는 자국과 유럽을 잇는 노르트스트림2 가스관을 수소 운송에 활용할 것이라고 밝히기도 했다.[5] 같은 배경에서 국내 천연가스 공급망을 갖춘 한국가스공사도 수소 사업 진출에 적극적이다.

그런데 수소경제 실현에 있어 가장 큰 문제는 위와 같이 수소를 사용하는 디바이스의 개발이나 수소 사용 인프라의 확대가 아니다. 관건은 수소를 어떻게 확보하고, 공급하느냐 하는 것이다. 수소는 앞에서 살펴본 것처럼 단일 수소 원소 형태로 거의 존재하지 않는다. 주로 물, 천연가스, 암모니아와 같은 화합물로 발견된다. 따라서 이 물질에서 수소를 추출해야 하는데, 가장 이상적인 방식은 물을 재생에너지로 전기분해하여 수소를 분리해내는 것이다. 그런데 문제는 수소 생산에 사용할 수 있을 정도로 재생에너지 발전량이 풍부한 나라는 유럽과 남미 일부 국가를 제외하고는 거의 없다는 점이다. 그래서 세계 수소 생산량에서 그린수소 비중은 전체 수소 생산량의 겨우 1% 수준이다. 그리고 이 숫자는 당분간 크게 늘어나기도 어렵다. 그린수소는 앞서 언급한 대로 재생에너지로 생산해야 하는데, 재생에너지 증대는 단기간에 이루어질 수 없기 때문이다. 이는 일본도 마찬가지다. 일본의 재생에너지 발전 비중은 2020년 기준 21.7%로 세계 평균 28.6%에도 못 미친다. 테슬라의 일론 머스크가 일본 자동차 업체를 겨냥해 수소차의 시대는 오지 않을 것이며 그런 시대를 추구하는 일은 "경이로울 정도로 어리석다."mind-bogglingly stupid라고[6] 주장하는 것에도 그린수소의 생산량 '넘버'가 너무 작은 현실이 있다(일론 머스크가 비판하긴 했지만 수소연료전지차는 대형트럭 등 상용차 분야에서 전기차와 비교해 분명한 장점을 갖는다. 전기차는 차체가 무거워질수록 배터리의 무게, 부피, 충전 시간이 증가해서 대형 화물차로 구현하기 어렵다. 반면 수소차의 연료가 되는 수소는 가볍고 연료전지의 부피도 크지 않아 대형 상용차에서 유리하다). 이런 상황에도 일본은 어떻게 수소를 확보하려는 것일까?

일본의 치밀한 수소 확보 전략

── 일본 정부가 2017년 발표한 '수소 기본전략'에서 가장 눈에 띄는 점은 일본이 해외에서 현지 자원을 활용해 수소를 생산한다는 것이다. 수소 생산에 필요한 자원과 재생에너지 인프라가 부족하므로 해외에서 블루수소와 그린수소를 생산해 일본으로 들여오겠다는 계획이다. 그리고 그 주요 생산지로 호주, 사우디 등을 명시했다. 호주에서는 탄소 배출이 많아 에너지원으로서 이용이 불가한 갈탄에서 수소를 추출해 블루수소를 생산하고, 사우디에서는 풍부한 태양광을 활용해 그린수소를 생산할 계획이다.

해외에서 생산한 수소를 일본에서 사용하려면 이를 운송하는 기술도 필요하다. 천연가스를 액화하여 LNG_{Liquified Natural Gas}로 만들면 부피가 수백분의 1로 줄어 대량 운송이 가능하듯, 수소도 액화 시 부피가 800분의 1로 줄어 대량 운송이 가능하다. −162°C에서 액화되는 천연가스와 달리 수소는 그보다 낮은 −253°C에서 액화되기 때문에 액화와 수송이 가능한 특수선박을 이용해야 한다. 현재 수소 액화 운송은 한국을 비롯한 대부분의 나라에서 상용화에 이르지 못했다. 그러나 일본은 이 기술의 개발을 완료했다. 1981년 LNG 운송 선박을 세계 최초로 건조한 가와사키 중공업은 2021년 세계 최초 액화수소 운반선 스이소 프론티어_{Suiso Frontier}호 건조를 완료하고, 그해 12월 호주로 최초 출항했다.[7]

프로젝트명	생산 국가	운송 방식	비고	현황	수행 기간
HySTRA*	호주	액화	갈탄개질 블루수소	실증단계	'17.01~
SPERA 수소 시스템 실증 프로젝트**	브루나이	액상 (MCH)	천연가스 블루수소	실증단계	'17.07~
남호주 그린수소	호주	액상 (암모니아)	태양광 그린수소	기획단계	-
일본-사우디 Zero CO₂ 수소/암모니아 공급사슬	사우디 아라비아	액상 (암모니아)	태양광 그린수소	실증단계	'20.07~

* 일본 기업 HySTRA와 호주 HEA가 공동 시행 중인 프로젝트. 호주 빅토리아의 미이용 갈탄에서 수소를 추출·액화시켜 전용 선박을 이용하여, 고베시로 운송·저장·이용까지 가능한 액화수소 공급망을 구축하는 하는 사업

** SPERA 수소 기술을 사용하여 브루나이 LNG플랜트에서 발생하는 가스에서 추출한 수소를 톨루엔과 화학반응시켜 MCH(일종의 액상수소) 형태로 일본 가와사키로 운송하는 공급망 구축 실증사업

출처: 에너지경제연구원 등

간단히 말해 일본 수소 전략의 핵심은 HySTRA프로젝트, SPERA 프로젝트 등 국제 수소 생산망을 구축하고 액화 운반 기술을 선도함으로써 해외에서 낮은 비용으로 수소를 생산하고 들여오는 것이다.

한국과 일본 모두 그린수소 생산에 필요한 재생에너지가 충분히 확보되지 않았고, 블루수소 생산에 필요한 자원도 부족하다. 장기간 해외 수소에 의존해야 하는 형편인 것이다. 따라서 양국 모두 수소를 어떻게 확보하느냐가 수소 전략의 관건이라 할 수 있다. 일본은 이 부분에서 과감한 도전과 성과를 보여준다. 수소 생산에 유리한 자원을

가진 외국과의 협력을 통해 생산 프로젝트를 진행하며 일부는 가시적 성과를 내고 있다. 이러한 과정에 다수 민간기업이 참여하고 있으며 일본 경제산업성 예하 기구인 신에너지산업기술 종합개발기구(이하 NEDO)[8]가 기술적·경제적 지원을 하고 있다.

수소는 의미 있는 '넘버'를 제시하는가?

—— 여전히 일본의 전략에 의문이 남는다. 일본이 정책적으로 기술과 자원을 투자해서 얻고자 하는 수소의 양이 그리 매력적이지 않기 때문이다. 내러티브에 맞는 넘버가 보이지 않는다. 2017년 발표된 일본 '수소·연료전지 전략 로드맵'은 2030년까지 고작 30만 톤의 수소를 확보하겠다는 목표를 제시했다. 2019년 발표된 한국 정부의 '수소 경제 활성화 로드맵'에서 계획된 수소 공급량이 2030년 기준 194만 톤이다. 일본의 목표 수치는 한국의 계획보다도 훨씬 적다.

일본은 연 30만 톤의 소박한 목표를 세웠지만 장기적으로 연 500만~1,000만 톤을 확보할 계획이다.[9] 그런데 앞서 언급한 일본의 해외 수소 생산 프로젝트에서 생산 가능한 수소가 불과 수십만 톤 수준이다. 호주에서 추진하는 대표적 사업인 HySTRA 프로젝트가 목표하는 수소 생산량은 연 23만 톤 정도다.[10] 이 상황에서 수소 생산량을 500~1,000만 톤 이상으로 확대한다는 것은 해외 프로젝트가 지금보다 수십 배 늘어야 한다는 의미다. 최첨단 액화수소 운반선도 수십 척은 더 필요하다. 그렇게 해서 연 1,000만 톤 수소 공급이 가능해진다 해도 최종 에너지 수요의 일부만 담당할 수 있다. 〈니혼게이자이신문〉은 1,000만 톤의 수소가 전량 발전용으로만 쓰인다 해도 일본 전력 수요의 10% 정도(설비 용량 기준)만 담당할 수 있다고 전망한다.[11]

일본이 수소에 전력하는 속셈

─── 수소를 생산하고 사용하려면 추출, 탄소 제거, 액화 운송, 그리고 연료전지 등 여러 첨단 기술이 필요하다. 일본은 이 기술들을 확보하는 데 가장 열심이고 그중 수소 추출과 액화 기술은 가장 앞서 있다. 그런데 그렇게 해서 생산되는 수소 에너지의 양이 2030년까지 그리 매력적으로 보이지 않는다. 게다가 테슬라, 폭스바겐 등은 수소차 사업에 부정적 시선을 보내고 있다.[12] 그럼에도 불구하고 일본이 수소를 확대하는 배경에는 무엇이 있을까? 여기에는 두 가지 분석이 있다.

첫째는 '잃어버린 20년'의 불황을 타개하기 위한 노력이라는 것이다.[13] 일본은 잃어버린 20년의 불황을 겪었고 지금도 반도체, AI, 5G 등 미래 주요 산업 분야에서 한국, 미국, 중국에 밀리고 있다. 따라서 미래 에너지 기술인 수소와 전고체전지 분야에서만큼은 반드시 선두를 점하겠다는 의식이 있다. 즉 에너지 차원에서뿐만 아니라 새로운 성장 동력 확보를 위해 수소에 집중한다는 것이다.

일본의 에너지 환경에서 보면 조금 다른 분석도 가능하다. 일본은 한국과 마찬가지로 에너지를 거의 전량 수입에 의존하고 있다. 또 원자력은 2011년 후쿠시마 사고의 트라우마가 남아 있어 적극적으로 확대하기 어렵다. 또한 일본 역시 국토가 좁고 산이 많은 지리적 특성상 재생에너지를 빠르게 확대할 수도 없고 재생에너지만으로 탄소중립을 달성할 수도 없는 상황이다. 한마디로 새로운 에너지원이 절실한 입장이니 조금 어렵고 비싸더라도 가릴 처지가 아닌 것이다. 결국 일본이 2030년 목표하는 30만 톤의 수소는 투자 대비 큰 숫자는 아니지만 일본이 가진 여건에서는 매력적일 수 있다. 그것을 시작으로 지속적인 성장을 생각할 수 있기 때문이다.

일본 수소 전략의 시사점

—— 한국과 일본 모두 자국에서 수소를 생산하는 데 한계가 있다. 앞서 언급했듯 추출수소는 천연가스 등의 탄화수소를 필요로 하고, 수전해 방식의 그린수소는 재생에너지가 필요하다. 이 때문에 양국은 수소 시대에도 에너지원의 수입을 반복해야 할 상황이다. 그러나 일본의 수소 전략은 일방적으로 에너지를 수입하던 과거를 답습하지 않겠다는 의지를 보여준다. 다양한 해외 생산 프로젝트를 주도하며

단순한 '수입국'의 입장에 서지 않겠다는 것이다. 나아가 수소 기술을 선도적으로 축적해 장기적으로 수소 공급자가 되겠다는 생각도 있을 것이다. 일본의 수소 전략에서 2030년까지 확보하겠다고 제시된 연 30만 톤이라는 작은 숫자에서 단순 수입으로 수소 물량을 채우지는 않겠다는 의도를 읽을 수 있다. 한국에서도 무리하게 수소경제를 확대하면 수소 생산기반을 갖춘 외국만 배불릴 수 있다는 우려가 제기된다.[14]

또 하나 일본의 전략에서 눈여겨볼 것은 CCS의 활용 가치다. 수소의 궁극적 지향점은 재생에너지에서 온 전기로 물을 분해하여 만드는 그린수소다. 그러나 재생에너지 기반이 취약한 나라에서 그린수소는 현실적인 방향이 못 된다. 앞서 언급한 대로 일본의 재생에너지 비중은 21.7%로 세계 평균 약 28.6%에도 못 미친다. 한국의 재생에너지 비중은 일본보다도 낮은 7.2%다(2020년 기준).

따라서 한국과 일본 모두 당분간 수소 전략의 중심은 그린수소가 아닌 블루수소가 될 수밖에 없다. 일본의 수소 프로젝트들도 대부분 블루수소 기반이다. 그런데 블루수소의 핵심 기술 중 하나는 CCS다. CCS가 없는 상태에서 추출수소는 환경적인 면에서 화석연료보다 나을 것이 전혀 없다. 이 점은 앞으로 블루수소를 만들기 위한 탄소 제거 기술이 수소 전략의 성패를 좌우할 요인임을 암시한다. 일본이 갈탄이라는 낮은 품질의 석탄에서 수소를 추출하겠다는 것은 그 과정에서 발생하는 탄소를 CCS로 제거할 수 있다고 생각하기 때문이다.

마지막으로 일본의 전략에서 눈여겨볼 점은 정부와 민간의 협력으로 수소 사업이 진행되고 있다는 사실이다. 특히 일본 NEDO를 주목할 필요가 있다. 현재 수소 분야는 R&D의 필요성은 매우 큰 반면 시장의 규모는 작다. 따라서 민간이 사업과 연구개발을 동시에 추진하기 어렵다. 이런 상황에서 NEDO는 연구개발과 경제적 지원을 통해 해외 수소 프로젝트를 뒷받침하고 있다. 호주 갈탄에서 블루수소를 추출하는 HySTRA 프로젝트도 NEDO의 지원과 호주 정부의 보조금이 큰 역할을 하고 있다.

수소의 딜레마

—— 수소의 가장 큰 특징은 '생산의 종속성'이다. 수소의 세 개 생산 방식은 모두 특정 자원에 종속되어 있다. 추출수소는 추출원이 되는 탄화수소에, 수전해는 재생에너지에, 그리고 부생수소는 석유화학 산업에 종속되어 있다. 따라서 수소 생산량을 지배하는 독립요인들, 즉 탄화수소 생산량과 재생에너지 발전량, 그리고 석유화학 산업 규모의 증가가 선행되어야 수소 생산도 증가할 수 있다. 이런 면에서 수소가 가까운 미래에 주요 에너지가 되기보다는, 수소 생산을 지배하는 에너지원들과 함께 믹스를 이루는 하나의 에너지가 될 가능성이 높다. 어차피 석탄, 석유, 가스를 대체할 단 하나의 에너지원은 존재하지 않

는다. 또 특정 에너지원 하나로 탄소중립을 이룰 수도 없다. 따라서 미래 어느 시점까지는 다양한 재생에너지와 수소, 원자력과 화석연료가 혼재하는 상황이 지속될 것이다.

어떤 에너지원이 가장 먼저 비중을 확대할지는 모르지만 확실한 것은 한국과 일본은 다양한 에너지원을 확보할 필요성이 다른 어느 나라보다도 크다는 점이다. 석유와 가스도 거의 나지 않고, 국토 면적과 지형을 고려할 때 재생에너지 개발 여건이 좋은 것도 아니다. 따라서 수소가 역할을 해주어야 하는 상황이다. 게다가 수소연료전지는 대형 화물차 에너지원으로 전기차 배터리 대비 분명한 장점을 가질 뿐 아니라, 한국과 일본 기업은 수소연료전지차 분야에서 앞서 있다는 점에서 전략적 가치가 더해진다.

문제는 수소가 제시하는 생산량 등의 '넘버'가 냉혹할 수 있다는 것이다. 비단 수소뿐만 아니라 초기 단계에 있는 모든 신재생에너지의 숫자는 당혹스러움을 줄 수 있다. 그래서 신재생에너지 개발은 숫자가 주는 당혹감과의 싸움이기도 하다. 그러나 지금 에너지 분야에서 나타나고 있는 '내러티브'에도 주목할 필요가 있다. 현재 신재생에너지에 대한 인류의 관심은 최고조에 이르렀고, 인재와 자본은 그 분야로 몰리고 있다. 앞서 언급했듯이 수십 년 전부터 40~50년 남아 있던 석유 매장량 넘버가 지속적으로 늘어나면서 고갈이 유예되었던 것은 석유 분야에 거대 자본과 우수한 인재가 집중되었기 때문이다. 그 도전과 자본의 내러티브는 지금 화석연료가 아닌 새로운 에너지를 향하고 있다. 이러한 흐름이 신재생에너지 분야에서 어떠한 혁신과 진보를 이루어낼지 알 수 없다. 과학과 기술은 항상 놀라운 성과물을 내놨고, 그러한 사례들이 수소 분야에서 예외일 리는 없다. 따라서 수소를 대할 때의 마음가짐은 이 새로운 에너지원의 스토리에 들뜨지 않고, 잠정의 숫자에 실망하지 않는 것이다.

호주와 중동,
한국의 수소시장을 노린다

호주는 수소 개발을 통해 에너지 안보를 증진하고
수십억 달러 규모의 수출 산업을 일으킬 수 있다.[15]
_앵거스 테일러Angus Taylor

앞에서 말했듯 수소 중 유일하게 탄소 배출이 없는 '그린수소'를 만들기 위해서는 재생에너지가 필요하다. 그런데 재생에너지는 넓은 땅, 풍부한 일조량, 강한 바람 등을 요구한다. 따라서 이러한 환경을 잘 갖춘 나라가 수소 생산에 유리한 조건을 갖는다. 메이저 석유기업 중 재생에너지 사업을 가장 적극적으로 추진하는 BP는 2021년 수소전략 보고서를 발표했는데, 보고서는 수소 생산의 요충지가 될 지역으로 호주를 명시하고 BP가 호주에서 수소 사업을 전략적으로 추진할 필요가 있다고 주장했다. 가장 큰 이유는 호주의 광대한 국토가 재생에너지 발전에 유리하기 때문이다. 또 하나의 이유는 주요 에너지 소비국인 한국, 중국, 일본과 가깝다는 것이다.

호주의 미래 전략 사업, 수소

—— 2021년 5월 서호주Western Australia주의 수소장관 앨래나 맥티어 넌Alannah MacTiernan은 2040년까지 재생에너지 발전 용량을 200기가와트 확보하고 이를 그린수소 생산에 사용하겠다는 계획을 밝혔다. 동시에 수소 생산과 수출을 위해 한국, 일본 정부와 이미 협력하고 있다고도 언급했다. 현재 호주의 전체 발전 시설 용량이 약 70기가와트인데, 현재 전력 용량의 약 세 배를 20년 안에 재생에너지로만 건설하겠다는 것이다(참고로 2020년 기준 한국의 전체 발전 시설 용량은 129기가와트다). 또 다른 관계자는 한국과 일본이 재생에너지 발전에 제한적 국토를 가지고 있다고 밝히면서 "재생에너지 시설을 100기가와트 단위로 설치할 수 있는 지역은 호주 서부를 제외하면 지구상에 흔치 않다."고 말했다.[16]

현재 한국의 그린수소 생산량은 제로다. 생산을 추진할 경우 단가는 kg당 10달러 이상으로 추정된다. 그러나 호주는 장기적으로 이 비용을 kg당 2달러 이하로 낮출 계획을 가지고 있다. 이것이 가능한 이유는 호주가 재생에너지 발전의 최적의 조건을 갖췄기 때문이다. 만

약 재생에너지의 생산이 일반적 재화처럼 노동, 자본, 토지의 함수이고, 어느 한 요소가 다른 부족한 요소를 보완할 수 있다면 한국은 빠르게 재생에너지 생산을 늘릴 수 있을 것이다. 한국의 기업들은 시간만 주어진다면 어떻게 해서든 특정 기술 분야에서 정상을 차지하고 비용도 낮출 실력이 있다. 그런데 재생에너지 생산에서 절대적으로 큰 비중을 차지하는 것은 토지다. 태양광과 풍력은 일단 넓은 면적에서 햇빛과 바람을 마주해야만 에너지를 생산할 수 있다.

호주가 수소 강국을 꿈꾸는 것, 그리고 BP가 호주에서 수소 사업을 추진하려는 것도 호주의 넓은 땅을 이용하겠다는 의도다. 호주의 면적은 769만 제곱킬로미터로 남한 면적 약 10만 제곱킬로미터의 77배에 달한다. 그런데 인구는 약 2,600만 명(2021년 기준)으로 한국의 절반 정도다. 재생에너지 발전량이 땅의 함수라는 점에서 호주는 재생에너지 발전 여건에서 압도적 비교우위를 갖는다. 호주는 자국이 필요로 하는 양의 몇 배 이상으로 재생에너지를 생산할 수 있는 잠재력이 있다.

그러나 재생에너지 자체는 수출이 되지 않는다. 형태가 없기 때문이다. 따라서 수출이 가능한 형태로 변형시켜야 한다. 이 때문에 에너지 캐리어로서 수소가 필요하다. 호주의 의도는 초대형 재생에너지 발전 단지를 건설하고 이것으로 그린수소를 대량생산하겠다는 것이다. 한마디로 넓은 영토를 활용해 수소 생산국이 되어 수소를 주력 수출품목으로 육성하겠다는 것이다. 광대한 국토, 풍부한 일조량, 강한 바람 등 재생에너지 발전에 필요한 조건을 모두 갖춘 호주의 입장에서는 당연한 구상이자 계획이다. 호주 에너지부 장관 앵거스 테일러는 2019년 자국 수소 전략을 발표하는 보고서에서 "호주가 전 세계에 청정수소를 공급하는 데 필요한 모든 요소를 완비하고 있으며 수소 개발을 통해 에너지 안보를 증진하고 수출 산업을 일으킬 수 있다."라고 말했다.[17]

한국, 일본 등의 입장에서도 호주가 그 구상을 성공적으로 실현해 수소 단가를 크게 낮춰준다면 마다할 이유가 없다. 오히려 탄소중립을 위해 글로벌 협력이 필요한 상황인데, 비교우위를 가진 자원을 기반으로 거래를 한다는 것은 상호이익이 될 수 있다. 양국 정부는 2021년 12월 문재인 대통령의 호주 국빈 방문 시 청정수소 공급망과 수소 활용 인프라 구축을 협의하기도 했다.

수소를 통한 '제2의 중동 붐'은 일어날까?

—— 그런데 호주의 그린수소 생산은 시간이 꽤 오래 걸릴 수 있다. 그린수소 생산은 재생에너지 발전 시설을 구축해야 하고, 또한 대규모 전해조 시설을 갖추어야 한다. 또한 수소를 생산한 후에는 특수한 선박을 이용해 압축 또는 액화해야 수송이 가능하다. 그러나 지금으로서는 재생에너지도, 액화 수소 운송 선박도 완성된 단계가 아니다.

따라서 당분간 수소 사용의 주역은 블루수소가 될 수밖에 없다. 블루수소는 생산 과정에서 발생하는 탄소를 CCS로 포집·격리하기 때문에 그린수소와 함께 청정수소로 분류된다. 아직까지는 블루수소의 생산 비용이 그린수소의 3분의 1 이하다. 블루수소의 원료는 천연가스다. 사실상 블루수소는 탄소를 제거한 천연가스의 변형 제품이다. 따라서 천연가스 생산이 많은 사우디, 카타르, UAE가 블루수소 생산의 중심으로 떠오르고 있다. 이 나라들은 자국이 수소 생산의 중심임을 자처하며 어떤 면에서는 호주가 수소 생산의 중심이 되는 것을 견제하려는 모습도 보인다. 2020년 출범한 중동수소협회Mena Hydrogen Allinace는 2021년 12월 '호주가 넓은 국토 면적, 아시아 시장과의 인접성, 그리고 관련 산업 성숙도가 높다는 점에서 중동에 비해 수소 생산에서 유리해 보이지만, 수소산업의 판도가 어떻게 될지는 불확실하다'고 주장했다.[18] 특히 사우디와 UAE는 천연가스의 생산량을 증가시킴으로써 블루수소 분야에서는 우위를 지킬 것이라고 주장한다.

실제 중동 국가들이 수소 사업을 더 구체적이고 가시적으로 추진하고 있다. 사우디는 1,100억 달러(약 130조 원)라는 천문학적 규모의 투자를 통해 사우디 남서부 자푸라Jafurah에서 초대형 가스전을 개발 중이다. 사우디 정부는 이 가스전의 완공 후 생산되는 가스는 대부분 수소 생산에 활용할 것이라고 밝혔다. 계획대로라면 2030년까지 연 600만 톤의 수소를 생산할 수 있다. 이러한 도전을 근거로 사우디 에너지부 장관 압둘 아지즈 빈살만Abdulaziz Bin Sanman은 사우디가 블루수소 생산에서 가장 큰 도전을 하고 있다고 주장했다.[19] 사우디는 블루수소뿐만 아니라 그린수소에서도 호주에 못지않은 잠재력을 가진다. 사우디의 국토 면적은 남한의 20배에 달하지만 인구는 3,600만 명(2021년 기준)이다. 따라서 사우디도 드넓은 사막의 뜨거운 태양으로 필요량 이상의 재생에너지 발전이 가능하다. 한편 UAE의 국영 석유 회사 아부다비석유공사(이하 ADNOC)도 2021년 5월, 연 100만 톤 생산을 위한 블루수소 생산 시설 건설을 발표했다. 이후 ADNOC은 사업의 공동사업자로 GS에너지와 일본 미쓰이Mitsui사를 선정한 바 있다. GS에너지는 이 사업 참여를 통해 블루암모니아를 조달하여 자체 발전소에서 사용할 계획이다. ADNOC은 천연가스 생산 확대도 매우 적극적으로 추진하고 있는데 이 역시 블루수소 원료용으로써 천연가스 수요 확대를 염두에 둔 것이다.

중동이 수소 공급의 한 축이 될 수밖에 없는 또 다른 이유는 아시아의 수요국이 공급처로 단일 지역에 높게 의존하지 않으려 할 것이기 때문이다. 독점의 환경보다는 공급처를 다변화하는 것이 협상이나 에너지 안보 측면에서 바람직하다. 또한 중동과 호주의 동절기와 하절기가 서로 겹치지 않는다는 점에서 공급 능력을 서로 보완하는 효과도 있다. 이러한 점이 중동 수소산업의 미래를 밝게 한다.

호주와 중동, 모두 아시아 시장을 노린다

— 흥미로운 것은 호주와 중동 모두 아시아 시장 확대를 염두에 두고 사업을 추진하고 있다는 점이다. 그리고 사업의 성패 역시 아시아 시장에 달려 있다고 본다. S&P 글로벌 플래츠는 중동 수소 사업이 앞으로 극복할 여러 과제가 있지만 가장 큰 테스트는 향후 한국, 일본 등과 좋은 가격으로 장기 공급 계약을 맺을 수 있는지 여부라고 주장했다.[20] 앞선 언급한 BP의 수소 보고서 역시 판매 부분을 가장 큰 리스크로 지적한다.

때마침 한국은 2021년 11월 발표한 1차 수소경제 이행 기본계획을 통해 2050년까지 연간 2,790만 톤의 수소를 100% 청정수소(블루수소+그린수소)로만 공급하겠다고 발표했다. 이 중 20%는 국내에서 생산하고, 40%는 자본과 기술 협력을 통해 호주 등 해외에서 생산하고 나머지 40%는 수입하겠다는 것이다. 이 계획의 현실화를 호주와 중동 국가들은 간절히 바랄 것이다. 그런데 이 계획의 실현 여부는 그들의 생산 비용이 얼마나 낮아질 수 있느냐에 달려 있다. 또 하나의 관건은 운송 기술의 발전이다. 현재 일본만 세계 최초이자 유일한 액화수소 운반선의 건조를 완료했다. 수소가 대량으로 활용되려면 액화수소 운송 선박이 대량으로 건조되어야 한다. 그러나 2022년 현재 단 한 척 건조된 액화수소 운반선이 단기량에 대량으로 건조되기는 힘들다. 한국 정부의 수소경제 기본 이행계획에서도 액화수소 운반선의 제품화 시기를 2031년으로 명시하고 있다.[21] 즉 당분간 수소를 대량 운송하기 어렵다. 바로 이 지점에서 암모니아가 필요하다. 당분간은 수소(H)를 질소(N)와 결합해 암모니아(NH_3) 형태로 운송 후, 암모니아에서 다시 수소를 추출하거나 암모니아를 그대로 사용할 가능성이 높다. 상압 −253°C에서 액화되는 수소와 달리 암모니아는 −34°C에서 액화되고 밀도도 액화수소 대비 훨씬 높아 운송과 저장에서 압도적으로 유리하다.

암모니아는 에너지 캐리어인 수소를 이송하는 수소 캐리어로서 그 역할을 주목받고 있다. 단기적으로 가장 가능성이 높은 사업모델은 생산국−수요국 간 협력을 통해 국제 암모니아 공급망을 구축하는 것이다. 현재 일본은 사우디와 'Zero-CO_2 암모니아 프로젝트'를 추진 중이며, 이를 통해 2020년 9월 세계 최초로 사우디아람코로부터 블루 암모니아 40톤을 도입했다.

한국의 수소경제 추진 계획

―― 앞서 언급한 한국 정부의 1차 수소경제 기본 이행계획에 따르면 2050년 수소가 최종 에너지 소비의 33%, 발전량의 23.8%를 차지하여 수소가 석유를 제치고 최대 단일 에너지원이 된다.[22] 이를 위해 정부는 2022년을 수소·암모니아 혼소발전 원년의 해로 삼고, 세계

1위의 수소·암모니아 발전 국가로 도약하겠다는 포부를 밝혔다. 한국에서 수소 사업에 관심을 가진 기업들도 수소·암모니아 혼소발전에 주목하고 있다. 혼소발전은 수소와 암모니아를 LNG 또는 석탄과 혼소함으로써 탄소 배출을 줄이는 것이다. 재생에너지 발전 여건이 불리한 환경에서 수소와 암모니아를 들여와 발전용 연료로 사용하는 것은 합리적 탄소감축 전략일 수 있다. 무엇보다 국토가 좁은 여건에서 대규모로 재생에너지 시설을 건설해야 하는 부담을 덜 수 있다. 기존 화력발전 시설을 혼소 시설로 개선하여 활용함으로써 탄소 배출을 줄일 수 있는 것이다. 지금은 혼소발전이지만, 장기적으로는 수소와 암모니아 단독 발전도 가능할 것으로 기대된다.

수소·암모니아 발전의 비중이 커질수록 암모니아를 에너지 안보 차원에서 비축할 필요성은 커진다. 설령 수소발전이 확대되더라도 수소 액화와 저장의 어려움 때문에 저장 수단은 암모니아 형태가 채택될 가능성이 있다. 특히 앞으로 확대될 재생에너지 발전은 기상에 따라 발전량의 변동이 심하기 때문에 암모니아와 같은 전력용 에너지원의 비축은 에너지 안보의 핵심이 된다. 따라서 한국석유공사의 비축 사업 역량을 적극적으로 암모니아 도입과 비축에 활용할 필요가 있다.

혼소발전 외에 수소전기차와 같은 방식으로 에너지를 발생시키는 수소연료전지 발전도 주목받고 있다. 수소연료전지 발전은 '연소 과정 없이 연료전지의 전기화학적 반응을 통해 전기를 생산'하는 수소의 기본적 장점을 그대로 사용한다. 또한 화력발전과 원자력발전 등을 통한 대규모 발전과 달리 소규모 분산발전이 가능하므로, 고압 송전탑을 세울 필요도 없고 송전 손실도 줄일 수 있다. 수소연료전지 발전은 분산형 전원이 미래의 발전 형태로 요구되는 상황에서 더욱 주목받을 것이다. 아울러 기상의 제약을 받는 태양광·풍력과 달리 지속적으로 전기를 생산할 수 있어, 재생에너지를 보완하는 역할을 할 것이다. 이미 서울 마포구 등 전국 각지에서 수소연료전지 발전소는 다수 운영 중에 있다. 수소만 충분히 확보된다면 수소를 활용한 발전, 그리고 수소전기차 보급도 더욱 확대될 수 있을 것이다.

한국의 이러한 도전을 호주와 중동 국가들은 관심 있게 지켜볼 것이다. 호주와 중동 국가들이 수소 생산의 중심이 될 것이 명백하기 때문이다. 한국의 수소경제 이행계획에서도 이 국가들과 협력을 통해 수소를 생산하겠다는 의도를 분명히 하고 있다. 정부는 국내 자본과 기술을 활용한 해외 수소 생산 프로젝트를 통해 해외 수소 공급망을 2050년까지 40개 확보하겠다고 했다.[23] 한국의 에너지 환경에서 이러한 전략적 국제 협력은 피할 수 없는 선택이다. 그런데 앞서 언급했듯 당분간은 그린수소보다는 블루수소가 더 큰 비중을 차지할 것이다. 블루수소와 블루암모니아는 천연가스에서 파생된 것이라는 점에서 기존 석유·가스 사업의 네트워크가 수소·암모니아 사업 협력의 기초가 된다. 따라서 이 부분은 오랫동안 해외에서 자원개발을 진행해온 국내 에너지기업의 역할이 필요하다.

수소 공급 확대에서 중요한 것은 생산국보다 더 앞선 기술력으로 수소 밸류체인에서 많은 지분을 확보하는 것이다. 무엇보다 단가가 낮아지는 것이 중요한데, 이것은 생산국만의 문제가 아니라 수요국의 기술적 능력이 기여해야 하는 부문이다. 지난 세기 중동 산유국이 석유 개발을 서구의 메이저 석유회사에 위탁하고 그 이익을 나눌 수밖에 없었던 중요한 이유는 서구의 석유회사가 석유 개발 초기에 선도적으로 탁월한 탐사와 개발 기술을 갖추었기 때문이다. 일본이 해외 수소·암모니아 프로젝트를 선도적으로 진행하며 기술적 경험을 쌓는 것도 향후 수소의 생산 및 사용에서 더 많은 역할을 확보하겠다는 의도다.

수소의 밸류체인은 재생에너지 발전, 수전해 기술, 추출 기술, 액화와 운송선 건조, 연료전지 생산, CCS 그리고 비축 등 여러 분야의 능력을 포괄한다. 결론적으로 수소는 매우 다양한 분야의 첨단기술이 요구되는데, 한국은 수소의 각 분야에서 기술의 우위를 통해 면적의 열위를 상쇄하는 전략이 필요하다. 제2의 중동 붐, 제1의 호주 붐은 수소에서 나타날 것이다.

제3부

탄소중립이 바꿀
미래의 패권 지도

제6장

기후변화,
어떻게 대처해야 하나?

탄소중립이 놓치고 있는
중요한 사실

언어가 사고를 결정한다.

_벤자민 리 워프Benjamin Lee Whorf

기후변화 문제를 해결하기 위해 각국 정부가 가장 많이 채택하고 선언한 단어가 바로 탄소중립이다. 탄소중립이란 탄소 배출량과 흡수량을 같게 하여 순純배출량을 제로로 한다는 뜻이다. 이 단어는 전 세계에서 공통적으로 쓰이고 있지만 문제 해결을 위한 최적의 말은 아니다. 탄소감축이 어떤 행위들의 '중립'으로 달성하기 어렵다는 것은 차치하더라도, 이 말이 문제의 핵심에 과감하게 메스를 들이대지 못하기 때문이다.

개인이 탄소중립의 의미대로 순배출량 '0'을 구현하려면 어떻게 해야 할까? 자가 운전자라면 일정 거리 주행 후, 자신이 배출한 탄소를 흡수할 나무를 심어서 중립을 달성해야 한다. 해외여행을 다녀왔다면 여행자들은 항공기 연료를 n분의 1 해서 항공기가 배출한 탄소를 흡수할 CCS 사업 등에 일정액을 기부해야 할 것이다. 그러나 모든 인구가 나무를 심을 땅도, 탄소를 흡수할 수단도 충분치 않다. 탄소중립이라는 말은 탄소 배출원만큼이나 그것을 상쇄할 수단도 많아서 '중립'의 방법으로 탄소제로를 달성할 수 있다는 암시를 준다. 그러나 사실 탄소를 흡수할 수단은 조림造林사업과 초기 단계에 있는 CCS 기술 외에는 별다른 것이 없다. 결국 탄소를 줄이는 가장 직접적이고 효과적인 방법은 에너지를 덜 쓰는 것이다.

그럼에도 중립으로 탄소제로를 추구하는 것은 탄소 배출에 다양한 이해관계가 얽혀 있기 때문이다. 특히 에너지 분야는 경제의 동력으로서 성장 및 고용과 연관되어 있다. 전기요금과 휘발유 가격도 민감한 부분이다. 이러한 요인들이 탄소 문제의 핵심에 다가서지 못한 채 '중립'이라는 포지션을 취하게 만든다. 그리고 이 애매한 프레임 속에서 재생에너지 확대만이 유일한 해결책인 것처럼 인식된다. 물론 재생에너지 확대도 매우 중요한 부분이다. 그러나 지금 사용하고 있는 에너지원을 모두 재생에너지로 대체하려면 재생에너지 설비 용량은 수십 배로 늘어나야 한다. 이것은 너무나 어려운 과제이기도 하지만 더 중요한 것을 간과하게 한다. 바로 재생에너지 자체도 탄소를 줄이지 못한다는 사실이다. 재생에너지도 소량이나마 탄소를 배출한다.

재생에너지 확대는 유일한 대책이 아니다

—— 중국의 재생에너지 발전 비중은 2020년 기준 29%로 꽤 높다. 또 다른 경제 대국 미국의 20.6%, 일본의 21.7%보다도 높은 수준이다. 그러나 중국은 압도적인 탄소 배출 세계 1위 국가다. 경제 규모와 인구를 고려해도 탄소 배출량이 너무 많다. 중국의 GDP는 미국의 70% 수준이지만 탄소 배출량은 오히려 미국의 두 배 수준이다. 중국 인구는 세계 인구의 약 18% 비중이지만, 탄소 배출량은 세계 총량의

〈그림 6-1〉 탄소 배출량 상위 10개국

순위	나라	배출량 (100만 톤)	비중(%)
1	중국	9,894	30.9
2	미국	4,432	13.9
3	인도	2,298	7.2
4	러시아	1,432	4.5
5	일본	1,027	3.2
6	이란	650	2.0
7	독일	605	1.9
8	대한민국	579	1.8
9	사우디	565	1.8
10	인도네시아	541	1.7

출처: BP, 'Statistical Review of World Energy', 2021.

약 31%를 차지한다. 높은 재생에너지 비중이 무색하게 탄소 배출이 너무 많은 것이다.

비단 중국에서만 이런 현상이 나타나는 것이 아니다. 오늘날 수력을 제외한 재생에너지 사용에서 가장 앞선 나라는 독일로, 그 비중은 2020년 기준 46.7%에 달한다. 그러나 독일은 재생에너지 비중이 더 낮은 프랑스, 영국 대비 약 두 배의 탄소를 배출한다. 이러한 사례들은 재생에너지 확대가 탄소감축으로 바로 이어지지 않음을 보여준다.

IEA는 2021년 5월 〈2050 넷제로〉 보고서를 통해 세계가 2050년 탄소중립을 달성하기 위해 무엇을 해야 하는지에 대한 로드맵을 제시했다. 이 보고서는 예상대로 재생에너지의 급격한 확대가 필요하다고 말한다. 그리고 한 가지를 더 강조한다. 현재 전 세계가 사용하는 에너지 총량이 435엑사줄인데, 이것을 매년 약 1%씩 줄여서 2050년에 340엑사줄로 줄여야 한다는 것이다. 이를 위해 에너지 효율 개선과 사람들의 '행동양식 변화'behavioral change가 있어야 한다고 주장한다.

많은 전문가와 미디어가 기후변화의 심각성을 말한다. 이에 따라 대중의 관심과 경각심은 고조되고 ESG를 강조하는 분위기도 강화되고 있다. 이러한 분위기를 어떤 동력으로 활용해야 할까? 재생에너지 확대도 물론 중요하다. 특히 탄소 배출이 가장 많은 석탄 화력발전을 다른 에너지원으로 대체하는 것은 시급하다. 그러나 재생에너지는 생각보다 시간이 오래 걸릴 수 있다. 특히 한국과 같이 국토가 좁은 나라일수록 재생에너지 확대는 지난한 길이 될 수밖에 없고 그것이

삼림 면적을 줄인다는 논란을 낳기도 한다. 현재 발전량의 약 27% 비중인 원전을 늘릴 수도 있겠지만 새로운 곳에 추가로 건설하려면 엄청난 반발을 감수해야 한다. 무엇보다 재생에너지도 원자력도 석탄을 완전히 대체할 수 없다. 천연가스 사용을 늘리는 것이 현실적이지만 천연가스도 화석연료다. 결국 탄소중립을 실현하는 한 축은 '에너지 사용 절감'이 될 수밖에 없다. 그리고 이를 위한 '행동양식의 변화'는 그것이 적극적 대안으로 제시될 때 가능하다. 다시 말해 기후변화를 말할 때 그 심각성만을 강조하는 것에 그쳐서는 안 된다.

무엇인가를 줄이는 직접적 방법은 그것의 원인을 줄이는 것이다. 그러나 '탄소중립'이라는 프레임 속에서 원인을 줄이지 않고, 대신 다른 무엇인가를 늘리는 간접적 방법이 우선시되고 있다. 콩을 줄이기 위해서는 콩을 덜 심는 것이 우선이다. 팥을 더 심는다고 콩이 줄지는 않는다.

탄소감축의 첫째 목표가
탈석탄인 이유

COP26(26차 기후협약당사국 총회)의 가장 큰 성과는
공동합의서에 '석탄'을 최초로 명시한 것이다.

_알록 샤르마 Alok Sharma

탄소감축을 위한 노력에서 에너지 사용 절감 못지않게 중요한 것은
석탄의 퇴출이다. 화석연료 중 탄소 배출이 가장 많은 에너지원은 석
탄으로, 천연가스 대비 약 두 배의 탄소를 배출한다. 현재 에너지원이
내뿜는 탄소의 44%는 석탄에서 배출된다. 돌려 말하면 석탄을 퇴출
하면 탄소 배출량의 44%를 줄일 수 있다. 석탄은 탄소뿐만 아니라 메
탄, 이산화황 등 기타 온실가스 배출도 훨씬 더 많다. 수시로 찾아오
는 미세먼지의 주요 원인도 석탄이다.

국제사회의 탄소감축 논의에서도 석탄은 중요한 의제로 다루어진

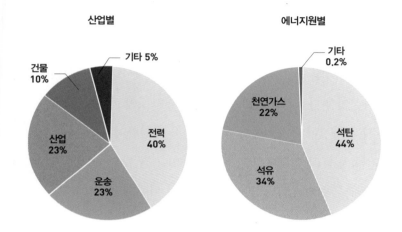

〈그림 6-2〉 산업별 및 에너지원별 이산화탄소 배출 비중

산업별

기타 5%
건물 10%
산업 23%
운송 23%
전력 40%

에너지원별

기타 0.2%
천연가스 22%
석유 34%
석탄 44%

출처: (좌)IEA, 'Global energy-related CO₂ emission by sector', 2021
(우)IEA, 'Net Zero by 2050', 2021

다. 2021년 11월 영국 글래스고에서 열린 COP26에서 막판까지 각국이 진통을 겪은 협의 주제는 석탄 사용 축소에 대한 것이었다. 석탄발전 비중이 10% 이하인 유럽 주요국은 석탄발전 '폐지'를 합의서에 명시할 것을 주장했으나, 석탄발전 비중이 60% 이상인 중국과 인도는 '폐지'가 아닌 '감축'을 주장했다. 결국 석탄발전의 '단계적 폐지'phase out라는 문구는 '온실가스 저감시설을 갖추지 않은 석탄발전시설'unabated coal power의 '단계적 감축'phase down이라는 문구로 약화됐다. 때문에 화석연료 퇴출에 대한 의지가 후퇴했다는 비판이 있었지만 석탄 감축이 합의문에 최초 명시된 사실만으로도 과거에 비해 진

전이 있었다고 봐야 할 것이다.

앞에서 말한 대로 재생에너지 확대만으로는 탄소를 감축할 수 없다. 재생에너지의 증가와 함께 다른 탄소 배출원이 감소할 때 비로소 탄소는 감축될 수 있다. 중국과 독일의 사례에서 보듯 재생에너지 발전 비중이 높다고 해서 탄소 배출량이 적은 것이 아니다. 중국과 독일은 각각 아시아와 유럽에서 재생에너지 발전량이 가장 많은 나라다. 그러나 모두 각 대륙에서 탄소 배출량이 가장 많은 나라이기도 하다. 두 나라 모두 재생에너지 비중도 높지만 석탄발전 비중도 높기 때문이다. 중국은 압도적인 세계 최대 석탄 소비 국가로 전체 발전에서 석탄발전 비중이 60%가 넘는다. 독일도 전력의 약 4분의 1을 석탄에서 얻고 있다.

중국·독일 사례와 대비되는 것이 미국의 사례다. 미국은 2010년 이후에도 성장세를 지속하며 경제 규모가 계속 커졌고, 2018년에는 최대 산유국의 지위에 올랐다. 그럼에도 탄소 배출량은 오히려 감소하고 있다(그림 6-3 참조). 이는 2014년 이후 미국의 셰일가스 생산량이 급증하면서 천연가스가 석탄을 대체하고 있기 때문이다. 셰일혁명으로 미국의 석탄산업이 몰락했는데, 이것이 최대 산유국 미국의 탄소감축에 가장 큰 기여를 하고 있다.

구분	2009	2010	2011	2012	2013	2014	2015	2016	2017	2018	2019	연평균 증감율
CO_2 배출량 (100만 톤)	5,289	5,486	5,336	5,090	5,250	5,255	5,141	5,042	4,984	5,117	4,965	−1.1%
석탄 소비량(EJ)	19.7	20.1	19.7	17.4	18.1	18.0	15.6	14.3	13.9	13.3	11.3	−5.1%

출처 : BP, '2020 Statistical Review of World Energy', 2020.

첫 번째 목표가 되어야 할 탈석탄

─── 석탄의 가장 큰 용도는 발전, 즉 전기 생산이다. 세계 전력 생산에서 석탄발전 비중이 36.7%다.[1] 세계 전력 생산에서 석탄발전이 가장 큰 비중을 차지한다는 점에서, 석탄을 줄인다는 것은 전력 생산 시스템에 가장 큰 영향을 준다. 한국의 전력 생산에서도 석탄발전 비중은 2020년 기준 36.9%로 발전용 에너지원 중 가장 높다.

한국에서도 '탄소를 줄이기 위한 가장 효과적 방법은 무엇인가'라는 질문을 한다면 다른 대답을 할 수 없다. 석탄을 덜 쓰는 것보다 효과적 방법은 없다. 수천만의 개인이 플라스틱을 덜 쓰고, 일회용품을 덜 쓰고, 에코백을 쓰는 것보다 단 한 기의 석탄 화력발전소를 없애는 것이 탄소감축 면에서 효과가 더 크다. 탄소감축을 위한 노력에서는

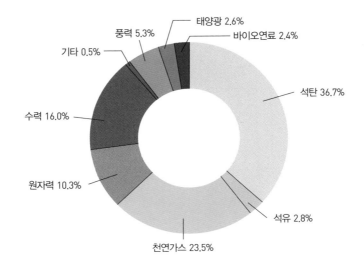

〈그림 6-4〉 세계 전력 생산에서 에너지원별 비중

태양광 2.6%
바이오연료 2.4%
풍력 5.3%
기타 0.5%
석탄 36.7%
수력 16.0%
원자력 10.3%
석유 2.8%
천연가스 23.5%

출처: IEA, 'World gross electricity production by source', 2019(2021.8.6. 발표).

개인의 노력도 중요하지만 전체 시스템 차원에서 변화가 더 중요하다. 한국처럼 분리수거를 열심히 하고, 쓰레기 종량제를 잘 지키는 나라가 없음에도 한국의 탄소 배출량은 세계 8위 수준이다. 세계 10위 수준인 GDP 규모와 대비해서 많을 뿐 아니라 1인당으로 따진 탄소 배출량도 OECD 38개국 중 5위로 매우 높다.[2]

탈석탄이 탄소감축의 첫째 목표가 되어야 하는 또 다른 이유는 화석연료 중에서 석탄의 잔존 매장량이 가장 많기 때문이다. 오늘날 인류는 하루 평균 약 1억 배럴의 원유와 약 2,000만 톤의 석탄을 태워

대기로 보낸다. 그런데 석유는 제1부에서 언급한 대로 금세기 안에 고갈될 가능성이 있다. 특히 현재와 같이 석유 개발 투자가 부진한 상황에서는 장기적으로 석유 공급량이 줄어들 가능성이 있다. 석유는 생산의 어려움과 이에 따른 가격 상승으로 소비가 자연스럽게 줄어들 수 있다. 정책적이고 의도적 노력이 약해도 소비가 감소할 여지가 있다(사실 이것은 환경적 차원에서 바람직한 일이지만 한국과 같이 석유 공급을 전적으로 해외에 의존하는 입장에서는 쉽게 볼 문제가 아니다). 그러나 석탄의 경우 상황이 다르다. 현재 확인된 석탄 매장량은 1조 톤 이상으로 지금의 소비 수준에서 약 130년간 사용 가능한 양이 남아 있다.[3] 자연스러운 고갈과 시장 논리로 사라질 자원이 아니다. 인위적으로 사용을 축소하려는 노력이 없다면 인류는 향후 100년 넘게 매일 2,000만 톤의 석탄을 대기로 날려 보낼 것이다.

인류사에 가장 큰 영향을 준 광물, 석탄

—— 다이아몬드, 청동, 구리 등 광물의 역사를 서술한 에릭 샬린Eric Chaline은 석탄에 대해 지난 2세기 동안 인류사에 가장 큰 영향력을 발휘했던 광물이자 앞으로 인류의 생존을 결정할 광물이라고 말한다. 그는 "석탄은 19세기 영국을 비롯한 선진공업국들의 도시화와 산업화를 가능케 했고, 그 결과 인간은 지난 2세기 동안 이 광물을 마구 사

용하여 문명사회가 파멸할 가능성 역시 높이고 말았다."고 서술한다. 또한 "기후변화와 관련한 최악의 예언이 맞는다면 인류는 산업화의 힘이었던 석탄 때문에 멸망하지도 모른다."고 주장한다.[4] 탄소가 기후변화의 가장 큰 요인임을 인정한다면 인류는 석탄으로 현대문명의 초석을 놓음과 동시에, 생존을 위협하는 기후변화의 주범을 인류사에 초대한 것이다.

가장 큰 문제는 19세기부터 오늘날까지도 석탄이 가장 값싼 발전 수단의 지위를 유지하고 있다는 것이다. 무려 200여 년이 넘는 기간 동안 인류는 석탄보다 싼 에너지원을 만들어내지 못하고 있다. 중국과 인도 등 개도국이 석탄발전 축소에 회의적 모습을 보이는 이유도 그보다 싼 에너지원이 없기 때문이다. 결국 석탄을 줄이기 위해서는 시장의 힘이 아닌 강력한 정책과 규제의 힘이 필요하다.

한국도 40%에 가까운 석탄발전 비중을 단시간에 다른 자원으로 대체할 수 없다. 2022년 현재도 한국에서는 4기의 신규 화력발전소가 건설 중이다.[5] 한국에서도 석탄 감축 시 가장 문제가 되는 부분은 그것이 전기요금의 인상으로 이어질 수 있다는 점이다. 석탄 사용을 줄이기 위해서는 석탄보다 비싼 에너지를 사용해야 할지도 모를 현실을 받아들여야 한다.

결국 탄소감축의 핵심은 석탄발전의 축소이고, 석탄발전 축소의 성공 여부는 발전 비용의 상승을 어떻게 관리하고 대중들이 어느 정도 수용할 것인가에 달려 있다. 그리고 우리가 사용하는 전기의 40%

가까운 양이 석탄에서 오고, 이 사용량을 단기간에 줄일 수 없다면 에너지 효율을 높이고 전기 사용 자체를 줄이려는 노력도 병행해야 한다.

탄소감축 속도는
중국에 달려 있다

중국은 2025년 이전에 탄소 배출 피크를 달성해야 한다.

_발디스 돔브로보스키스 Valdis Dombrovskis

중국이 미국에 비해 상대적으로 약한 분야가 에너지 부문이다. 미국은 세계 최대 산유국이면서 동시에 사우디, UAE, 쿠웨이트 등 주요 산유국을 우방으로 두며 중동을 관리하고 있다. 바이든 정부는 재생에너지도 적극적으로 육성하며 오늘의 에너지와 미래의 에너지 두 분야에서 모두 우위를 점하려 하고 있다.

반면, 중국은 에너지 분야에서 두 가지 문제점을 안고 있다. 첫째는 에너지원의 해외 의존도가 높다는 점이다. 어떤 나라든 패권국이 되려면 에너지와 식량, 이 두 가지 자원에서 자립을 이뤄야 한다. 그러나 중국은 석유를 해외에 의존한다. 중국은 세계 6위의 산유국(2020년 기준)이지만 생산량은 자국 소비량의 약 30% 정도밖에 되지 않는다. 따라서 필요한 원유의 약 70%를 수입에 의존한다. 수입량 중 가장 많은 물량이 사우디, 이라크 등 중동에서 들어온다. 문제는 중동산 원유가 호르무즈 해협과 말라카 해협, 남중국해를 지나서 오는데, 이 길목에 미국이 관여하고 있다는 점이다. 만약 미국이 장기간 호르무즈 해협과 남중국해를 봉쇄하면 중국은 원유를 자급할 수 없다. 원유 수급이 막힐 경우, 차량, 선박, 항공기의 가동이 불가할 뿐 아니라 군사 무기도 운용이 어려워질 수 있다.

중국은 위와 같은 에너지 분야의 약점을 극복하고자 다양한 노력을 기울이고 있다. 야심차게 추진했던 '일대일로'一帶一路의 배경에도 안정적인 에너지 수송로를 확보하려는 목적이 있다. 해외 자원 확보에도 천문학적 금액을 쏟아 부었고, 최근에는 석유 비축량을 크게 늘리고 있다. 2020년 상반기 코로나19로 국제유가가 마이너스로 곤두박질쳤을 때, 중국 역사상 반기 기준으로 가장 많은 원유를 도입했다. 코로나19로 원유 소비량이 급감한 상태에서 원유 수입을 크게 늘린 것은 저유가를 활용해 비축 물량을 확보하려는 의도였다.

중국 에너지 부문에서 또 다른 문제점은 앞서 언급한 지나치게 많은 탄소 배출량이다. 앞서 설명했듯 인구와 경제 규모를 감안해도, 미국의 두 배에 달하는 너무 많은 탄소를 배출하고 있다. 중국의 탄소 배출이 많은 이유는 중국이 세계의 공장이라고 할 정도로 제조업 비

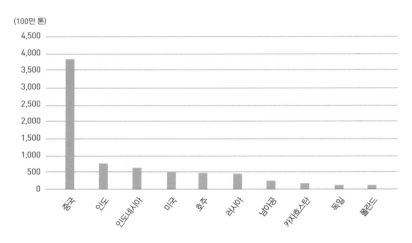

(100만 톤)

출처: BP statistical review of world energy 2021

중이 높기 때문이다. 중국의 제조업 비중은 약 26.8%로, EU의 16.4%, 미국의 11%에 비해 훨씬 높다. 이보다 더 중요한 이유는 지나치게 많은 석탄 사용량이다. 중국은 신재생에너지에도 많은 투자를 하고 있지만, 석탄 화력발전의 비중(62.9%)이 높아 미세먼지와 온실가스 배출량이 가장 많은 나라다.

이렇게 중국의 석탄발전 비중이 높은 이유는 중국 내 석탄 매장량이 풍부해서 비용 면에서 유리하기 때문이다. 중국은 압도적 세계 최대의 석탄 생산국이자 소비국으로, 2020년 생산량이 약 39억 톤에 달했다. 이는 전 세계 석탄 사용량의 절반 수준이면서 석탄 생산량 2위인 인도의 7.6억 톤의 다섯 배에 이르는 수치다.

중국은 원자력발전을 지금의 세 배 수준으로 증가시키고, 석탄 화력발전 비중은 낮춰서 온실가스와 미세먼지 배출을 줄이려는 계획을 가지고 있다. 중국은 2030년에 세계 1위의 원자력발전 국가가 될 것으로 보이는데[6,7] 이렇게 되면 온실가스와 주변국에 미치는 미세먼지의 영향은 감소할 수 있을 것이다. 다만 원전의 안전 등 다른 요인에 의한 불안감이 야기될 우려가 있다.

중국에 대한 견제 수단이 될 수 있는 탄소규제

—— 미-중 대결의 핵심 중 하나는 누가 세계 경제에서 가장 큰 비중을 차지하느냐는 것이다. 현재 가장 큰 GDP를 가진 나라는 미국이지만 중국이 빠르게 따라잡고 있다. 양국의 차이가 특히 2020년에 크게 줄었다. 코로나19로 2020년 미국의 GDP는 마이너스 성장을 하고, 중국은 플러스 성장을 하면서 중국이 미국의 70%까지 따라붙었다. 다수 기관에서 중국이 지금과 같은 성장세를 유지한다면 2030년경에 경제 규모에서 미국을 추월하리라 전망한다. 물론 경제규모가 패권을 결정하는 전부는 아니지만 중국은 경제 규모 확대를 1차 과제로 여기는 모습을 보인다. 또한 양극화와 부패 등 중국의 여러 사회적 모순과 문제는 경제 성장이 없다면 더 크게 불거질 수 있다. 한마디로

지금의 중국은 경제 성장을 포기할 수 없다.

　문제는 화석연료 기반의 경제구조에서 성장과 탄소감축을 동시에 추진하기란 불가능에 가깝다는 것이다. 물론 중국도 지난 2021년에 탄소중립을 선언했다. 그런데 한국, 일본, 유럽이 2050년 탄소중립을 선언한 것과 달리 달성 시점을 2060년으로 명시했다. 솔직한 목표였다. 이 목표에서 눈여겨봐야 할 것은 탄소중립 시점을 2060년으로 했다는 것보다, 탄소 배출의 피크가 되는 시점을 2030년으로 명시했다는 것이다. 즉 지금부터 8년 후인 2030년부터 탄소감축을 시작하겠다는 의미다. 이와 대조적으로 EU는 2021년 7월 '핏 포 55'를 발표하며 2030년까지 탄소 배출을 55% 줄이겠다고 발표했다. 한국도 2021년 10월 2030년 NDC(국가 온실가스 감축 목표)를 40%로 상향 조정하며 논란을 겪었다. 일본 정부도 2030년까지 탄소 배출을 46% 감축하겠다고 발표했다. 이렇게 주요국은 2030년을 탄소제로 달성의 중간 기점으로 설정하며 도전적 목표를 세웠다. 그러나 중국은 2030년 전후까지 탄소 배출 증가가 불가피하고, 그 이후 탄소감축을 시작해서 2050년보다 10년 늦은 2060년에 탄소제로를 실현한다는 것이다. 로이터 보도에 따르면, 중국이 2060년 탄소중립과 2030년 탄소피크를 선언하자 EU는 탄소피크 시점을 2025년 이전으로 조정해달라고 요청했다.[8] 그러나 중국에게 5년은 미국을 따라잡기에 너무 짧은 시간이다.

탄소세, 중국만의 문제가 아니다

── 향후 지구 기온 상승이 더욱 뚜렷해진다면 국제사회의 강력한 규제가 나타날 수밖에 없다. 그리고 그 규제의 중요 타깃은 중국일 가능성이 매우 높다. 이는 중국이 세계 최대의 탄소 배출국이기 때문이기도 하지만, 미국의 패권 유지와도 관련되기 때문이다. 미국은 자국의 패권을 유지하기 위해 인권, 민주주의 등과 같은 보편적 가치를 내세운다. 중국의 인권이나 소수 민족 문제 등은 패권 경쟁에서 중국을 견제하기 위한 명분이 된다. 이러한 차원에서 앞으로 크게 대두될 수 있는 것이 중국의 탄소 배출량이다. 기후변화 대처 역시 인류의 생존과 관련된 보편적 가치를 가질 뿐 아니라, 중국 견제라는 면에서 유럽과 미국의 이해가 일치한다. 앞서 언급했듯이 현재 온실가스를 가장 많이 배출하는 국가는 중국이고 미국을 가장 위협하는 국가도 중국이다. 미-중의 대립이 심해지고, 미국이 중국에 대해 강력한 제재를 해야겠다고 판단했을 때, 가장 좋은 방법은 탄소 배출과 연관 짓는 것이다. 이미 EU는 미국보다 앞서 탄소국경세 도입을 주장하고 있는 상황이고, 그것의 가장 큰 피해자로는 중국의 철강산업 등이 지목된다.

여기서 문제는 한국은 탄소 배출 형태나 산업 구조에서 유럽과 미국보다는 중국과 유사하다는 것이다. 굳이 따진다면 한국의 에너지 믹스도 유럽보다는 중국에 더 가깝다. 한국도 경제 규모 대비 탄소 배출량이 많고, 제조업과 중공업의 비중이 높다. 탄소규제가 전 지구적으로 실행될 때 한국도 중국 못지않은 충격을 받을 수 있다. 아울러 중국은 한국의 가장 큰 시장이므로 중국 경제의 위축은 한국에도 피해를 준다. 따라서 한국은 시장을 다변화하고 석탄발전을 축소하면서 탄소규제에 대응할 필요가 있다. 이제 탄소감축은 기후변화 대응의 차원에서뿐만 아니라 경제를 위해서도 그 필요성이 더해지고 있다.

게임체인저가 될 탄소국경조정, 어디까지 왔나?

미국과 EU는 중국에서 생산되는 더러운dirty
철강 수입을 줄이는 방법을 찾고 있다.
_조 바이든

당연한 말이지만 탄소감축은 한 나라의 노력만으로 이뤄질 수 없다. 많은 나라가 동일한 노력을 기울여야 하고, 그 노력이 도미노처럼 다른 나라로 확산될 수 있어야 한다. 그것을 유도할 수 있는 장치가 필요한데, 대표적 수단이 EU가 추진하는 탄소국경조정제도(이하 CBAM)다. CBAM은 무역 과정에서 탄소국경세 부과를 통해 국가 간 탄소 감축 노력의 차이를 해소하려 한다. 즉 CBAM은 무역을 도구로 많은 나라의 탄소 감축 노력을 이끌어 내려는 제도다. 따라서 본격적으로 시행되면 한국처럼 수출에 의존하는 경제 구조를 가진 국가에 큰 변화를 가져올 수 있다.

CBAM 시행을 선언한 EU

—— 1997년 3차 기후협약 당사국총회$_{COP3}$에서 채택된 '교토의정서'의 주요 성과 중 하나는 탄소 배출에 비용이나 인센티브를 부과하는 제도를 도입한 것이다. 탄소세$_{carbon\ tax}$와 탄소 배출권거래제$_{Emission}$ $_{Trading\ System,\ ETS}$가 대표적이다. 탄소세는 일정 탄소량에 대해 세율을 정하고 배출량에 비례해 세금을 부과하는 방식이다. 탄소 배출권거래제는 국가가 배출량의 총량을 정해놓고 그 총량 내에서 각 기업 등에 배출량을 할당하는 방식인데, 할당된 배출량 이상으로 탄소를 배출하기 위해서는 다른 기업으로부터 배출권을 구매해야 한다. 따라서 탄소를 감축한 기업은 남은 배출권을 다른 기업에 판매함으로써 부수적 수익을 얻을 수 있고, 탄소를 초과 배출한 기업은 배출권 구매를 위해 추가 비용을 지출해야 한다.

2005년 교토의정서 발효 이후 탄소세, 탄소 배출권거래제 등 탄소 배출에 비용이나 인센티브를 부과하는 시스템이 운영되면서 일부 성과도 있었다. 특히 유럽은 탄소세와 탄소 배출권 시장을 선도적으로 도입하면서 적어도 탄소 배출량이 증가하는 모습을 보이지는 않았다. 그러나 탄소 배출권 시장이 기대한 만큼의 탄소감축 효과를 거두었다고 보기는 힘들다. 제도 시행 이후에도 화석연료 사용량을 줄이지 못했고, 세계 탄소 배출량도 코로나19 발생 직전까지 지속적으로 증가했다. 가장 큰 문제는 탄소에 비용을 부과하는 제도 시행에 범세계적 참여를 이끌어내지 못하고 있다는 것이다. 따라서 문제 해결의 핵심은 탄소에 대해 비용을 부과하는 제도가 전 세계로 확산되는 것이다. 그것을 위한 수단이 바로 CBAM이다.

앞서 언급했듯이 현재 탄소세, 탄소 배출권거래제를 가장 활발하게 운영하는 곳은 유럽이다. 유럽의 기업들은 탄소세 등을 통해 가장 강한 탄소규제를 받고 있다. 그런데 이는 유럽 기업 입장에서는 굉장히 불리한 환경이 된다. 그런 이유로 유럽 기업들은 탄소 관련 규제가 약한 지역으로 공장이나 사업장을 이전하려 하는데, 이러한 현상을 탄소누출Carbon Leakage이라고 한다. 따라서 EU 입장에서는 유럽 기업이 탄소 비용 때문에 다른 곳으로 이주하는 것을 막을 장치가 필요하다. 그렇게 하려면 다른 나라들도 유럽과 같은 수준의 탄소 관련 규제를 실시하게 유도해야 한다. 그 수단 역시 CBAM이다.

2021년 7월 EU 집행위원회는 2030년까지 1990년 대비 탄소 배출량을 55% 줄이는 것을 목표로 하는 일종의 입법안 패키지 '핏 포 55'를 발표했다. 이 입법안에는 배출권거래제의 확대와 함께 CBAM 시행 계획이 포함되었다. 계획대로라면 2023년부터 3년의 계도 기간을 거쳐 2026년 이후 본격적으로 실시된다.

CBAM의 핵심은 다음과 같다. A국에서 어떤 제품을 생산할 때, 탄소 관련 세금으로 60을 지출했다. 그런데 그 제품을 무역을 통해 판매할 B국에서 동종 제품을 생산하는 기업은 100을 탄소 관련 세금으로 지출했다. A국과 B국의 탄소 비용 차이는 40이다. 따라서 A국의 업체가 B국으로 수출할 시 B국 정부는 CBAM을 통해 차이 40을 A국 업체에 부과한다. 말 그대로 국경에서 탄소 비용의 국가별 차이를 조정하는 것이다. 2021년 기준 유럽에서는 일반적으로 톤당 50유로의 탄소세를 부과한다. 반면 러시아에는 탄소 관련 세금이 전혀 없다. 캐나다는 탄소세가 실시되고 있지만 유럽보다 낮은 약 27유로를 부담한다. 그래서 러시아산 제품이 유럽으로 수출될 때에는 유럽 국경 통과 시 해당 수입국에 의해 50유로의 탄소국경세가 전액 부과된다. 한편 캐나다 제품에는 EU에서 부과된 탄소세와의 차이 금액인 23유로가 부과될 것이다.

러시아 입장에서는 자국에서 이 업체에게 50유로의 탄소세를 부과했다면 유럽에 탄소국경세를 납부하지 않아도 된다. 캐나다 입장에서도 탄소세를 유럽 수준으로 끌어올렸다면 내지 않아도 되는 세금을 EU에 납부한 것이다. 따라서 유럽과 통상을 계속 유지하려는 국가들은 유럽 수준에 맞게 탄소 관련 비용을 부과하는 것이 유리하다.

첫 번째 주자가 될 철강과 시멘트

━━ EU에서 시행 의사를 밝혔으나 CBAM은 대단히 어렵고 복잡한 과정을 동반한다. 따라서 예정대로 시행될 수 있을지는 불확실하다. 가장 큰 문제는 각국에서 생산되는 수만 가지 종류의 제품이 배출하는 탄소 배출량과 탄소세 부담 비용을 공정하게 계산해야 한다는 것이다. 이를 위해서는 많은 인력과 조직이 있어야 하고, 또 국제적 합의도 있어야 한다.

또 다른 문제는 유럽도 탄소세를 일괄적으로 부과하지 않고, 선별적으로 부과하고 있다는 점이다. 대략 유럽 산업계가 배출하는 탄소의 60%에는 탄소세가 부과되고 있으나 나머지 40%는 부과되지 않고 있다. 특히 유럽의 항공 및 발전 업계는 탄소 배출이 매우 많음에도 무료 할당량 등을 통해 탄소세를 부담하지 않는다. 유럽 내에서 너무나 많은 예외 규정과 예외 산업이 있다는 점이 제도 시행의 걸림돌로 작용한다.[9]

무역 분쟁의 소지도 있다. CBAM 도입은 그 취지와 상관없이 유럽의 기업을 보호하는 무역 장벽으로 기능할 것이다. 따라서 무역 분쟁을 초래할 수 있고, 이것이 무역 감소로 이어지면서 소비자 편익을 낮출 수도 있다. 특히 이 제도는 자유무역을 표방하는 세계무역기구WTO 규정에 불합치한다는 있다는 지적이 있는데, 이 논쟁도 차후 격화될 가능성이 높다. 또한 파리기후협약은 각국이 자율적으로 탄소 배출

목표를 정하고 스스로 감축 목표를 설정하도록 하는데, 그러한 자율성을 침해한다는 주장도 있다.

EU 집행위원회는 초기 CBAM은 탄소 배출량이 많은 업종부터 선별적으로 적용하자는 입장이다. 철강, 시멘트, 알루미늄 등이 이에 해당된다. 빌 게이츠의 저서 《빌 게이츠, 기후재앙을 피하는 법》에 따르면 철강, 시멘트, 플라스틱 등 제조업에서 차지하는 탄소 배출량은 전체 탄소 배출의 약 31%를 차지한다. 철강과 시멘트는 대표적인 탄소 다배출 업종이지만 재료에서 완제품이 되는 과정이 단순하다. 반면 자동차, 배터리, 조선 산업은 다양한 원료와 중간재 등이 필요하고 글로벌 공급망이 복잡하게 얽혀 있다. 따라서 완제품의 탄소 배출량을 단시간에 계량화하기 어렵다. 그러나 철강과 시멘트는 원자재에서 1차 가공 후 바로 제품화되므로 탄소 배출 측정이 상대적으로 쉽다. 동시에 탄소 배출이 많은 대표적 업종이다. 그러므로 철강과 시멘트에 대한 CBAM 적용은 적은 비용으로 제도 시행의 효과를 극대화할 수 있다.

철강의 경우 원재료인 철광석에서 산소를 제거하는 제련 과정이 필요하다. 철광석(Fe_2O_3)에서 산소를 제거하려면 코크스라는 일종의 석탄을 철광석과 함께 고로高爐에서 녹여야 한다. 코크스는 탄소(C) 덩어리인데, 이것이 철광석의 산소(O)와 결합하면서 이산화탄소(CO_2)가 생성되고, 산소를 잃은 철광석(Fe_2O_3)은 강철(Fe)로 환원된다. 그런데 1톤의 철이 추출될 때 약 1.8톤의 이산화탄소가 배출된다.

이러한 막대한 양의 탄소 배출을 방지하기 위해서는 코크스가 아닌 다른 환원제로 철광석의 산소를 분리해야 한다. 그 대안의 환원제가 바로 수소다. 수소를 환원제로 쓰면 철광석의 산소와 수소가 결합해 물(H_2O)이 되면서 철이 추출된다.

수소환원 제철공법으로 바꾼다는 것은 제철 공정 전반을 바꾸는 작업이다. 제철소의 대표적 이미지인 고로가 사라지고, 새로운 환원로를 만들어야 한다. 한국철강협회는 포스코가 고로 아홉 기를 모두 수소환원 설비로 교체할 경우, 매몰 비용 포함 약 54조 원의 비용이 발생할 것이라고 설명한다.[10] 포스코의 시가총액이 2022년 초 기준 약 25조 원, 순이익은 지난 수년간 2조 원 내외였다는 것을 생각하면 감당하기 어려운 비용이다.

또한 설비 교체로 끝나는 것이 아니라 그 이후로도 환원제로 값싼 석탄이 아니라 수소를 써야 한다. 물론 일순간에 제철 방식이 모두 바뀔 수 없고 순차적으로 바뀌어 가겠지만 그 기간 중 철강 가격은 지속적으로 상승할 수 있다. 철강은 자동차, 선박, 기계, 건축 등 모든 산업의 근간이 되는 재료라는 점에서 철강산업의 비용 변화는 산업계 전반에 연쇄적 영향을 줄 것이다.

시멘트를 생산할 때도 석회암을 용광로에서 녹이게 되는데, 이때도 다량의 이산화탄소가 생성된다. 석회암은 산소와 탄소가 결합한 물질인데, 석회암을 녹일 때 다량의 탄소가 분리 배출되는 것이다. 시멘트 1톤이 생산되면 탄소도 1톤 배출된다. 시멘트의 경우에는 원료로 석회암이 아닌 다른 재료를 쓰는 방법이 있긴 하지만 아직은 제한적 기술이다.

시멘트와 철강 외에 탄소 배출이 많은 대표적 업종은 정유 및 석유화학 산업이다. 그런데 이 분야야말로 CBAM 적용이 쉽지 않다. 원유는 그 종류도 다양할 뿐 아니라 원유를 통해 휘발유, 경유, 등유, 합성수지, 합성섬유, 비료, 약품 등 수많은 제품이 생산된다. 따라서 다양한 석유제품과 석유화학제품의 개별적 탄소량을 계산하는 것은 각국 정부와 업계의 합의 없이는 불가능하다. 원유는 세계 무역에서 차지하는 비중이 가장 크다는 점에서 너무 많은 나라의 이해관계가 얽혀 있기도 하다.

미국과 EU의 이해가 맞아떨어지다

—— 만약 EU의 계획대로 CBAM이 시행되면 가장 큰 영향을 받을 기업은 중국 철강업체가 될 것이다. 지난 2021년 10월, 미국과 EU는 3년 넘게 끌어온 철강 관세 분쟁을 끝냈다. 2018년 3월에 트럼프 행정부는 EU산 철강과 알루미늄에 각각 25%와 10%의 관세를 부과했는데 바이든 행정부가 이를 철회한 것이다. 바이든 행정부는 연간 430만 톤의 철강 수입량에 무관세 적용이 가능하게 했다. 트럼프 행정부 출범 전 연 500만 톤까지 무관세 적용이 가능했는데 이를 상당

부분 회복한 것이다. 유럽에서 생산되는 철강은 중국산 철강에 비해 상대적으로 탄소 배출이 적다. 이는 중국에서 철강 생산 시 고로를 가열하기 위해 석탄을 연료로 많이 쓰는 반면 유럽 주요국의 석탄 사용 비중은 매우 낮기 때문이다. 따라서 로이터 등 주요 외신은 미국이 EU산 저탄소 철강에 대해 관세를 철폐하고 그 외 다른 국가의 철강에 대해서는 관세를 유지하였다는 점에서 이 합의를 '그린스틸딜'Green steel deal이라고 표현하기도 했다.

합의 직후 바이든 정부 관계자는 이 합의가 미국과 EU시장에서 저탄소 철강 생산 방식이 확산되는 데 기여할 것이라고 주장했다.[11] 또한 바이든 대통령은 미국과 EU가 "중국 같은 나라에서 생산되는 더러운dirty 철강의 수입을 제한하는 방법을 찾고 있다."[12]라고 말했다. 미국과 EU간 철강 수급 공조 관계가 저탄소를 이유로 강화된 것이며, 같은 이유로 중국산 철강의 수입을 억제하겠다고 직접 명확하게 밝힌 것이다.

철강은 모든 산업의 근간일 뿐 아니라 방위산업의 필수 재료라는 점에서 국가 안보에 영향이 큰 재화다. 2018년 트럼프 행정부가 수입 철강에 추가 관세를 부여토록 한 근거는 미국의 무역확장법 232조 Section 232 of Trade Expansion Act였다. 이 법은 특정 수입품이 미국 안보를 침해한다고 판단될 경우 대통령 직권으로 고율의 관세를 부과할 수 있도록 정하고 있다. 트럼프 정부는 철강만큼은 중국과 EU 의존도를 낮추겠다는 의도를 가졌던 것이다. 그러나 이후 당선된 바이든 대통

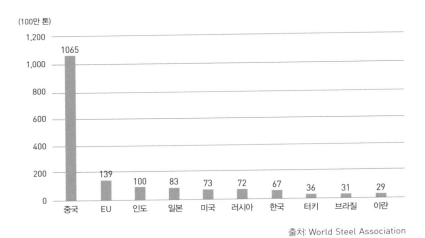

〈그림 6-6〉 세계 10대 철강 생산국(2020년 기준)

(100만 톤)

출처: World Steel Association

령은 이 조치를 철회함으로써 철강 수급에서 EU 의존도는 높이는 대신, 중국을 견제하겠다는 의지를 보였다.

중국의 철강 생산량은 2020년 기준 약 10억 6,000만 톤으로 세계 철강 생산량의 57%를 차지한다. 압도적 세계 생산량 1위다. 그다음이 EU로 세계 생산량의 7% 수준이다. 중국의 철강산업은 제조업 중심인 중국 경제의 근간이면서, 세계 탄소 배출의 가장 큰 요인이 되고 있다. 탄소 문제에 국한하지 않더라도 EU는 역내 철강산업을 보호할 필요가 있고, 미국은 중국의 부상을 견제할 필요가 있다. 따라서 철강은 CBAM을 우선 적용하기에 전략적 가치가 충분한 분야고, 미국과 EU의 이해가 맞아떨어지기도 한다.

한국에서도 철강산업은 국가 안보와 국가 경제에서 비중이 큰 산업이다. 1970년대 포항제철의 성공이 한국 경제사의 의미 있는 성취였던 이유는 그것이 한국 경제 도약의 근간이 되어 왔기 때문이다. 그만큼 철강은 중요한 산업이고 그래서 국제사회에서 그 거래 관계는 상대국에 대한 레버리지로 활용되기 쉬운 분야이기도 하다.

EU에서 CBAM 시행을 공언한 이상, 철강산업에서만큼은 그 적용이 확실시된다. 2021년 10월에 이루어진 미국과 EU 간 철강 관세 합의는 그 전초로 볼 수 있다. 철강에 CBAM이 적용이 된다면 이는 다른 산업으로 CBAM 적용과 탄소세 등의 부과 확산을 야기하는 시발점이 될 수 있다. 이러한 현상은 제조업 전반의 비용 상승을 일으킬 가능성이 크다. 이와 같은 탄소감축과 에너지 전환에 의한 비용 변화는 미래 산업의 동향을 예측하는 데 중요한 포인트가 된다. 제7장에서는 위와 같은 탄소 비용의 상승이 일상과 경제에 미치는 영향에 대해 살펴볼 것이다.

제7장

에너지와 탄소가
결정할 미래

탄소감축은 산업 구조를
어떻게 바꿀까?

사람은 생각을 통해 필요를 충족시킬 수 있고
이것은 물질의 많고 적음에 제한되지 않는다.
_스티븐 핑커, 《지금 다시 계몽》 중에서

파리기후협약과 교토의정서 등과 같은 기후변화에 대한 국제적 합의
의 초석이 된 것은 1992년 5월 브라질 리우에서 체결된 '기후변화에
관한 UN기본협약'UNFCCC이다. 이 협약에는 UN의 주도로 192개국이
참여했다. 협약 당사국들은 매년 기후협약 당사국총회, 일반적으로
COP Conference of Parties라 불리는 회의를 개최하고 있다. 1997년 일본
교토에서 열린 3차 기후협약 당사국총회에서는 교토의정서가 체결됐
고, 2015년 프랑스 파리에서 열린 21차 기후협약 당사국총회에서는
교토의정서를 대체하는 파리기후변화협약이 체결됐다.

2020년에 코로나19로 26차 당사국총회(이하 COP26)가 열리지 못하였기에 2021년 11월 영국 글래스고에서는 2년 만에 총회가 열리게 됐다. 그런데 COP26이 열리기 직전 2년의 기간(2020~2021년)은 세계적으로 탄소감축에 대한 관심이 크게 고조된 시기였다. 바이든 행정부가 파리기후변화협약에 복귀했고, 아시아 주요 산업국인 한국, 중국, 일본 등도 이 시기에 탄소중립을 선언했다.

이 시기 세계 각국이 탄소중립을 선언한 배경에는 2018년 인천 송도에서 발표된 IPCC Intergovernmental Panel on Climate Change의 〈1.5℃ 특별 보고서〉Special report: Global warming of 1.5℃가 있었다(IPCC는 UN 산하의 세계기상기구WMO와 국제연합환경계획UNEP에서 1988년 설립된 조직으로, 인간 활동에 대한 기후변화의 위험을 평가하는 것이 주 임무다. 기후변화 연구에 있어 가장 권위 있는 기관이며 주기적으로 기후변화의 위험과 원인, 대응 등에 대한 특별 보고서를 발표한다. 1988년 설립 이래 다섯 차례에 걸쳐 보고서를 발간했고 6차 보고서는 2022년에 발표될 예정이다). 이 특별 보고서는 지구 기온 상승을 1.5℃ 이내에서 억제해야 한다고 주장했다. 그리고 이를 위해 2050년까지 탄소중립을 달성해야 한다고 강조했다. 이후 각국은 앞 다투어 탄소중립을 선언했다. 한국 정부도 2020년 10월에 2050년까지 탄소중립을 달성하겠다고 선언했다. 여기서 IPCC는 한 가지를 더 강조했다. 2050년 탄소중립 실현을 위해서 2030년까지의 탄소감축 노력이 매우 중요하다는 것이다. 앞으로 남은 10여 년이 2050년 탄소중립을 달성할 수 있을지 여부를 결정할 시기가 될 것이며, 따라서 2030년까지 탄소를 최소 45% 줄여야 한다고 주장했다.

세계 각국은 IPCC의 주장을 대폭 반영하여 2021년 11월 COP26에서 2030년까지의 온실가스 감축 목표, 즉 NDC를 발표하기로 했다. EU는 2021년 7월 '핏 포 55' 정책 패키지를 통해 2030년까지 탄소량 55% 감축을 선언했고 COP26에서 그것을 재확인했다. 한국 정부도 COP26에서 NDC를 기존 목표 26.3%에서 40%로 상향한다고 발표했다.

사실 '2050년 탄소중립'은 선언적 성격이 강하고, 먼 미래의 일이라는 느낌이 있다. 그에 반해 2030년이 기한인 NDC는 실질적으로 일상과 산업계에 영향을 주는 목표다. 2030년까지 온실가스를 40% 줄인다는 것은 엄청난 목표다. 이 목표를 달성하려면 10년도 안 되는 시간에 석유와 석탄 소비의 40% 이상을 줄이고 저탄소 에너지로 대체해야 할 것이다. 논란이 있는 목표이나 이 목표의 절반만 이루어져도 산업과 도시와 일상의 모습은 엄청난 변화를 맞을 것이다. 목표의 현실성을 떠나 이제 탄소감축을 위한 노력은 더욱 본격화되고 그 변화도 현실에서 체감될 것이다.

에너지 절감의 핵심은 '탈물질화'

— 제6장에서 말한 것처럼 탄소중립의 한 축은 에너지 사용 자체

를 줄이는 것이다. IEA의 〈2050 넷제로〉 보고서에서도 2050년 탄소 중립을 달성하려면 같은 기간 에너지 사용량을 약 20% 줄여야 한다고 주장했다. 유럽 최대 에너지 기업 BP도 2020년 9월 발표한 에너지 전망 보고서에서 2030년 이후부터는 세계 에너지 소비 증가율이 '0'에 머물러야 한다고 설명했다. 일본 정부는 2021년 7월 장기 에너지 전략을 발표하면서 전체 에너지 믹스에서 비화석에너지 비중을 증대함과 동시에 전기 사용량을 현재 1조 240억 킬로와트시에서 2030년 9,400억 킬로와트시로 약 8% 감축하겠다고 했다.[1] 한마디로 에너지 소비 절감 없는 탄소감축은 불가능하다.

그렇다면 에너지 소비를 줄인다는 말의 의미는 무엇일까? 이는 승용차 사용을 줄이고 조명을 끄고 TV를 덜 보고 세탁기와 냉장고를 덜 쓰는 것으로 이해되기 쉽다. 물론 그것도 에너지를 아끼는 행동이다. 그러나 그것은 상대적으로 덜 중요한 부분이다. 개인은 전기, 휘발유, 배터리 등의 형태로 에너지를 직접 소비하기도 한다. 그러나 다양한 기업에서 생산되는 제품을 소비함으로써 간접적으로 에너지를 소비하는 비중이 훨씬 더 크다. 한국의 전력 소비에서 가정용 전기가 차지하는 비중은 2020년 기준 약 14.5%에 불과하다. 반면 제조업과 서비스업 등에서 사용하는 산업용 전기는 전체 전기 소비에서 약 77.2%를 차지한다.[2] 산업용 전력은 궁극적으로 상품과 서비스를 소비자에게 제공하기 위해 쓰인다. 따라서 에너지를 아끼기 위해서는 자동차와 전기제품을 덜 쓰는 것보다 자동차, TV, 세탁기를 자주 교체하지 않는 것이 더 중요하다. 그 외 다양한 재화도 사용 효율을 극대화하여 그 소비량을 최소화해야 한다. 에너지를 아낀다는 차원에서뿐만 아니라 수많은 재화를 구성하는 자원을 아낀다는 의미에서도 그렇다.

교과서적 의미에서 '에너지'는 운동의 형태로 나타나기도 하지만 질량 자체도 에너지의 발현이다. 물성을 가진 화석연료도 과거의 태양에너지가 응축된 것이고, 오늘날의 수많은 제품도 개발되고 제조되는 과정에서 엄청난 양의 에너지를 소비 후 소비자에게 제공된다. 오늘날 산업과 도시의 기초 재료는 철강이다. 철강산업은 대표적 에너지 다소비, 고탄소 배출 업종이다. 철강을 가장 많이 소비하는 건설, 조선, 자동차 업종도 공장을 세우고 운영하는 과정에서도 다량의 에너지를 소비한다. 따라서 철강이 포함된 제품을 구매하고 보유하는 것만으로 엄청난 양의 에너지를 소비하는 것이다. 교과서적 의미에서건, 산업적 의미에서건 모든 물질은 에너지를 소비하거나 변형한 후 소비자에게 제공된다. 그러므로 에너지 절약의 핵심은 물성을 가진 재화의 사용을 최소화하는 것이다. 다시 말해 에너지 절약의 핵심은 탈물질화dematerialization의 추구다. 그리고 그 중심에 디지털 기술이 있고, 최근 주목받는 메타버스 산업이 있다. 이 산업군의 기업은 물질을 가상현실에서 대체하여 실물 자원의 사용을 최소화한다. 그러면서도 실물 이상의 효용을 제공하려 한다.

미국은 에너지 소비 절감과 탄소감축이라는 산업 흐름에 전략적으로 대응하기 위해 디지털과 콘텐츠 산업으로 산업 구조를 재편하면서

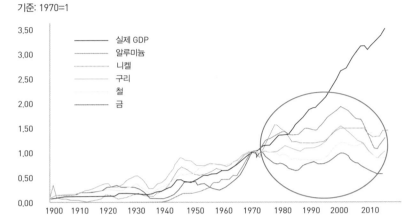

━━━ 〈그림 7-1〉 미국 GDP와 금속 자원 소비량 변화(1900~2015년) ━━━

기준: 1970=1

실제 GDP
알루미늄
니켈
구리
철
금

3.50
3.00
2.50
2.00
1.50
1.00
0.50
0.00

1900 1910 1920 1930 1940 1950 1960 1970 1980 1990 2000 2010

* 미국의 GDP는 최근까지 지속적으로 증가했지만 알루미늄, 구리, 철강 등 자원 소비량은 1980년대 이후 GDP와 비례해 증가하는 모습을 보이지 않는다. 2000년 이후에는 GDP의 가파른 증가에도 자원 소비량은 오히려 감소세로 전환했다(그래프 속 파란색 원 참고).

출처: Reason.com

에너지 다소비 구조에서 탈피하고 있다. 굴뚝에 의존하지 않는 산업이 성장하여 그것이 국가 경제에서 차지하는 비중이 커질수록 부존자원과 에너지가 성장을 결정하는 구조에서 벗어날 수 있다. 미국 경제는 그것을 지향했고, 실제로 지난 10여 년간 미국 경제는 견고한 성장세를 보였지만, 미국 내 금속 자원 소비와 에너지 소비는 성장에 비례해 증가하지 않았다. 그림 7-1을 보면 지난 10년간 미국 경제가 호황을 지속했지만 자원 소비는 정체했음을 알 수 있다.

이제 사람들은 음악을 듣기 위해서 더 이상 LP와 CD를 이용하지 않는다. 스트리밍하거나 음원 파일을 다운받는다. 종이책과 신문 대신 전자책과 인터넷을 활용한다. 그리고 스마트폰은 시계, 카메라, MP3 플레이어, 전자수첩 등 수많은 도구를 사라지게 하거나 줄였다.

인간이 가진 기본적 욕구인 관심과 공감, 애정과 격려도 SNS상에서 충족되고 있다. 메타버스 산업이 더 구체화되면 디지털 세상에서 실물 자원을 소비하지 않고 콘텐츠와 감정을 교류하는 모습이 일반화될 것이다. 그 세계에서는 무거운 자동차와 거대한 기계를 구동시키기 위해 에너지를 소비할 필요가 없다. 《우리 본성의 선한 천사》를 쓴 하버드대 심리학 교수 스티븐 핑커는 "사람들이 자원을 필요로 한다는 생각부터 잘못"이라고 말한다. 그는 "사람은 생각을 통해 필요를 충족시킬 수 있고, 인간의 정신 능력은 끝없는 조합 능력을 통해 무한한 생각의 공간을 탐사할 수 있으며, 이것은 땅에 묻힌 물질의 많고 적음에 제한되지 않는다."고 말했다.[3] 이러한 아이디어는 현재 메타버스 산업이 추구하는 가치로 현실화되고 있다.

오늘날의 화폐도 카드 결제와 디지털 페이가 주류를 이루는 상황에서는 가상화폐의 특성을 갖는다. 그래도 지금의 화폐는 지폐나 동전으로 물질화할 수 있고 그런 점에서 실물화폐의 모습을 완전히 버리지 못했다. 그러나 비트코인과 같은 가상화폐는 애초에 실물이 없어 가상의 지갑에서 숫자로만 소유할 수 있다. 가상화폐의 미래를 예단할 수는 없지만 지금의 모습은 실물이 없어지는 탈물질화 흐름을 반영한다.

지금 미국을 대표하는 기업들, 즉 애플, 알파벳, 메타(페이스북), 아마존, 넷플릭스 등은 모두 상상력과 첨단 기술의 조합으로 새로운 문화 생태계를 만들어가는 산업군이다. 무엇을 제조하기보다는 설계를 하고, 콘텐츠를 만들고, 첨단 기술을 추구한다. 이 기업들은 대규모 제조시설을 갖추지 않아서 전력 소비가 적다. 따라서 재생에너지만으로 필요한 전력을 모두 충당하는 RE100 Renewable energy 100 등을 실현하기가 상대적으로 쉽다. 각종 탄소규제에도 유리하게 대처할 수 있다. 미국은 전략적으로 통신, 인공지능, 그리고 콘텐츠 분야에서 선두는 놓치지 않을 테고 이에 대한 도전에는 제재를 가할 것이다. 미국 경제를 긍정적으로 볼 수 있는 이유는 실물 자원의 영향을 최소화하는 방식으로 나가고 있기 때문이다. 이러한 모습은 비단 미국뿐만 아니라 전 세계로 확산될 것이다. 그리고 그 배경에는 에너지의 변화와 탄소가 있다.

탄소감축은
도시와 교통을 어떻게 바꿀까?

자연을 사랑한다면 자연으로부터 떨어져 살아야 한다.
_에드워드 글레이저Edward Glaeser, 《도시의 승리》 중에서

앞에서 살펴본 것처럼 에너지 효율을 극대화하고 그 사용을 줄이려는 모습은 산업계뿐만 아니라 도시에서도 나타날 것이다. 그러나 그 변화는 앞서 언급한 산업의 변화에 비하면 크지 않을 것이다. 특히 한국의 도시는 이미 에너지 효율이 극대화된 모습을 추구하고 있다. 한국에서 도시의 대표적 모습은 아파트다. 한국에서 신도시를 건설한다는 말은 대규모 아파트 단지를 건설한다는 말과 다르지 않다.

그런데 아파트야말로 저탄소 사회가 요구하는 가장 바람직한 주거 형태다. 아파트는 자원 사용의 효율을 극대화하며 에너지 사용도 줄

일 수 있는 가장 이상적 형태이기 때문이다. 하버드대 경제학 교수 에드워드 글레이저Edward Glaeser는 저서 《도시의 승리》에서 "탄소 배출을 줄이고 싶다면 더 많은 미국인이 더 복잡하고 도시적인 환경에서 살아야 한다."고 주장한다.[4] 또한 그는 "고밀도의 도시 생활을 지구 온난화의 해결책의 일부로 간주해야 한다."고 말한다.[5] 아파트는 넓은 의미에서 자원 활용의 효율을 극대화하는 공유경제의 특성을 갖는다. 사람들은 아파트에서 많은 것을 공유한다. 이웃과 벽, 바닥, 천장을 공유하고 계단과 승강기를 공유한다. 수도, 전력, 통신 시설은 물론, 놀이터와 주차장도 공유한다. 한 세대가 난방을 하면 그 온기는 벽을 공유하는 이웃에게도 전해지면서 열에너지 사용 효율도 제고한다.

MIT의 앤드루 맥아피Andrew McAfee도 시골 생활은 도시 생활보다 덜 환경친화적이라고 주장한다.[6] 외딴 시골에 주택을 지어 사는 사람이 많아지면 더 많은 곳에 수도, 전력, 통신 등의 기반 시설이 들어서야 한다. 소수를 위해서 자연이 훼손되어야 한다. 기본적으로 한 세대만 거주하는 교외 주택은 자원 사용의 효율성 면에서 좋은 형태가 아니다. 좁은 공간에 많은 사람이 모여 살 때 사람들의 이동 거리가 짧아지고 기반 시설을 공유하는 정도는 커진다. 따라서 아파트를 선호하는 모습은 탄소감축 시기에 더 강화될 수 있다.

과밀한 도시는 경쟁력의 원천

—— 과밀한 도시는 에너지 효율에서뿐만 아니라 미래 산업 경쟁력 제고에서도 유리하다. 앞서 언급한 에드워드 글레이저는 '한강의 기적'의 원인으로 도시 서울을 꼽는다. 서울이라는 고밀도 도시 환경이 지난 수십 년 동안 전국의 수많은 인재들을 끌어오며 '혁신의 집합소'가 되었다는 것이다. 그에 따르면 서울뿐만 아니라 역사적으로 피렌체의 거리들은 르네상스를 선물했고, 영국의 공업도시 버밍엄의 활기는 산업혁명을 불러왔다.[7] 오늘날의 실리콘밸리에도 애플, 테슬라, 인텔, 엔비디아, 우버, 트위터 등 기술과 혁신을 선도하는 기업들이 모여 있다. 예나 지금이나 도시의 인접성, 과밀성, 친밀성이 경험의 밀도를 높여 혁신의 자양분이 되고 있는 것이다. 과밀한 도시에서는 다양한 아이디어와 사상이 충돌한다. 또한 무의식적으로 수많은 데이터에 노출되고 그 데이터 활용을 가능하게 하는 통찰도 얻을 수 있다.

도시학자 유현준도 저서 《도시는 무엇으로 사는가》에서 일맥상통하는 의견을 제시한다. 그는 '이벤트 밀도'라는 개념을 통해 도시의 많은 점포 출입구, 쇼윈도, 교차로 등의 수가 도시 보행자에게 다른 경험 밀도를 제공한다고 말한다.[8] 우리는 책이나 강의를 통해서만 학습하는 것이 아니다. 일상의 수많은 시각적, 청각적 경험이 무의식적 학습을 유도한다. 다양한 사람들의 사상과 재능을 근거리에서 체험하는 것도 한 사람의 인식 세계에 영향을 미친다. 아는 만큼 보이기도 하지만 보이는 만큼 알게 되기도 하는 것이다. 다산 정약용은 두 아들에게 전한 글에서 벼슬에서 물러나더라도 한양 근처에서 살며 '안목'을 떨어뜨리지 않아야 한다고 했다.[9, 10]

또한 도시가 커질수록 도시 자체가 거대한 빅데이터를 형성하며 기업이 트렌드를 더 쉽게 파악할 수 있도록 해준다. 그리고 새로운 아이디어를 시도할 때 규모의 경제를 가능하게 하면서 더 과감한 도전을 유도한다. 그 결과 고밀도의 거대 도시 환경이 혁신의 요람이 되고 트렌드를 선도하는 상황이 연출되는 것이다. 이러한 거대 도시의 강점은 앞으로도 지속될 가능성이 높다. 4차 산업혁명은 아이디어의 충돌과 융합을 요구하는데 그것이 가능한 환경도 거대 도시가 제공하기 때문이다. 따라서 비단 서울뿐 아니라, 뉴욕, 런던, 파리, 도쿄 등 세계 거대 도시의 위상은 앞으로도 유효할 것이다. 도시에 대해 정약용이 말한 안목, 유현준이 말한 이벤트 밀도, 그리고 에드워드 글레이저가 말한 혁신의 집합소 개념은 탄소중립이 지향하는 산업 구조와 4차 산업혁명의 사회에서 더욱 필요하다.

그런데 이미 한국인들은 그러한 도시의 가치를 이미 더 할 수 없을 정도로 중시하고 있다. 앞서 말한 '안목'과 '혁신'의 역량을 키우기 좋은 곳은 결국 첨단 기업이 몰려 있어 좋은 일자리가 많은 곳이거나 넓게 보면 우수한 교육 환경을 갖춘 곳이다. 우리나라 사람들은 이미 우량한 기업이 몰려 있고, 학군이 좋고, 역세권인 지역에 초고층 아파트를 지어서 과밀한 형태로 모여 산다. 좋건 싫건 이 모습은 미래에도 달라지지 않을 것이다.

교통 환경의 변화

── 앞에서 석유·석탄이라는 저비용, 고밀도 에너지원의 대체가 쉽지 않기 때문에 향후 에너지를 덜 소비하는 형태의 산업 구조로 변화할 것이라고 말했다. 이와 비슷한 맥락에서 교통 환경의 변화를 전망할 수 있다.

오늘날 도로 운송 체계는 많은 부분 석유에 의존한다. 전체 석유의 절반에 가까운 물량이 휘발유, 경유 등으로 정제 가공되어 내연기관의 연료로 사용된다. 앞에서 서술했듯 석유는 현재 콜라나 먹는샘물보다도 가격이 싸다. 그런데도 높은 에너지 밀도를 가져서, 승용차와 화물차에 관계없이 단 한 번 주유로 수백 킬로미터 주행이 가능하다. 또한 2차전지와 연료전지라는 첨단 장비에 의존하지 않아도 되고, 전력 인프라가 없는 오지에서도 활용이 가능하다. 이러한 내연기관 자동차의 압도적 효율성과 편의성이 저탄소 사회에서 포기해야 하는 가치가 된다.

물론 전기차에 대한 기대감이 있다. 2021년 전기차는 약 660만 대이상이 판매되어 전체 신차 판매의 약 9%를 차지했다.[11] 2020년의 약 300만 대 대비 두 배 증가한 것으로 성장세가 가파르다. 2022년에도 급성장세가 유지될 것으로 전망된다. 그러나 2022년 현재 지구상의 전체 차량(약 15억 대)에서 전기차 비중은 불과 1% 정도(약 1,600만 대 추정)다.

연평균 약 7,100만 대의 내연기관차가 판매된다.[12] 2021년 660만 대가 판매된 전기차가 기존 내연기관의 수요를 모두 대체하려면 판매 규모가 지금의 11배 정도로 커져야 한다. 물론 전기차의 성장세는 눈부실 정도다. IEA의 에너지 전망 기본 시나리오(STEPS 시나리오)에서 전기차 판매는 2020년 이후 매년 20~30%씩 성장해서 2030년 판매 대수는 2,500만 대에 이른다. 또 전체 운행 차량에서 전기차가 차지하는 비중은 2030년에 7%(약 1억 4,500만 대)에 이를 것이다.[13] 전기차 비중이 10%가 될 때까지도 이러한 고속성장이 가능할 수 있다. 그러나 전기차 비중이 지구상의 전체 차량 중 1%일 때와 10%일 때의 성장은 전혀 다른 문제가 된다. 그 이후에도 성장을 지속하기 위해서는 2차전지 산업과 그것의 원료가 되는 리튬, 코발트, 망간, 니켈 등의 공급망이 10배 이상으로 커져야 한다. 그리고 이와 같은 광물의 소비가 친환경인지에 대한 논란도 잠재워야 한다. OPEC에 따르면 2020년 기준 지구상에 약 14억 대의 자동차가 있고, 2040년에는 약 24억 대로 증가한다.[14] 주로 중국, 인도, 중동 등 아시아에서 자동차 수가 증가하는데 이 수요에 맞춰 전기차 생산 단가가 충분히 내려가지 않는다면 증가분의 상당량은 내연기관 자동차가 차지할 것이다. 지금 한국, 중국 등 많은 나라에서 전기차는 보조금 정책에 의지해 보급되고 있다.

위와 같은 이유로 지금의 거대한 내연기관 자동차가 전기차 체제로 순조롭게 이행하지 못할 것이라 보는 이들도 있다. 즉 미래의 운송 부문이 후퇴하리라는 시각이다. 크리스토퍼 스타이너는 저서 《석유 종말시계》에서 석유가 없어진 사회에서는 승용차를 보유한 개인의 비율이 소수일 것이라고 전망한다. 대신 전기를 쓰는 철도가 그물망처럼 연결되어 굳이 차를 타지 않아도 되는 환경이 된다고 주장한다.[15] UN기후변화협약의 전 사무총장이었던 크리스티아나 피게레스Christiana Figueres와 선임고문이었던 톰 리빗카낵Tom Rivett-Carnac도 2050년 세계 인구의 75%가 도시에 거주하면서 전기 철도가 내륙 곳곳에 깔릴 것이라고 말한다. 그의 예측에 따르면 미국 전역에 걸쳐 '미국 열차 사업'이 10년에 걸쳐 진행되면서 열차가 대중 모빌리티의 핵심이 된다.[16] 가령 미국 동부철도는 남부의 애틀랜타와 북부의 시카고를 연결하면서 항공기 수요를 대체할 것이다. 한국도 비슷한 흐름에 있다. 국내 인구의 절반이 거주하는 수도권을 광역 급행철도망GTX으로 연결하려는 시도가 진행 중에 있다. 그리고 그 새로운 교통망이 부동산 가치를 들썩이게 한다. 어찌 보면 철도와 아파트는 닮아 있다. 둘 다 공간을 공유하고 에너지 효율을 추구하는 모습이다. 다만 아파트는 그것을 수직으로 추구하고, 철도는 수평으로 추구한다는 점이 다를 뿐이다.

물론 2차전지 및 전기차 산업 모두 순조롭게 성장세를 지속할 수도 있다. 전기차와 자율주행 성능은 날로 개선될 것이고 배터리 기술의 발전은 더 적은 자원으로 더 높은 효율을 창출할 것이다. 이러한 기대는 지금의 테슬라 주식의 300이 넘는 주가수익비율PER로 표출된다. 2차전지 산업의 높은 기대감도 내연기관차 퇴출의 기대감을 반영한다. 전기차와 2차전지 업계는 기술적으로 충분히 그 일을 해낼 수도 있을 것이다.

그런데 전기차의 장기 성장세를 결정한 요인은 전기차 산업 외부에도 있다. 전기차가 의미 있는 비중으로 확대되기 위해서는 두 가지 조건이 선결되어야 한다. 첫째, 전기 생산에서 석탄 등 화석 에너지원이 퇴출되어 전력 생산의 저탄소화가 이루어져야 한다. 즉 저탄소 에너지를 이용한 발전 비중이 증가해 전기 생산에서 탄소 배출이 줄어야 한다. 앞서 언급 했듯 현재 유럽 주요국에서 재생에너지 발전 비중은 40~50%까지 올라갔다(그림 4-4 참조). 재생에너지 비중이 높고, 석탄발전 비중이 10% 미만인 유럽의 환경에서 전기차는 충분히 친환경적이다. EU는 2035년 이후 내연기관차 판매 금지를 계획하고 있다. 그러나 석탄발전 비중이 30~70%인 한국, 중국, 인도, 일본 등 아시아 지역에서 전기차 사용은 논란의 여지가 있다(그림 7-2 참조). 석탄으로 생산한 전기로 자동차를 구동해도 탄소감축 효과가 있다는 주장도 있으나, 그 효과는 유럽과 같이 저탄소 발전 비중이 높은 환경에 비할 수 없다. 둘째, 전력 생산량Capacity 자체가 크게 늘어나야 한다. 현재 휘발유, 경유 등 석유가 공급하고 있는 운송용 에너지원을 전력

구분	석탄	원자력	재생	천연가스	석유	기타	합계 (총 발전량)
한국	36.9%	27.5%	7.2%	25.7%	1.1%	1.6%	100% (554,377GWh)
중국	62.9%	4.7%	29.0%	3.1%	0.2%	0.1%	100% (7,417,980GWh)
인도	69.2%	2.9%	22.5%	4.8%	0.6%	0.0%	100% (1,471,098GWh)
일본	31.0%	4.4%	21.7%	33.8%	4.0%	5.1%	100% (949,052GWh)

출처: IEA, Monthly OECD Electricity Statistics Revised Historical Data, 2021

부문에서 감당하기 위해 전력 생산이 증가해야 한다. 그리고 전력 생산이 증가하려면 생산 시설의 증가뿐만 아니라 국가 송배전망의 대대적 증설과 시스템 개편도 필요하다.

요컨대 전력 생산의 증가와 저탄소화가 이루어지면서, 동시에 전기차의 생산 단가가 하락하는 상황이 전제되어야 전기차가 확대될 수 있다. 특히 전기의 저탄소화가 이뤄지지 않은 상황에서 전기차의 대량 보급은 효과적인 탄소감축 수단이 될 수 없다. 오히려 내연기관의 개선과 자동차의 경량화를 통한 연비 개선 노력이 더 효율적인 탄소감축 노력일 수 있다.

앞의 선결 조건들의 해결이 쉽지 않다는 점에서 탄소감축이 본격적으로 추진되면 대중의 모빌리티를 약화시킬 가능성이 있다. 앞으로 저렴하면서 깨끗한 전력의 충분한 생산이라는 조건이 충족되지 않는다면 전기차와 내연기관이 공존하거나 내연기관이 우세한 상황이 상당히 길어질 수 있다. 그런데 이 경우에도 소비자 부담은 커진다. 내연기관이 건재한 상황에서 탄소감축을 추구한다면 유가가 급등해도 유류세 부과를 유지하면서 탄소세 등 탄소 배출 관련 세금을 추가로 부과해야 하기 때문이다. 이런 점에서 탄소감축 노력은 단기적으로 대중의 사적 이동 비용을 증가시킬 수 있다. 그리고 이런 상황이 길어진다면 광역철도와 같은 대중교통이 교통 체계에서 더 큰 비중을 차지할 가능성이 있다.

탄소감축 시기에
석유가 더 중요한 이유

샘이 말라서야 물의 소중함을 안다.
_토마스 풀러Thomas Fuller

탄소감축의 핵심은 에너지를 '전기화'하는 것이다. 산업, 운송, 일상에 쓰는 모든 에너지원을 전기화해야 탄소 배출을 줄일 수 있다. 그럴 수밖에 없는 것이 열에너지는 연소를 동반하고 연소 과정에서 탄소가 배출되기 때문이다. 재생에너지는 연소를 통해 열에너지를 만들지 않는다. 대신 전기 에너지로 전환되어야 활용이 가능하다. 수소도 사용 단계에서는 연료전지를 통해 전기로 변환된다. 결국 화석연료의 사용이 줄어든다는 의미는 에너지 사용 전 분야가 전기화된다는 뜻이다.

전기가 주도하는 미래

—— IEA의 〈2050 넷제로〉 보고서에 따르면 2050년 탄소중립을 달성하기 위해서는 전기 사용량이 2020년 약 80엑사줄에서 2050년 약 170엑사줄로 두 배 이상으로 증가해야 한다. 반대로 연료 에너지 사용량은 같은 기간 약 330엑사줄에서 약 170엑사줄로 절반 가까이 감소해야 한다. 따라서 미래 에너지 안보의 중요한 한 축은 전기의 안정적 공급망, 이른바 그리드gird의 안정적 구축이 된다.

기존의 화력과 원자력발전 중심의 전기 공급 체계는 중앙집중형 발전이다. 대용량 발전소를 건설하고 중앙에서 대량의 전기를 여러 곳에 보내는 방식이다. 이에 반해 재생에너지의 발전량은 소규모이므로 장거리 송전 시 전력 손실이 크다. 따라서 수요지와 생산지가 인접하도록 다양한 지역에 분산형 전원을 설치하는 방식으로 전환이 불가피하다. 게다가 재생에너지는 기상에 따라 발전량이 들쭉날쭉한데 기상이 좋은 상황에서 과도하게 많은 전력이 생산되면 송배전망에 무리를 줄 수 있어 중앙집중형 발전은 적합하지 않다. 현재 풍력발전 시설이 많은 제주도에서는 전력 과잉생산으로 풍력발전 설비가 멈추는 횟수가 매년 증가하고 있다. 발전량이 폭증해 송배전망과 전력계통 한계치를 넘어설 것이 예상될 때 '출력제어'를 통해 전력 공급을 멈추게 되는데, 2020년 기준 제주도에서 77회의 출력제어가 발생했다. 평균 4.7일에 한 번꼴로 풍력발전기가 멈춘 것이다. 따라서 재생에너지 발전이 확대될수록 송배전 시스템의 전면적 개편이 불가피하다.

분산형 전원 시스템이 구축되면 다수의 전력 생산원과 다양한 전기 소비자가 동시에 생산과 소비를 창출하게 된다. 이때 다양한 장소에서 발생하는 전기 공급과 전기 수요를 효율적으로 조정하는 일도 쉽지 않다. 따라서 전력 공급과 수요를 효율적으로 제어함으로써 에너지 효율을 극대화하고 전력 낭비를 최소화할 필요가 있다. 이를 위해 인공지능 등 첨단 기술이 필요하고 이렇게 송배전망이 고도화, 지능화되어 전력 수급을 조절하는 소위 '스마트 그리드'가 중요한 역할을 하게 될 것이다(한국전력 공식 홈페이지에 따르면 스마트 그리드는 "전력망을 지능화, 고도화함으로써 고품질의 전력서비스를 제공하고, 에너지 효율을 극대화하는 전력망"이면서 "신재생에너지에 바탕을 둔 분산 전원의 활성화를 통해 에너지 해외 의존도를 감소하고 화석연료 사용을 절감하게 한다."고 설명한다).

전기를 일정한 장소에 저장하고 운송할 수 있다면 '그리드'는 큰 문제가 아닐 것이다. 하지만 전기는 저장이 매우 어려워서 생산 즉시 소비가 이루어져야 한다는 점이 문제다. 오늘날 배터리 기술은 크게 진보했지만, 여전히 대량의 전기를 저장하지는 못한다. 에너지저장시스템Energy Storage System, ESS도 일부의 전기만을 저장할 수 있을 뿐이다. 현재 에너지 저장 수단으로 가장 주목받는 것은 수소다. 재생에너지 발전량이 많을 때 전력계통으로 보내지 않고, 그것을 동력으로 수소를 생산하는 것은 재생에너지의 불규칙성을 보완하는 이상적 방법이다.

에너지가 전기화되면 2차전지 또는 에너지 저장장치가 에너지 활용의 중요한 부분이 된다. 따라서 에너지 저장설비의 원료가 되는 광물자원 수급이 매우 중요해진다. IMF는 2차전지의 소재가 되는 코발트, 리튬, 니켈 등과 광물자원의 가격이 2020년 대비 수백 퍼센트 상승할 것이라고 예측하기도 했다. 앞으로는 이들 자원의 안정적 수급과 가격 변동성에 대비하는 능력의 확보가 중요해질 것이다.

친환경 연료가 된 천연가스

—— 단기적으로 2차전지 관련 광물자원보다 더 명확하게 체감할 수 있는 변화는 천연가스의 수요 증가다. IEA는 세계 천연가스 수요가 2050년까지 2020년 대비 약 28% 증가할 것으로 예상하고 있다.[17] 천연가스는 화석연료의 하나지만 석탄에 비해 탄소 배출량이 절반 수준이다. 앞에서도 언급했지만 세계적으로 발전량의 약 40%를 차지하는 석탄발전이 일거에 청정에너지로 교체될 수는 없다. 따라서 천연가스는 탄소중립 사회로 가는 과정에서 교량 역할을 하는 에너지원이 될 전망이다. 2021년 9월 이후 유럽에서는 가스 가격과 전기료가 급등했다. 물론 이것은 러시아와 우크라이나 간 군사적 긴장의 고조 때문이기도 하지만 보다 근본적으로는 유럽의 발전량에서 가스발전 비중이 높기 때문이다. 한국도 점차 석탄발전을 줄이고, 가스발전으로

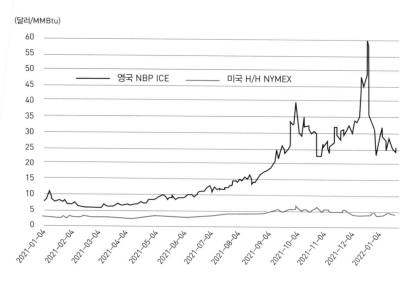

(달러/MMBtu)

영국 NBP ICE ──── 미국 H/H NYMEX

출처: 한국석유공사

확대해갈 때 이러한 가격 변동에 의한 영향을 크게 받을 수 있다.

화석연료인 천연가스가 친환경이냐에 대한 논란이 있지만 국제사회는 천연가스를 청정연료로 분류하고 있다. EU 집행위원회는 2022년 2월 지속가능한 금융 녹색분류체계, 일명 그린 택소노미Green Taxonomy를 발표하며 천연가스를 친환경 연료에 포함시켰다. 택소노미는 그리스어로 '분류하다'라는 뜻의 'tassein'과 법·과학을 의미하는 'nomos'의 합성어인데, 이것에 의해 친환경으로 분류된 사업은 정부로부터 친환경 인증을 받았다는 의미가 된다. 따라서 자본시장에서 투자금 유치, 채권 발행 등을 통한 자금 조달에서 유리한 입장에 서게 된다. 한국 환경부와 금융위원회도 2021년 12월, 한국형 녹색분류체계 'K-택소노미'를 발표했다. 여기에는 69개 경제 활동이 친환경 경제활동으로 분류되었는데, LNG 발전이 포함되었다(한국 언론에서는 천연가스의 포함 여부보다는 K-택소노미에 원전이 빠진 반면 EU 택소노미에는 원전이 포함되었다는 소식이 더 부각됐다). 한국과 유럽 등에서 천연가스가 친환경 사업으로 분류됨으로써 탄소감축 기조에도 불구하고 향후 천연가스 소비가 증가할 수 있는 토대가 마련됐다. 2021년 중 고유가에도 불구하고 많은 석유가스 업체가 생산을 크게 늘리지 못했던 이유 중 하나는 ESG와 친환경을 강조하는 투자자의 요구 때문이었다. 그런 상황에서 천연가스가 친환경 연료로 분류된 것은 투자자들이 천연가스 사업에 대해 관대해질 수 있는 여건을 마련한 것이다. 게다가 천연가스는 블루수소의 원료이기도 하다.

CCUS의 중요성

—— 위에서 살펴본 것처럼 석유와 가스의 사용은 앞으로도 꽤 오래 지속될 수 있다. 따라서 이 에너지원의 사용으로 발생하는 탄소는 인위적 노력으로 제거할 필요가 있다. 한국 정부는 지난 2021년 10월 NDC를 40%로 상향하면서 2030년까지 CCUS를 통해 연간 1,030만

톤의 이산화탄소를 제거하겠다고 밝혔다. 그중 630만 톤은 '활용', 즉 이산화탄소를 포집 후 다른 사업에 활용하여 소진하는 것이고, 나머지 400만 톤은 지중에 '저장'하여 격리한다는 계획이다. 전자를 CCU Carbon Capture and Utilization 라 하고, 후자를 CCS라 하며, 통칭해 CCUS라 한다. 2030년까지 연간 400만 톤의 이산화탄소를 지하 지층에 주입하여 저장하겠다는 정부 계획에 의거, 현재 한국석유공사는 수명을 다하여 고갈되는 동해 가스전에 이산화탄소를 주입해 저장하는 사업을 진행 중이다.

현재 기술 수준에서 이산화탄소를 대규모로 제거할 수 있는 유일한 방법은 지하 지층에 저장하는 것이다. CCUS 외 탄소를 제거할 다른 기술은 없다. 따라서 앞으로 탄소중립을 성공적으로 달성하기 위해서는 우리나라 대륙붕 지층에서 이산화탄소를 대규모로 저장할 수 있는 지층을 찾아내든지 아니면 선박을 통해 동남아나 호주 등 해외로 수송하여 그곳의 폐유전과 폐가스전에 주입하는 방안을 찾아봐야한다. 이 부문에서는 석유탐사를 하던 석유기업의 경험과 역할이 매우 중요하다. 기본적으로 탄소를 지중에 저장할 공간을 찾는 것은 석유회사가 지질구조를 파악하며 유전을 찾는 것과 거의 같은 능력이기 때문이다. 어떻게 보면 CCS란 지하에 있던 탄화수소를 에너지원으로 사용한 후 탄소만 원래 자리로 되돌려 놓는 작업이다.

탄소 배출을 줄이는 것이 궁극적 목표지만 단기간에 화석연료 사용을 멈출 수는 없다. 따라서 발생할 수밖에 없는 이산화탄소를 포집,

활용, 저장하는 CCUS를 국가적 과제로 추진할 필요가 있다. 이를 위해서 동해 가스전을 발견하고 운영하면서 국내 대륙붕을 가장 많이 탐사한 한국석유공사와 민간 기업과의 협업은 필수다. CCUS는 탄소를 지하에 저장하는 능력뿐만 아니라 탄소를 포집하고, 운송하는 등 다양한 분야의 기술이 필요하기 때문이다. 2021년 9월 한국석유공사와 SK이노베이션은 국책과제인 동해 가스전 CCS 실증사업을 위한 업무협약을 체결했다. 향후 기업에 대한 탄소감축의 요구가 강해질수록 국내 기업 간 협력을 통한 CCUS의 중요성은 더욱 부각될 것이다.

탄소감축 사회에서 석유의 역할

—— 그렇다면 위와 같은 사회에서 석유가 갖는 의미는 무엇일까? 위에 언급한 것처럼 에너지 사용의 전기화가 진행되면서 전기차의 숫자가 늘어나고 탈물질화를 추구하는 4차 산업혁명의 흐름에서 석유 소비를 줄이려는 노력이 나타날 수 있다. 이러한 노력을 통해 탄소 배출량을 CCUS 기술 등이 흡수할 수 있는 수준으로 낮추면서 배출량과 흡수량의 균형을 맞추는 것이 탄소중립의 큰 그림이다.

그러나 그러한 노력에도 불구하고 줄일 수 없는 석유 수요가 있다. 가령 수많은 가전제품의 구성 요소가 되는 플라스틱은 내구성을 개선하고 교체 주기를 늘려감으로써 소비를 줄일 수 있지만, 인명을 다루는 의료 현장에서 사용되는 주사기와 의료용 장갑 등 의료기기는 그렇지 못하다. 전기차와 전철 등은 전기와 배터리가 있는 환경에서 구동할 수 있지만 군사용 차량은 전력 인프라가 붕괴된 상황에서도 가동이 가능해야 하므로 전기화가 불가능하다. 일반인의 해외여행은 줄일 수 있어도 인력과 필수 물자의 교류를 위한 활동을 유지해야 할 수도 있다.

요컨대 석유의 사용이 최소화되는 상황일수록 석유는 필수 분야의 사용으로 제한될 것이다(그것이 바람직한 모습이기도 하다). 그런데 사회 안전, 필수 경제활동, 국가 안보를 유지하기 위한 석유 소비는 유지될 것이다. 과거 비필수 분야에서 석유가 쓰이는 환경에서는 석유 수급이 악화됐을 때 비필수적 소비가 석유 수급 악화로 인한 충격을 완충하는 역할을 할 수 있었다. 그러나 석유 소비가 최소화되는 상황에서는 그런 완충 수요가 없다. 석유 소비가 필수 용도로 축소될 때 석유 수급의 안정은 더 중요해진다. 따라서 석유공사와 에너지기업의 석유 비축물량은 국가 안보 차원에서 더욱 중요해질 것이다. 그리고 해외 석유 개발을 통한 지분 원유의 확보도 그 가치가 더 커질 수 있다.

한국과 에너지 환경이 비슷한 일본은 꾸준히 해외 석유가스 개발 사업을 확대하며 자원 확보 노력을 지속하고 있다. 일본 경제산업성이 2021년 11월 발표한 자료에 따르면 2020년 일본 기업이 해외 사업을 통해 확보한 석유·가스 물량은 일 175만 배럴이다. 이는 일본이 그해 소비한 물량의 40.6%에 해당한다. 2010년에 이 비율이 23.5%

였으니 일본은 지난 10년간 꾸준히 해외 석유 사업을 확대해 온 것이다.[18] 이처럼 일본은 원유시장에서 일방적 구매자 역할에 머물지 않고 석유와 가스 사업의 참여를 통해 에너지 안보를 제고하고 있다. 또한 필요한 원유의 약 70%를 수입하는 중국도 2016년 이후 5년 연속 국영 석유회사를 통한 석유 개발 투자를 늘리고 있다.[19]

물론 석유 소비는 줄여가야 한다. 그러나 자발적 다이어트와 외부 환경에 의한 굶주림이 다르듯, 소비 감축은 한국이 주도하는 환경에서 이루어져야 한다. 에너지 공급난 또는 오일쇼크와 같은 외부 충격에 의한 소비 감소는 그 피해도 크거니와 에너지 전환의 동력도 약화시킨다. 그 이유를 다음 글에서 알아볼 것이다.

탄소중립은
의무와 불만 사이의 예술

아무리 정교한 정책이라도 그것이 누구의 가슴에도
받아들여지지 않는다면 성공을 기대할 수 없다.

_헨리 키신저Kissinger

2018년 11월, 에마뉘엘 마크롱 프랑스 대통령은 친환경 경제로 전환
과 환경오염 방지책의 일환으로 휘발유와 경유의 유류세를 각각
15%, 23% 인상하겠다고 발표했다. 이 조치는 프랑스 국민의 거센 반
발을 불러왔다. 프랑스에서 운전자는 사고를 대비해 노란 형광 조끼
를 차량에 의무적으로 비치해야 하는데, 수많은 시민들이 이 노란 조
끼를 입고 프랑스 전역에서 유류세 인상에 항의했다. 이른바 '노란 조
끼 시위'다. 노란조끼 시위는 유류세 인상에 반대하는 시위로 시작했
으나 점차 마크롱 대통령의 퇴진을 요구하는 반정부 시위로 변해갔

다. 결국 마크롱 정부는 유류세 인상 계획을 철회했다.

많은 전문가가 탈탄소화의 첫 번째 열쇠로 탄소에 비용을 부과하는 것을 꼽는다. 탄소감축에 어떠한 경제적 이익도 없다면 윤리 의식만으로 그것을 추구할 주체는 많지 않기 때문이다. 그래서 탄소세를 부과하거나 탄소 배출량 상한선 설정을 고려하게 된다. 마크롱 정부가 유류세 부과로 화석연료의 수요를 줄이려 했던 것도 결국 같은 전략이었다. 세금을 통해 가격을 인상하여 수요를 조절하고자 한 것이다. 반대로 재생에너지 사업에 대해 세제 혜택이나 전기차 구매 시 보조금 혜택을 늘림으로써 저탄소 에너지원의 수요를 촉진할 수도 있다. 한마디로 탄소감축 노력에서 세금 또는 보조금을 통한 가격 조정의 방법은 가장 일반적인 방법이다.

노란 조끼 시위는 탄소감축을 추진할 때의 어려움을 전형적으로 보여준다. 탄소중립의 핵심은 에너지 소비 절감과 에너지 전환이고, 이 중 에너지 전환은 석탄과 같은 값싼 에너지원에서 비싼 재생에너지 혹은 천연가스로 교체함을 의미한다. 에너지원뿐만 아니라 발전시설과 송배전망도 바꿔야 한다. 따라서 많은 전문가가 탄소중립을 추진하기 위해서는 전기료부터 현실화해야 한다고 주장하는 것이다.[20] 그런데 이러한 조치들은 정치적 지지 혹은 대중의 인기를 포기해야 하는 정책이다. 그 누구도 개인의 경제적 부담과 고통 분담을 강요하는 정책을 달가워하지 않는다. 기후변화 대응을 위한 과감한 계획과 장밋빛 목표는 실제 시행 전까지 국민 부담을 야기하지 않는다.

그러나 실제로 시행하는 것은 전혀 다른 차원의 문제가 된다. 계획과 목표 수준에서 전혀 오지 않던 '현타'가 실제 가격에 반영되는 순간에 강하게 느껴지면서 사람들은 태도를 바꾼다.

한국의 노란 조끼 시위

—— 한국에서도 프랑스의 노란 조끼 시위와 비슷한 사례가 있다. 2018년 여름, 기록적 폭염으로 전기 사용량이 급증했다. 이 때문에 전기료 부담이 커지면서 전기요금 누진제에 대한 불만 여론이 크게 형성됐다. 사실 누진제 자체는 잘못이 없다. 누진제는 전기 사용량에 따라 요율이 높은 구간도 있지만 요율이 낮은 구간도 있다. 사용량이 적을 때에는 당연히 낮은 구간의 요율을 적용받는다. 누진제는 과도한 전기 소비를 억제하고 최소한의 전기를 사용하는 취약계층에는 상대적으로 낮은 요율을 적용하는 효과가 있다. 그래서 많은 나라에서 전기요금 누진제를 시행한다. 그러나 여론은 달랐다. 에어컨이 대중화된 사회에서 여름 전력 소비가 급증하면 전기요금이 폭증할 수 있는데, 누진제가 이러한 현실을 잘 반영하지 않는다는 것이다. 불만의 표면에는 누진제가 있었지만 불만의 근원에는 전기료가 있었다. 결국 정부는 한시적으로 누진제로 요율이 올라가는 구간을 조정했다. 실질적으로 전기요금 인하 효과가 있었다.

전기요금은 항상 민감한 문제였다. 2021년 초에도 정부는 한국전력공사의 적자를 해결하기 위해 전기요금을 연료비에 연동해 조정할지 검토했다. 전기료의 연료비 연동제는 오래전부터 제기되어 온 이슈였다. 특히 2021년은 석유, 석탄, 가스 등 모든 연료원의 가격이 크게 오르면서 인상 요인이 그 어느 때보다 강했던 때다. 그러나 2021년 중 전기요금은 끝내 인상되지 못했다. 오히려 2021년 하반기부터 국제유가가 연초 대비 두 배 이상으로 상승하면서 휘발유 가격이 리터당 2,000원에 육박하자 정부는 그해 11월 유류세를 인하했다.

탄소중립은 에너지 비용 상승을 동반하지 않고는 실현할 수 없다. 특히 한국은 좁은 국토 때문에 본격적인 에너지 전환이 이루어지면 에너지 비용의 상승을 피할 수 없다. 태양광, 풍력은 기본적으로 넓은 땅을 요구한다. 스탠퍼드대와 UC버클리대의 공동 연구팀에 의하면 한국의 발전 부문에서 재생에너지 100%를 달성하려면 국토의 6.5%에 해당하는 면적이 필요하다고 한다.[21] 서울의 10배 정도 되는 면적이다. 재생에너지 목표를 30%로 줄여도 서울의 세 배 면적이 필요하다. 국토의 70%가 산인 나라에서 국토의 6.5% 또는 그것의 3분의 1인 2.2%도 엄청난 규모다. 땅의 공급이 많을수록 재생에너지 비용은 내려갈 수 있는데 한국에서는 그것이 매우 어렵다. 더군다나 앞으로 발전량과 전기의 비중이 더 커져야 한다.

재생에너지와 함께 탄소를 줄일 수 있는 대체 에너지원으로는 앞서 살펴본 천연가스가 있다. 천연가스도 탄소를 발생시키지만 동일한 에너지 단위당 탄소 배출량은 석탄의 절반 수준이다. 천연가스는 석탄에 비해 가격이 비싸지만 현실적으로 천연가스 비중을 늘려가는 것은 불가피하다. 그나마 가격 상승의 충격을 완화할 수 있기 때문이다. 결론적으로 향후 탄소중립의 추진에서 가장 큰 난관은 정책에 대한 반발을 어떻게 관리하느냐가 될 것이다

2021년 11월 한국에너지정보문화재단에서 실시한 '탄소중립 국민 인식조사'에서 탄소중립을 위해 개인적 불편을 감수하겠다는 답변이 88.7%에 달했다.[22] 고무적 결과이나 응답자가 전기료와 휘발유 가격의 인상을 감수하겠다는 의미로 답을 했는지 혹은 그저 당위적 규범에 맞춰 답을 했는지는 확실치 않다. 어쩌면 일반 대중은 일회용 컵을 쓰지 않거나 비닐백 사용을 줄이는 수준에서 탄소중립의 불편을 이해하고 있을지 모른다. 그래도 어찌되었든 탄소중립이 불편을 야기할 수 있음을 인지하는 비율이 높다는 것은 다행한 일이다.

2020~2021년, 탄소중립 흐름이 강해진 이유

── 세계적으로 탄소중립과 에너지 전환의 관심이 비약적으로 증가한 시기는 코로나19가 발생한 2020년이었다. 이는 우연이 아니다. 탄소중립과 에너지 전환의 동력이 가장 강하고 대중의 관심이 모아지는 때는 에너지가 부족할 때가 아니라 에너지가 풍족할 때다. 국제유

가가 천정부지로 올라가고, 전력 예비율이 불안한 수준으로 떨어질 때 에너지 전환 혹은 탄소감축이 대중의 관심을 받을 수 없다.

2020년 발생한 코로나19는 1970년대 있었던 두 차례 오일쇼크보다 더 많이 석유 수요를 줄였다. 때문에 유가는 마이너스 가격까지 떨어졌고, 2020년 한 해 동안 전반적으로 낮은 유가를 유지할 수 있었다. 석유는 에너지 위기를 야기할 자원이 아니었고, 오히려 과잉 공급으로 산유국들이 새롭게 감산 합의를 해야 했다. 자연스럽게 기후변화 대응과 에너지 전환이 대중의 관심을 얻을 수 있었다. 대형 석유 회사도 고유가의 유혹에서 벗어나서 재생에너지로 사업을 다각화하는 일이 훨씬 쉬워졌다. 석유 사업의 수익성이 악화됐기 때문이다. 에너지가 풍족한 상황에서는 에너지가 부족할 때의 어려움을 떠올리기 힘들고 그래서 에너지 이슈를 다른 관점에서 보게 한다.

사회적 수용성을 높이기 위한 연구가 필요

—— 이 책에서 줄곧 강조한 메시지는 재생에너지나 수소 등으로 탄소를 줄이는 일은 매우 어려우므로, 에너지 사용량 자체를 줄여야 한다는 것이었다. 특히 물성을 가진 재화의 소비를 줄여야 한다고 했다. 여기서 문제는 그것이 경제를 위축시킬 수 있다는 점이다. 이 책의 제1장에서 설명했듯이 에너지는 부의 원천이고, 에너지 자원에 의해 오

늘의 문명과 일상이 돌아간다. 이러한 현실에서 기후변화 대응이 경제에 부정적 영향을 미치는 것은 불가피하다. 따라서 그 영향을 최소화할 수 있는 사회적, 경제적 연구가 필요하다. 가령 나의 탈물질화와 절약이 남의 일자리를 위협하지 않아야 하고, 에너지 비용의 상승이 취약계층과 저소득층의 복지를 위협해서도 안 된다. 또한 에너지 비용의 증가를 사회 전체가 어떻게 공정하게 분담할 것인가에 대해서도 합의가 필요하다. 이것이 중요한 이유는 탄소감축이 어떤 불만을 누적시키는 형태로 나아간다면 성공할 수 없기 때문이다.

2015년 12월 세계는 파리기후협약이라는 놀라운 성과물을 만들었다. 그러나 2017년 트럼프 행정부는 파리기후협약 탈퇴를 선언했다. 이러한 일은 한국이나 다른 나라에서도 충분히 일어날 수 있다. 정부 정책이나 대통령의 공약에 가장 큰 영향을 미치는 주체는 바로 국민이다. 국민의 누적된 불만, 또는 현실의 변화를 원하는 심리가 트럼프 정부와 같은 선택을 반복하게 할 수 있다.

종말론적 환경주의가 답이 될 수 없다

—— 탄소 문제는 거스를 수 없는 시대의 흐름이고 사명이다. 수십억 인구의 안전과 번영이 이에 달려 있다면 지금 기후변화 대응만큼 높은 가치와 이상을 가지는 것은 없다. 하지만 그렇다고 해서 탄소감축

을 위해 다른 모든 것을 희생하거나 환경종말론적 시각으로 역성장 혹은 탈산업화를 추구하는 생태주의적 입장이 답이 될 수는 없다.

산업화 이후 인류는 에너지원의 발전을 통해 빈곤과 야만을 몰아냈다. 에너지원으로 인류는 더 건강해졌고, 안전해졌으며, 여전히 모든 의식주의 생산을 에너지 자원에 의존하고 있다. 따라서 에너지 비용의 증가가 지속되면 그것이 일자리와 생활 수준 등 경제 전반에 영향을 미치게 된다. 그렇게 되면 에너지 전환에 대한 대중의 수용성이 급격히 떨어진다. 그리고 그럴 때마다 기후변화에 대한 회의론과 음모론은 더 힘을 얻을 것이다. 트럼프 정부의 파리기후협약 탈퇴와 마크롱 정부의 유류세 인상 철회와 같은 현상은 언제든 다시 나타날 수 있다.

그리고 기억해야 할 사실은 기후변화 대응에서 핵심 역할은 경제력과 과학기술에 있다는 점이다. 사실 지금의 재생에너지와 수소 기술로는 화석연료를 완벽히 대체하기 힘들다. 다시 말해 지금 기술 수준으로 탄소중립은 불가능에 가깝다. 따라서 관건은 에너지 분야에서 어느 정도의 기술 진보가 나타날 수 있느냐다. 앞에서 말했듯 과거 석유산업에서 눈부신 기술 혁신으로 매장량을 끊임없이 증가시킬 수 있었던 이유는 이 분야에 자본이 몰리며 석유기업이 거대 자본을 형성할 수 있었기 때문이었다. 그 결과 석유업계에 새로운 도전과 혁신이 끊임없이 이어졌고, 그것이 최근의 셰일혁명을 가능하게 했다.

위와 같은 혁신과 진보가 새로운 에너지 분야에서도 나타나야 한다. 지금도 재생에너지 및 수소 생산을 위해 더 많은 연구가 필요한 상황이다. 아울러 다양한 꿈의 에너지 기술들이 더 많은 도전을 기다리고 있다. 공기 중에서 탄소를 직접 포집, 제거하는 탄소직접포집Direct Air Capture, 식물을 활용해 탄소를 흡수하고 그 식물을 에너지 생산원으로 사용하는 BECCSBioenergy with Carbon Capture and Storage, 태양에너지의 원리인 핵융합을 통해 무한한 에너지를 창출할 수 있는 핵융합 에너지 등 지금은 실현 가능성이 불확실한 차세대 기술 중 일부는 언젠가 실현되어 기후변화 대응에 중요한 역할을 해야 한다. 그런데 이러한 연구 개발과 이를 통한 기술 진보는 강한 경제력이 뒷받침되어야만 가능하다. 상용화가 불확실한 초기에 연구개발 비용을 감수하며 탄소감축을 위해 투자하거나 신기술 개발을 추진하는 기업에 대한 경제적 지원이 필수적이다.

지금 유럽의 재생에너지 발전 비중이 높은 것도 그들의 경제력 덕분이었다. 유럽 국가들이 지난 30여 년간 막대한 자본을 재생에너지 확대에 투자할 수 있었던 것은 충분한 자본을 가졌었기 때문이다. 아울러 경제적으로 풍족해지고 지식 수준이 올라갈수록 환경과 정책에 대한 관심도 증가하기 마련이다. 요컨대 경제적으로 튼튼하고, 에너지 사정이 좋은 상황에서 에너지 전환의 강한 동력도 유지될 수 있다. 마치 욕구의 단계이론이 작용하듯 에너지가 일상을 위협하지 않을 때 더 높은 차원의 에너지를 욕망할 수 있다. 사회적 불만이 누적되고, 에너지 비용이 증가하고, 역성장이 나타나는 사회에서 탄소감축 속도는 절대 올라갈 수 없다. 그것을 견디며 탄소감축을 추구할 정부도 국민도 없기 때문이다.

의무와 불만 사이의 줄타기

—— 헨리 키신저는 "아무리 정교한 정책이라도 그것이 누구의 가슴에도 받아들여지지 않는다면 성공을 기대할 수 없다."라는 말을 남겼다. 탄소중립은 직관적으로 사람들의 참여를 이끌어내기가 쉽지 않다. 《생각에 관한 생각》의 저자 대니얼 카너먼Daniel Kahneman은 인간의 '손실회피' 성향 때문에 기후변화 대응이 어려울 것이라고 주장했다. 산업화 이후 약 200년간 지구의 기온은 1℃ 상승했다. 이미 1℃ 이상이 상승한 상태에서 향후 1.5℃ 이내로 기온 상승을 방지하는 것이 국제사회의 목표다.

지난 수만 년간 일정했던 변화 폭에 비하면 최근 200년간의 기온변화는 비정상적으로 컸다. 그러나 200년의 변화를 연간 평균으로 따지면 연평균 200분의 1℃가 변했을 뿐이다. 누구도 한 해 0.005℃의 변화는 체감할 수 없다. 기후변화는 한 세대를 사는 인간이 체감하기 어려울 수 있고, 경우에 따라 기온 상승과 다른 흐름이 수년간 나타날 수도 있다. 그렇게 되면 기후변화에 대한 손실은 '체감적'으로 불확실한 손실이 된다. 대니얼 카너먼은 인간은 지금 당장 눈앞의 손실에 민감하고 먼 미래의 불확실한 손실에는 둔감한데, 이 점이 기후변화 해결에 가장 큰 장애라고 주장했다. 또한 탄소감축의 편익은 전 인류가 공유하는 데 반해, 그 비용은 개인적이고 국지적이라는 점도 기후변화 대응의 장애 요인이다. 왜 나만 혹은 우리만 비용과 불편을 부담해야 하는지에 대한 의문이 생길 수 있다. 결국 이 문제는 끊임없이 대중을 설득하며 탄소감축이 중심이 된 정책, 문화, 경제 등을 구축하는 것으로 해결하는 수밖에 없다.

이제 기후변화를 회의적으로 받아들이기는 어렵다. 지난 수십 년간 인간에 의한 기후변화 가설은 가장 격렬한 반론과 공격을 받았다. 그럴 수밖에 없었던 것이 그 사실을 부정하고 공격하고 싶었던 쪽이 가장 강력한 권력과 자본을 가졌기 때문이다. 최강국의 정부 혹은 가장 막대한 로비력과 자금력을 가진 에너지기업과 탄소 배출 기업은 기후변화가 허구라거나 인간의 탓이 아니라고 믿고 싶었다. 기후변화가 정말 음모였다면 그들의 자본과 권력은 학계와 언론에 영향력을 행사해 학문적으로 규명할 수 있었을 테고 대중의 인식에 영향을 미칠 수 있었을 것이다. 그러나 성공하지 못했고 결국 인간이 만든 기후변화는 가장 강력한 권력과 자본의 검증을 통과했다. 이제는 과거의 회의주의자를 포함, 약 99%의 과학자가 기후변화에 동의하고 있다(다만 앞으로의 변화 속도와 생태계에 미치는 스케일에 대해서는 더 연구가 필요하다).[23]

2021년 노벨물리학상은 이산화탄소 농도 상승이 지구온난화에 미치는 영향에 대해 선구적으로 연구해온 90세의 노학자 슈쿠로 마나베Syukuro Manabe, 真鍋淑郎에게 돌아갔다. 더 이상 탄소와 기후변화의 연관성을 부정하기는 힘들다. 그리고 이제는 한목소리로 대중의 변화와 행동을 촉구해야 하는 상황이다. 다행히 2020년을 전후해서 기후변화는 하나의 담론이 아닌 정치, 경제 부문에서 실제적인 의사결정 요인으로 작용하고 있다. '탄소중립'이라는 단어는 그 뜻의 모호함에도 불구하고 오늘날 사람들이 가장 많이 쓰는 단어가 되었고, 기후변화에 대한 관심도도 개선되고 있다.

탄소제로로 가는 길은 '의무와 불만 사이의 아슬아슬한 줄타기' 같은 것이다. 의무에 대한 의식 수준도 커지고 있지만 그에 따라 더 많은 비용을 지불할 때 생기는 불만을 어떻게 대해야 할지는 아직 불확실하다. 그 비용은 휘발유 가격 인상이나 전기료 인상을 넘어, 문화적, 사회적 변화를 동반해야 하는 것일지 모른다. 어쩌면 에너지 비용이라는 경제적 부담 외에, 과도하게 소비하는 사람을 공공장소에서 마스크 쓰지 않은 사람 보듯 하고, 무소유와 검약을 인격의 잣대로 판단하는 문화도 필요할지 모른다.

정리하면 탄소감축은 우리 시대의 흐름이자 의무다. 지금 시점에서 이보다 높은 이상과 가치를 가지는 것은 없다고도 할 수 있다. 하지만 동시에 경제적 손실과 대중의 불편을 초래할 수 있다. 대중은 경제적 고통과 손실에 민감하므로 지나친 환경주의적 관점에서 산업과 경제를 고려하지 않는 전략도 바람직하지 않다. 모든 작용은 반작용을 부르기 마련이고, 그것이 국민의 불편과 불만을 누적시킨다면 성공할 수 없다. 또한 탄소중립 실현을 위해서는 과학기술의 눈부신 발전이 필요한데, 이 역시 경제력이 뒷받침되어야 한다. 결국 자본주의 사회에서 인간의 역량을 한곳으로 모으고 도전을 자극하는 것은 자본의 힘이기 때문이다. 아울러 탄소중립의 과정에서 나타날 수 있는 에너지 비용 증가와 물질 소비의 감소로 인한 충격을 최소화할 방법을 찾아야 한다. 이러한 비용이 인류의 미래를 위해 필요하고 너무나 가치 있는 것임을 끊임없이 설득하는 정치적, 사회적 노력도 필요하다. 한국의 석탄발전 비중, 한국의 탄소 배출량, 한국의 재생에너지 비중, 한국의 석유 소비량 그리고 CCS 투자 규모 등 에너지와 관련한 객관적 수치를 냉정하게 볼 때 한국의 노력은 아직 많이 부족하다.

에너지의 현실과 이상 사이에서
우리가 알아야 할 것들

석유와 석유 이후의 에너지 그리고 탄소, 이 세 가지는 미래를 준비할 때 가장 중요한 주제입니다. 이 책은 이 세 가지 주제를 다루면서 한 가지를 이야기하고자 했습니다. 우리는 생각하는 것 이상으로 석유에 많이 의존하고 있고, 기후변화 대응과 석유 고갈에 대비하기 위해서 탄소감축과 에너지 전환에 더 정교한 노력을 기울여야 한다는 것입니다.

그 정교한 노력의 출발점은 오늘의 에너지 현실을 이해하는 것입니다. 오늘날 가장 중요한 에너지원은 석유입니다. 코로나19가 지속되고, 탄소중립과 에너지 전환이란 말이 넘쳐나는 상황에서도 석유 사용량은 지속적 증가세를 유지하고 있습니다. 2022년에는 역대 최고치를 경신할 것입니다. 이러한 추세는 상당히 오랫동안 지속될 것입니다.

이러한 현실에서 가장 중요한 것은 강력한 석유와 석탄 사용 감축 노력입니다. 석탄발전은 빨리 퇴출해야 하고 석유는 그 효용을 극대화할 수 있는 최적 소비량까지만 써야 합니다. 그리고 그 최적 소비량은 그 소비로 인한 탄소 배출을 숲과 바다 등이 흡수하여 처리할 수 있는 양이어야 합니다. 결국 배출량과 흡수량이 같아지는 '탄소중립'이 실현되어야 합니다. 그런데 그 중립이 되는 사용량은 가늠하기 어렵고 흡수 수단도 아직 많지 않기에 소비 절감이 우선입니다. 탄소감축을 진심으로 추구한다면 에너지 비용 상승과 소비 감소를 감수할 수 있어야 합니다. 석유 이후를 책임질 에너지원이 상용화되기 전까지는 그러한 노력이 탄소감축의 핵심입니다.

에너지의 변화가 역사의 전환을 만든다

—— 언젠가는 석유도 다른 에너지원으로 대체될 것입니다. 과거처럼 석유 매장량이 매년 늘어나면서 고갈이 지속적으로 유예되던 시기는 지났습니다. 석유의 시대가 다른 에너지원의 시대로 바뀐다는 것은 역사의 전환이자 문명의 전환이 될 것입니다. 새로운 에너지원의

주도권을 누가 잡느냐가 미래의 부와 힘의 주인을 결정할 것입니다. 지금 유럽이 신재생에너지 기술과 사용에서 가장 적극적인 이유는 그들의 역사적 경험 때문일지 모릅니다. 과거 서양의 지배는 에너지원의 혁신에서 시작됐습니다. 에너지원의 차이에서 생산력의 차이가 나타났고, 생산력의 차이는 국력의 차이로 이어졌습니다. 산업화를 가장 먼저 시작한 영국은 압도적 생산력으로 세계를 제패했고 이후 서양이 세계를 지배하는 시대가 열렸습니다. 이 현상의 근원에는 석탄이라는 에너지원이 있었습니다.

석탄의 시대가 저물면서 영국은 쇠퇴했습니다. 이후 미국이 지배하는 석유의 시대가 열렸습니다. 미국은 석유를 기초로 달러라는 기축통화를 확립했습니다. 또 석유의 해상 수송로를 장악하면서 그것에 의존하는 동맹국의 협조를 끌어냈습니다. 그리고 중동에서 수차례 전쟁을 치르면서 석유 패권을 지켰습니다. 만약 석유가 없었다면 오늘날 미국의 지위는 생각할 수 없습니다. 아울러 중국이 최근 몇 년간 세계에서 가장 많이 신재생에너지에 투자하며 경쟁력을 확보하는 것도 미래의 주도권을 놓치지 않겠다는 의도입니다. 한마디로 역사는 에너지 분야의 실력이 국가의 부와 힘을 결정했음을 보여줍니다.

무게 추를 의무와 미래의 방향으로 돌리자

—— 종교를 떠나 성경이 역사상 가장 많이 읽힌 고전이자 서양 문화의 근간이 된 데에는 이유가 있을 것입니다. 성경은 인간의 집단적 통찰과 상상력이 수천 년에 걸쳐 정리된 지혜의 보고이기 때문입니다. 그래서 성경에서 인간과 세계의 관계가 잘 표현된 듯한 느낌을 받을 때가 있습니다. 성경에서 인류의 시작은 빛으로 표현됩니다. 땅의 형태가 없고 어둠만 있을 때 '빛이 있으라'는 말과 함께 천지가 시작됩니다.(창세기 1장 3절) 모든 에너지의 원천은 '빛', 즉 태양입니다. 태초의 빛 에너지와 함께 시작된 인류는 '빛 가운데 거하며' 에덴동산의 풍요와 행복을 누릴 수 있었습니다. 그러나 인간은 신의 계시를 어겼습니다. 그리고 다시 어둠에 떨어져 끊임없이 노동하며 일용할 양식을 얻기 위해 죽도록 노력해야 하는 원죄의 운명을 갖게 되었습니다. 삶에 필요한 에너지를 박탈당한 것입니다.

이후 인류 역사는 에너지원을 찾기 위한 눈물겨운 투쟁의 과정이었습니다. 에너지 자체가 의식주의 원천이기 때문입니다. 마침내 인간은 신이 지하에 숨겨놓은 에너지원 석유를 찾아냈습니다. 그리고 빈곤에서 해방되어 현대라는 인간의 에덴동산을 만들었습니다. 그러나 석유도 영원하지 않습니다. 다시 인간은 새로운 빛을 찾기 위해 노력해야 하는 운명입니다. 한 번 더 성경을 떠올리면 무분별하게 석유를 사용한 인간의 오만과 탐욕이 지구를 뜨겁게 만들고, 해수면을 끌어올려 또다시 노아의 대홍수와 같은 재앙을 불러올지 모릅니다. 그러나 신은 다시는 물로 세상을 심판하지 않겠다고 했고 그 언약의 징표로 무지개를 보였습니다. 영겁의 시간에서 인간을 출현시키고, 그 발밑에 거대한 에너지원을 매장한 신의 설계는 현대인의 축복이었습니다. 그러나 그것이 미래의 재앙이라면 얼마나 거대한 모순일까요? 무지개의 조화로운 일곱 색깔은 그 모순을 거부하고 있습니다. 그리고 현대의 인류는 그 문제를 해결할 무지개 같은 지식과 능력을 가지고 있습니다. 우연찮게도 18세기의 괴테는 《파우스트》에서 '무지개는 인간의 노력을 비치는 거울'이라고 말합니다.

다만 새로운 에너지원의 세계가 아직 활짝 펼쳐지지 않았다는 점에서 지금 기후변화의 가장 효과적 대응은 탄소를 배출하는 에너지의 소비를 줄이는 것입니다. 이를 위해 연료로 태워버리는 석유 사용은 최대한 줄여야 합니다. 구체적으로 전기차와 수소전기차의 사용을 확대함과 동시에 기존 내연기관차의 연비도 최대한 개선해야 합니다. 단기적으로는 후자가 더 중요할 수 있습니다.

전기를 동력원으로 쓰는 철도의 확대도 필요합니다. 탈물질화를 추구하며 에너지 및 자원 소비 감소도 이뤄야 합니다. 또한 원료로 소비되는 석유를 대체할 신소재를 하루속히 개발해야 하고 재활용 비중을 높여야 합니다. 아울러 현시점에서 가장 중요한 과제로서 석탄을 저탄소 에너지원으로 대체해야 합니다. 재생에너지의 빠른 확대가 여의치 않다면 중동, 호주 등 외국과 협력을 통해 그 한계를 극복해야 합니다. 지금 한국의 재생에너지 비중은 경제 규모에 비해 매우 낮습니다.

궁극적 지향점은 탄소 배출이 없으면서 충분한 에너지를 발생시키는 에너지원을 찾아내는 것입니다. 과학과 기술은 늘 예상과 기대를 뛰어넘는 성과물을 내놓았습니다. 50년 전 인류가 오늘의 많은 모습을 생각하지 못했듯, 50년 후도 지금 우리가 상상하기 어려운 혁신적 모습을 가질 것입니다. 더욱이 지금의 인류는 과거 어느 때보다 우수한 과학적 역량을 가지고 있기에 언젠가 꿈의 에너지 기술이 나타날 수 있습니다. 다만 시간이 걸릴 것입니다. 그전까지는 에너지 사용을 줄이는 노력이 필요합니다. 본문에서 이야기했듯 성공적 탄소감축과 에너지 전환은 의무와 불만 사이에서 균형을 잡으며 그 무게 추를 의무 쪽으로 조금씩 옮겨가는 것입니다. 지금 그 비용을 지불하지 않으면 미래 세대가 더 많은 비용과 고통을 부담해야 한다는 점에서 현재와 미래 사이에서 미래 쪽으로 무게 추를 옮겨가는 것이기도 합니다. 에너지 패러다임이 변화하는 시기를 새로운 도약의 기회로 삼아야겠지만 그 거대한 전환의 과정에서 희생이 따를 수 있습니다. 이 점을 직시하고 국가와 국민의 에너지 전략을 생각할 필요가 있습니다. 또 그 희생과 비용을 사회구성원이 공정하게 나누기 위한 고민도 필요합니다.

아울러 석유가 오늘의 중요한 에너지원이라는 점도 인식해야 합니다. 오늘날 개인과 조직의 능력은 석유와 석유에 기초한 경제력에 기

초합니다. 에너지 전환에서 석유의 역할도 필요하므로 석유의 안정
적 수급을 위한 노력도 병행해야 합니다. 최근 수년간 석유 개발 투자
규모는 크게 감소했는데, 이 영향으로 심각한 석유 수급 불균형이 생
길 수 있습니다. 이것은 꼭 필요한 석유의 사용도 제약할 수 있습니
다. 주도적이고 자율적인 석유 소비 감축과 외부 환경에 의한 석유 사
용의 제약은 같지 않습니다. 무엇보다 에너지가 부족한 위기의 상황
에서는 에너지 전환과 발전을 이루려는 욕구와 동력이 약해질 수 있
습니다. 또한 에너지 전환이 하루아침에 이루어질 수 없고, 기존 에너
지원의 도움과 역할이 필요하다는 점에서 균형 잡힌 시각이 필요합니
다. 석유의 마지막 역할은 새로운 에너지원의 출현을 돕고 그 사용 인
프라를 구축하는 것입니다.

무지개 너머 새로운 세계로 가는 길

—— 에너지는 여전히 우리에게 낯선 주제입니다. 앞으로도 그럴 것
입니다. 에너지와 관련한 지식의 범위는 날이 갈수록 발전하고 넓어
지고 있기 때문입니다. 매년 자동차의 성능과 디자인이 개선되고, 매
년 스마트폰이 진화하고, 매년 신약이 개발되듯, 에너지와 관련한 기
술도 매년 진보할 것이고 또 그래야만 합니다. 지금 태양광, 풍력과
같은 재생에너지부터 수소 및 암모니아, CCUS, 소형원자로, 핵융합

발전까지 에너지의 다양한 분야는 절실하게 도전을 요구하고 있습니다. 과거에 그랬듯 앞으로도 에너지 부문의 실력이 국부와 국력의 정도를 결정할 것입니다. 나아가 그것에 기후변화 해결의 성패가 달려 있습니다. 그 다양한 에너지원이 무지개 너머 새로운 세계를 열어주길 기대합니다.

포스트 석유의 시대,
에너지의 미래에 대해

대담자: 최준영 법무법인 율촌 전문위원(이하 최준영),
양수영 서울대 에너지자원공학과 객원교수(이하 양수영)

최준영: 반갑습니다. 교수님. 먼저 현장에서의 경험을 토대로 풍부한
인사이트를 담은 좋은 책을 내시느라 수고하셨습니다. 에너지
라는 주제는 참 다루기 쉽지 않은 것 같습니다. 다양한 특징을
가진 여러 가지 에너지원이 존재하는데 이를 하나의 주제로
통합하는 것은 쉽지 않은데 그런 어려움을 극복하고 지금 시
점에서 매우 의미 있는 책을 준비해주셨다고 생각합니다. 에
너지 전환과 탄소중립이 우리의 미래에 중요한 이슈가 된 상
황에서 에너지를 둘러싼 현실과 본질에 대해 의미 있는 통찰

을 보여주신 것 같습니다.

양수영: 최 박사님도 평소 유튜브 채널 〈지구본 연구소〉와 다양한 라디오 프로그램에서 흥미로운 정보와 좋은 분석을 보여주셔서 잘 보고 있습니다. 특히 전기를 비롯한 에너지 분야에서도 상당한 식견을 가지셨더군요. 말씀하신 것처럼 에너지 분야는 다루기 쉽지 않고, 사람들의 인식도 많이 부족한 것이 사실입니다. 그래서 최준영 박사님과 같이 에너지 상식을 잘 풀어서 설명해주시는 분들이 무척 귀합니다. 함께 대담을 나누게 되어 영광입니다.

실제로 남아 있는 석유량은 얼마인가?

최준영: 에너지의 미래를 이야기한다면 우선 석유의 미래를 이야기해야 할 것 같습니다. 초반부에 석유를 다루고 있는데 저는 읽으면서 굉장히 놀랐습니다. 다시 한 번 양치기 소년이 될 각오를 하신 것처럼 석유가 얼마 남지 않았다고 주장하셨습니다. 사실 석유 고갈론은 제가 어렸을 때부터 들었거든요. 어릴 때 〈매드맥스〉란 영화를 굉장히 재미있게 본 기억이 있어요. 1980년대에 나온 그 영화도 석유가 고갈된 이후 세계를 그렸었죠. 그런데 그 영화의 속편이 계속 나오더군요. 석유 고갈론

도 그런 느낌이 돼버린 것 같습니다. 수십 년째 석유는 30~40년 후에는 고갈된다고 반복적으로 이야기했지만 석유는 계속 공급되면서 고갈론은 이제 사람들에게 신뢰성 없는 이야기가 되었습니다. 그럼에도 불구하고 이 책에서 우리에게 석유가 얼마 남지 않았다고 강조하신 이유가 있을까요?

양수영: 지금 에너지원 중에서 가장 비중이 높은 것이 석유입니다. 따라서 석유가 얼마나 남았느냐의 문제는 앞으로 에너지의 장기 전략을 생각할 때 중요한 고려 사항일 수밖에 없습니다. 그럼에도 불구하고 이 문제는 사람들의 관심 밖에 있습니다. 당장의 유가와 휘발유 가격보다 더 중요한 것은 석유의 잔존량입니다. 석유 고갈 시기를 정확히 알기는 사실 쉽지 않지만 적어도 과거처럼 매장량이 지속적으로 증가하는 시기는 지났습니다. 석유가 고갈에 가까워진다는 것은 고갈 자체도 문제이지만, 고갈에 가까워지는 과정에서 큰 혼란이 있을 수 있다는 점에서 대비가 필요합니다. 어떤 자산이든 생산이 증가할 때 보다 피크를 찍고 내려갈 때 시장의 불안이 커지기 마련입니다.

최준영: 책에서는 약 50년분의 '확인매장량'이 있다고 하셨습니다. 교수님은 평생을 석유 탐사와 개발 현장에서 보내며 연구하셨을 텐데, 정말 50년분의 매장량만 남았다고 생각하시는지 궁금합니다. 기억을 더듬어보면 새로운 석유 매장지는 계속 등장하고 있습니다. 21세기에 들어와서 브라질에서 대규모 해저 유

전이 발견되었고, 얼마 전에도 남미 북부의 가이아나에서 상당한 매장량이 발견되었습니다. 셰일오일이라는 비전통원유도 전 세계적으로 막대한 매장량을 가지고 있고, 미국에서 활발하게 생산되고 있는 상황을 고려해보면 50년 사이에 석유가 고갈된다는 전망은 너무 비관적인 것은 아닐까요?

양수영: '50년분 확인매장량'은 제 얘기가 아니고 BP 등 에너지 전문기관이 산정한 수치입니다. 확인매장량 외에 자원량이라는 것이 있는데 이것은 추정치이기 때문에 평가하는 기관마다 차이가 있지만, 이 자원량을 합해도 지구상에 남아 있는 원유의 총량은 100년분 정도라고 보고 있습니다. 그간 석유 고갈론이 무색하게 되었던 것은 기술의 발전으로 새로운 유전이 끊임없이 발견되었기 때문입니다. 캐나다의 오일샌드나 베네수엘라의 초중질유 유전과 같이 이전에는 경제성 문제로 생산할 수 없었던 지역에서 대규모로 매장량이 추가되었습니다. 2000년 이후에는 소위 셰일혁명이 일어나 미국이 세계 최대의 원유 생산국이 되었습니다. 셰일오일의 경우는 새로운 원유를 발견한 것이 아니고, 존재는 알고 있었지만 경제성 문제로 생산하지 못했던 자원이 기술의 진보로 생산이 가능해진 경우입니다.

앞으로도 대규모 유전이 발견될 가능성이 없는 것은 아니지만, 문제는 과거처럼 사우디와 쿠웨이트에서 볼 수 있는 초대형 유전 발견은 재현되기 어렵다는 것이죠. 단순한 논리이지만 대형 탐사 대상이 보이지 않고, 그러한 시도 자체가 과거에 비해 크게 줄었기 때문에 미래의 결과도 그것을 반영할 것입니다. 이젠 남은 곳은 남극 정도인데, 남극에서 석유 개발을 한다는 것은 사실 큰 논란이 될 수 있고요.

재생에너지 개발로 석유의 쓸모는 끝나는가?

최준영: 사람들은 석유가 없어지면 그에 맞춰 새로운 에너지원이 등장할 것으로 생각합니다. 책에서 재생에너지와 석유의 차이를 잘 설명해주시기는 했습니다만 많은 사람이 이제 재생에너지나 수소 등이 언젠가 석유를 대체할 수 있다는 생각도 많이 가지고 있는 것 같습니다.

양수영: 사실 강조하고 싶은 부분도 그런 상식을 깨는 것이었습니다. 석유를 다른 에너지원으로 대체한다는 것은 너무나 어려운 일이죠. 재생에너지는 사실 발전용으로만 쓰이는 에너지원이고, 석유는 수송용, 동력용, 난방용, 그리고 석유화학용 등 다양한 용도로 쓰이기 때문에 재생에너지와 석유는 서로를 대체할 수 있는 사이가 아닙니다. 석유는 연료로 쓰이기도 하지만, 사실 원료로서 사용이 더 중요할 수 있거든요. 지금 당장 석유가 없다면 우리가 입고 있는 옷들은 19세기 이전처럼 면화를 써서

만들어야 할 것이고, 수많은 문명의 이기를 만들기 위해서 나무를 베거나 금속을 써야 할 것입니다. 생필품 중에 석유화학 제품이 안 들어가는 것을 찾기 힘들 정도니까요.

최준영: 사실 석유가 자동차 연료가 아닌 석유화학 산업의 원료로서 우리 생활에 사용되는 다양한 물건을 만들어내고 있다는 것을 모르는 사람도 꽤 많거든요. 연료는 물론 원료로 쓰이는 석유 수요도 줄이기 힘들다면 석유가 나지 않는 한국으로서는 석유라는 자원에 대해서 어떻게 접근하고 대책을 세워야 할까요?

양수영: 석유 소비를 줄이기는 쉽지 않습니다. 또한 대체하기도 쉽지 않습니다. 따라서 석유라는 자원은 상당히 오랫동안 에너지원이면서 원료로 그 사용이 지속될 것입니다. 따라서 당분간 석유와 신재생에너지가 공존하는 시대가 지속될 것입니다. 그렇다면 석유라는 자원을 더 지혜롭고 올바르게 써야 합니다. 석유가 앞으로 더 생산하기 어려워질 것을 생각한다면 에너지 효율을 더 높여 사용해야 하고, 에너지 효율이 높은 산업군을 발전시키고, 플라스틱, 합성섬유 등의 제품 사용은 조금 줄일 필요가 있다는 것이죠. 석유 매장량이 줄어들수록, 생산은 더 힘들어질 것입니다. 이미 신규 탐사 활동과 투자는 급격히 줄어든 상태입니다. 그렇다면 과거에 하루 1억 배럴 쓰던 석유를 향후 10~20년 후에는 하루 5,000만 배럴씩만 써야 할 수도 있습니다. 그런 차원에서 전기차나 수소전기차의 확대가 필요

한 것인데 문제는 이러한 새로운 수단이 완벽히 석유 수요를 대체하기 어렵다는 것이죠. 따라서 재생에너지 확대와 함께 석유를 우리 스스로 수급하고 비축하는 능력도 국가 에너지 안보 차원에서는 중요한 부분이 될 것입니다.

최준영: 교수님의 말씀은 석유 공급이 줄어들 시기를 미리 예측하고 그에 맞춰 준비해서 대안을 확보하자는 것으로 이해됩니다. 석유 개발 능력의 향상은 물론이고, 재생에너지 등 다른 에너지원에 대한 투자도 함께 확대하자는 말씀인데요. 그런데 석유 공급 감소를 우리가 정말 체감할 수 있는 시기는 언제가 될까요? 아직은 먼 미래가 아닐까요?

양수영: 시간이 얼마 남지 않았다고 생각합니다. 땅속의 석유는 그냥 쉽게 생산되는 것이 아닙니다. 그것이 생산으로 이어지려면 상당한 투자가 필요한데, 지금 석유기업들은 그 역할을 충분히 하지 못하고 있습니다. ESG가 강조되고 재생에너지 산업에 투자가 더 강조되면서 글로벌 석유 개발 투자가 2015년 이후 반토막이 난 상태입니다. 석유 매장지 자체가 감소하고 있기도 하고요. 그런 것들이 곧 영향을 주리라 생각합니다. 에너지 전환 과정에서 석유라는 에너지원이 충격이 되지 않게 하려면 대비가 필요합니다.

한국의 재생에너지 확대 전략은 무엇인가?

최준영: 제가 KBS 〈홍사훈의 경제쇼〉 등에서도 그런 이야기를 했는데 한국의 경우, 유럽 국가들처럼 다른 국가들과 전력을 거래할 수도 없어 재생에너지 확대도 쉽지 않고 이미 산업 구조나 주거 부문에서도 에너지 소비의 효율화가 상당히 진전된 상태여서 에너지 효율을 높이기도 쉽지 않은 상황입니다. 물론 이것이 현재 한국의 탄소 배출량을 쉽게 줄이지 못하는 이유가 될 수는 없겠지만 재생에너지에 대해서는 앞으로 더 많은 고민이 필요한 것은 확실한 사실이겠죠.

양수영: 태양광과 풍력 기술 수준이 획기적으로 개선되지 않는 한 석유라는 고효율 에너지원의 비중을 따라잡기는 힘들 것입니다. 국토의 상당 부분을 풍력과 재생에너지 활용을 위해 쓰는 것도 한계가 있고요. 그래서 당분간은 석유, 천연가스, 원자력, 재생에너지, 수소·암모니아 혼소발전 등 다양한 에너지원이 공존하는 춘추전국시대가 열릴 것으로 생각합니다.

최준영: 지난 10여 년간 한국은 재생에너지 확대를 위해 나름대로 많은 노력을 기울였습니다만, 재생에너지 비중은 유럽은 물론 중국, 일본에 비해서도 낮은 편입니다. 우리의 국토 면적, 자연 여건 등을 고려해보면 재생에너지를 다른 나라처럼 단기간에 확대하기란 쉽지 않은 것 같습니다. 재생에너지의 비중을 의

미 있는 수준으로 높이기 위해서는 어떤 노력이 필요하다고 생각하십니까?

양수영: 저도 현직에 있을 때 해상풍력사업을 추진해봤지만 사실 우리 나라가 재생에너지 산업을 적극적으로 추진하기에 유리한 환 경은 아닙니다. 결국 제도적 뒷받침이 절실합니다. 이윤을 추 구하는 기업이 ESG 한 가지만 보고 저탄소 에너지 사업을 할 수는 없거든요. 재생에너지가 하나의 사업으로 사업성을 갖게 하는 것은 결국 정책의 역할이라고 생각합니다. 그런 면에서 에너지 공기업 등 공공기관이 저탄소 사업의 구심점 역할을 할 필요도 있습니다.

수소는 정말 가장 현실적인 대체 에너지인가?

최준영: 수소 이야기를 해보지요. 제가 영국의 수소 전략을 참고하면 서 눈에 띄었던 것이 있어요. 이들은 수소의 효용에 대해서 명 확하게 두 가지로 설명하더군요. 재생에너지 발전량이 수요 이상으로 생산될 때 여유분의 전기를 저장하는 수단, 그리고 전기화가 어려운 부문에서 에너지원으로서 활용한다는 것이 었습니다. 우리나라에 비해 영국은 수소의 기능과 역할에 대 한 명확한 인식을 가지고 있다는 생각이 들었습니다. 막연하

게 수소가 모든 것을 해결해준다는 기대가 아니라 보다 명확한 역할 부여가 필요한 것 아닐까요?

양수영: 말씀하신 것처럼 수소의 가장 큰 기능은 일정하지 않은 재생에너지의 발전량을 저장하는 에너지 저장 기능입니다. 그런데 우리가 수소에 대해 접근할 때 가장 큰 문제는 모든 수소를 친환경으로 인식하는 것이라고 생각합니다. 우리가 에너지 전환을 하는 가장 중요한 이유가 무엇인가요? 탄소를 줄이기 위함이죠. 그런데 오히려 그 에너지 전환이 탄소를 늘리는 방향이 된다면 이런 엄청난 모순이 없을 것입니다. 사실 수소는 블루수소와 그린수소를 제외하면 친환경 에너지원이라고 할 수 없습니다.

최준영: 장기적으로는 수소가 에너지원으로 큰 역할을 해야 하겠지만, 지금은 수소의 대한 이해나 상식이 많이 부족한 상황에서 너무 수소가 긍정적으로만 부각되는 면도 있는 것 같습니다. 그만큼 사람들의 열망도 크다는 것으로 받아들이고 싶습니다. 수소의 경우 이용과 활용 측면에서 극복할 과제도 많지만, 무엇보다도 수소를 어떻게 확보할 것인가에 대한 고민이 해결되지 않고 있는데 이 점에 대해서는 어떻게 생각하시나요?

양수영: 희망과 바람이 앞서는 경우가 많지요. 수소는 그린수소를 제외하고, 생산 과정에서 엄청난 양의 탄소가 배출됩니다. 블루수소도 친환경 수소로 분류됩니다만 블루수소를 생산하기 위

해서는 탄소를 포집하고 저장하는 기술인 CCS가 필요하고, 이 기술에 더 많은 투자가 이루어져야 합니다. 이러한 단계를 밟지 않고 수소경제에 대해 막연한 희망을 갖는 것은 바람직하지 않습니다. 일각에서는 수소경제의 기초를 닦기 위해서 그레이수소 등도 사용해야 한다고 주장합니다. 그런데 그레이수소는 생산 시 수소 대비 이산화탄소가 7~8배 정도 발생합니다. 아무리 수소경제의 정착이 중요하다고 해도 그레이수소를 공급하겠다는 것은 환경을 생각할 때 절대 있어서는 안 될 일입니다. 어렵더라도 블루수소와 그린수소로 가야 하죠.

에너지 전략에 대한 사람들의 이해가 급선무

최준영: 제가 에너지 분야를 오랫동안 보면서 느끼는 것은 우리가 유럽 국가들이나 다른 재생에너지 강국을 모방하려는 것보다는 우리나라에 맞는 전략이 무엇인가를 고심하는 것이 중요하다는 것입니다. 다른 나라를 무작정 따라 하면 몸에 맞지 않는 옷이 되어 불편하고 추진력을 얻기 힘들다고 생각합니다. 사실 우리나라 사람들은 목표가 분명하고 그것을 달성해야 한다는 공감대만 형성되면 무서운 속도로 그것을 달성하거든요. 에너지 분야에서 그러한 정교한 정책, 그리고 사람들의 공감대 확

보가 중요하다고 생각합니다.

양수영: 동의합니다. 재생에너지 활용에 상대적으로 유리한 위치에 있는 유럽 주요국이 우리의 벤치마킹 대상이 될 수는 없을 겁니다. 결국 에너지 분야는 다양한 사람들의 일상에 깊이 영향을 미칠 수 있기 때문에 그 영향과 우리의 여건을 고려해서 정책이 추진되어야 한다고 생각합니다. 그리고 신에너지와 석유를 어떻게 적절한 비율로 공존시키면서 탄소감축을 추구할 것인가가 결국 핵심인데, 결론적으로 저는 연료로서 태워버리는 석유 소비를 최대한 줄이고, 그 과정에서 재생에너지와 수소를 차근차근 확대할 필요가 있다고 생각합니다. 사실 에너지 전환은 하루아침에 이루어지지 않습니다. 지금은 화석연료가 독주하는 시대입니다. 그리고 앞으로는 석유와 재생에너지가 공존하는 시대가 될 것입니다. 따라서 다양한 에너지원이 공존하는 시대에는 석유와 새로운 에너지에 대한 관심과 전략이 모두 필요합니다. 너무 미래만 봐서도 안 되고, 너무 지금의 경제적 이익만 추구해서도 안 되겠지요.

최준영: 오늘 대담 감사합니다. 좋은 말씀 많이 들었습니다. 아무쪼록 한국의 에너지 부문에서 활발한 활동 기대하겠습니다.

양수영: 시간 내주셔서 감사합니다. 앞으로도 다양한 매체에서 활발한 활동 기대하겠습니다.

주

제1장 오늘의 에너지, 석유를 말하다

1   스티븐 핑커, 《지금 다시 계몽》, 사이언스북스, 2021, p.69.

2   빌 게이츠, 《빌 게이츠, 기후재앙을 피하는 법》, 김영사, 2021, pp.56~58.

3   〈블룸버그〉(Bloomberg), 'China ramps up Iran oil purchases after getting new quotas', 2021. 12. 16.

4   송민순, 《빙하는 움직인다: 비핵화와 통일외교의 현장》, 창비, 2016, p.513.

5   〈데일리 엔케이〉, "中, 대북 송유관 공사 진행 중… 원유 공급 확충 준비?", 2021. 8. 11.

제2장 국제유가를 움직이는 요인들

1   Whitehouse.gov, 'Remarks by President Biden in Press Conference', 2022. 1.19.

2 즈비그뉴 브레진스키,《거대한 체스판》, 삼인, 2017, pp.127~128.

3 〈파이낸셜타임스〉(Financial Times), 'Russia cannot use Nord Stream2 pipeline as a weapon, Markel says', 2021. 8. 22.

4 〈로이터〉(Reuters), 'Trump lashes Germany over gas pipeline deal, calls it Russia 'captive'', 2018. 7. 11.

5 EIA, 'Short-Term Energy Outlook', 2022. 3. 3., p.40.

6 〈로이터〉, "Oil rally ro continue in 2022 as demand outstrips supply, analysts say", 2022.1.13.

7 S&P Platts, "Saudi Aramco's capacity expansion underway : sources", 2021. 7 26.

8 Upstream, "China calls for oil and gas spending boost as economy surges", 2021. 7. 27.

제3장 석유는 언제까지 주요 에너지원일까?

1 Exxon Mobil, '2020 Annual Report', 2021, p.6.

2 BP, 'Energy outlook 2020 edition', p.22.

3 IEA, 'Net Zero by 2050' 2021, p.14.

4 코트라, "독일 재생 산업", 2019. 11. 12.

5 영국 정부 홈페이지, "DUKES_2020_Chapter_6_Renewable sources of energy", 2019(https://assets.publishing.service.gov.uk/government/uploads/system/uploads/attachment_data/file/904823/DUKES_2020_Chapter_6.pdf).

6 영국 정부, 'End to coal power brought forward to October 2024"(https://www.gov.uk/government/news/end-to-coal-power-brought-forward-to-october-2024), 2021. 6. 30.

7 IEA, World Energy Outlook 2020, p.20.

8 《이코노미스트》(Economist), 'The end of the oil age' 2003. 10. 23.

제4장 재생에너지는 한국에 어떤 의미를 갖는가?

1 IEA, 'Global Energy Review 2021: Renewables' 2021. 12. 19. 해당 IEA 자료에 따르면 2020년 세계 전력 생산에서 재생에너지의 비중은 28.6%를 차지한다. 세부적으로 풍력 5.9%, 태양광 3.1%, 수력 등은 19.6%다.

2 전력통계정보시스템(EPSIS), '에너지원별 발전량'

3 Visual Capitalist, 'Ranked: The top 10 countries by energy transition investment' 2022. 2. 7.

4 빌 게이츠, 《빌 게이츠, 기후재앙을 피하는 법》, 김영사, 2021, pp.138~139.

5 IEA, World Energy Outlook 2020, p.342.

6 〈파이낸셜타임스〉, 'The new seven sisters: oil and gas giants dwarf western rivals', 2007.3. 13.

7 IEA, Global Energy Review 2020: the impact of the Covid-19 crisis on global energy demand and CO2 emissions, 2020, p.35.

8 WoodMackenzie, "The Edge: The Euro Majors' big bet on new energy", 2020. 12. 3.

9 BP의 시나리오 중 '급격한 변화' 시나리오 기준이며, '넷제로' 시나리오에서는 2025년 이후부터 매년 500기가와트씩 추가되고 이후에는 900기가와트씩 추가된다고 가정했다.

10 WoodMackenzie, "The Edge: The Euro Majors' big bet on new energy", 2020. 12. 3.

11 〈연합뉴스〉, '에너지원별 발전원가', 2021.9.20.

12 산업통상자원부, '제5차 신재생에너지 기본 계획', 2020. 12., p.49.

13 9차 전력수급계획 수립 후로부터 1년 후인 2021년 11월에 한국 정부
는 COP26(기후협약당사국 총회)에서 2030년까지 신재생에너지 비중을
30.2%로 늘리겠다고 했다. 9차 전력수급계획상의 숫자보다 9%포인트
이상 상향된 것이다. 따라서 풍력발전 목표도 본문에서 제시된 숫자보다
크게 늘어날 가능성이 높고, 이는 2022년 말에 발표될 10차 전력수급계
획에 반영될 것이다.

14 '제5차 신재생에너지 기본 계획'에 따르면 정부는 2030년 12~20메가와
트의 터빈 개발이 가능하도록 R&D 지원을 강화할 계획이다. 따라서 훨
씬 적은 수의 터빈으로 목표한 발전 용량이 가능할 수도 있다.

15 〈머니스〉, "국산화 외친 오스테드, '두산중공업 터빈 왜 안 쓰냐' 질문
에…", 2020. 11. 25.

제5장 환상적 스토리의 주인공, 수소

1 IEA, 'Monthly OECD Electricity Statistics Revised Historical Data',
2020.

2 〈포춘〉(Fortune), 'An energy export's love-hate affair with Toyota's
hydrogen fuel cell Mirai', 2015. 5. 13.

3 〈로이터〉, 'Airbus and engine maker CFM to test hydrogen plane
propulsion', 2022. 2. 22.

4 〈파이낸셜타임스〉, "Can Japan innovates its way out of a climate and
energy crisis?", 2021. 4. 6.

5 Oil Price. "Is The World's Most Controversial Pipeline About To Pivot
To Hydrogen?", 2021. 3. 22.

6   일론 머스크는 2014년 수소연료전지fuel cell를 바보전지fool cell라 부르며 이를 추구하는 것이 어리석다고 주장했다. 이에 도요타가 광고를 통해 자사 수소차 '미라이'Mirai는 소의 배설물bull shit에서 나오는 수소가스로 구동 가능하다고 대응한 일이 있었는데, 흔히 bull shit이란 단어가 욕설의 의미로 더 많이 쓰여 이를 함축적인 메시지로 담아 광고에 표현한 것이었다.

7   《하버드 비즈니스 리뷰》(Harvard Business Review), "How Japan's hydrogen innovation may fuel cleaner days ahead". 2021. 3. 22.

8   일본 신에너지산업기술 종합개발기구(New Energy and industrial technology Development Organization)는 일본 에너지 환경 분야와 산업 기술을 담당하는 독립행정법인이다. 중장기 기술 개발, 기술 기반 스타트업 육성 등을 수행하고 있으며 2020년 예산 규모는 14.4억 달러(약 1조 6,000억 원)이다.

9   한국무역협회, '일본, 수소를 2030년에 주요 연료로'(https://www.kita.net/cmmrcInfo/cmmrcNews/overseasMrktNews/overseasMrktNewsDetail.do?type=0&nIndex=1805236&recommendId=0), 2020. 12. 14.

10   Upstream, "Major milestone: Australia close to shipping world's first cargo of liquefied hydrogen to Japan "2021. 3. 12.

11   한국무역협회, '일본, 수소를 2030년에 주요 연료로', 2020. 12. 14.

12   〈비즈니스인사이더〉(Business insider), "VM, Mercedes & Co. wave goodbye to their hydrogen dreams – this goes again H2 drive system", 2021. 3. 17.

13   〈에너지경제신문〉, "수소전지 팔 곳이 있어야 투자… 정부 뚝심 있게 추진하길", 2015. 6. 1.

14   《주간동아》, "현대차, SK, 포스코, 43조 수소동맹… 현재 방식으론 비환경적, 비경제적", 2021. 3. 12.

15   COAG Energy Council, 호주의 국가 수소 전략 개관(Australia's National

Hydrogen Strategy : Overview - Korean Translation), 2019.

16 Upstream, "Western Australia sets aggressive 200GW green hydrogen target", 2021. 5. 16.

17 COAG Energy Council, 호주의 국가 수소 전략 개관(Australia's National Hydrogen Strategy : Overview - Korean Translation), 2019, p.1.

18 S&P Platts. "Feature: Middle East seen spending up hydrogen projects", 2021. 12. 29.

19 〈비즈니스인사이더〉, "Saudi Arbia to use $110 billion natural gas field for blue hydrogen.", 2021. 10. 24.

20 S&P Platts. "Feature: Middle East seen spending up hydrogen projects", 2021. 12. 29.

21 대한민국 정부 관계부처 합동, '제1차 수소경제 이행 기본계획(요약), 2021. 11. 26., p.8.

22 대한민국 정부 관계부처 합동, '제1차 수소경제 이행 기본계획, 2021. 11. 26., p.67.

23 대한민국 정부 관계부처 합동, '제1차 수소경제 이행 기본계획(요약), 2021. 11. 26., p.5.

제6장 기후변화, 어떻게 대처해야 하나?

1 IEA, 'World gross electricity production by source, 2019', 2021. 8. 6.

2 세계은행(The World Bank), 'CO2 emissions (metric tons per capita)-OECD members', 2021. 12.

3 BP, Statistical Review of World Energy, 2020.

4 에릭 샬린, 《광물, 역사를 바꾸다》, 예경, 2013, pp.66~69.

5 2022년 현재 강릉 안인화력발전소 1, 2호기(2023년 3월 준공 예정)와 삼 척화력발전소 1, 2호기(2024년 3월 준공 예정)가 건설 중이다.

6 〈로이터〉, "China likely to more than triple nuclear power capacity by 2030", 2018. 11. 8.

7 IEA, 'World Energy Outlook 2020', p.159.

8 〈로이터〉, "China pledges to achieve CO2 emissions peak before 2030, carbon neutrality before 2060 – Xi", 2020. 9. 23.

9 〈파이낸셜 리뷰〉(Financial Review), 'Carbon border tax is good in theory, bad in reality', 2021. 4. 28.

10 〈아시아경제〉, "탈탄소 등 떠밀며, 대기업 지원엔 난색, '고로 교체 54조' 철강사 허리 휜다." 2021. 10. 7.

11 〈로이터〉, "EU and US end clash over steel and aluminium, take aim at China's dirty steel", 2021. 11. 1.

12 〈파이낸셜타임스〉, "Biden hails EU–US steel deal as chance to curb 'dirty' Chinese to curb dirty chinese imports", 2021. 11. 1.

제7장 에너지와 탄소가 결정할 미래

1 S&P Platts,. "Japan targets 60% non-fossil fuel power in 2030 drive to slash GHG", 2021. 7. 26.

2 한국전력공사, 한국전력통계 제90호, 2021. 5, p.10.

3 스티븐 핑커, 《지금 다시 계몽》, 사이언스북스, 2021, p.204.

4 에드워드 글레이저, 《도시의 승리》, 해냄출판사, 2011, p.371.

5 상동, pp.356~357.

6 앤드루 맥아피, 《포스트피크》, 청림출판, 2020, p.125.

7 에드워드 글레이저, 《도시의 승리》, 해냄, 2011, p.14.

8 유현준, 《도시는 무엇으로 사는가》, 을유문화사, 2015, pp. 21~48

9 〈경향신문〉, "정약용의 가족애 「하피첩」", 2018. 4. 27.

10 〈중앙일보〉, "[오피니언] 역지사지, 과거", 2021. 4. 21.

11 IEA, 'Electric cars fend off supply challenges to more than double global sales', 2022. 1. 30.

12 Statista, "Numbers of cars sold worldwide between 2010 and 2021" (https://www.statista.com/statistics/200002/international-car-sales-since-1990/)

13 IEA, Global EV outlook 2021, 2021, p.75.

14 OPEC, 'World Oil Outlook 2021', 2021, pp.115~116.

15 크리스토퍼 스타이너, 《석유 종말시계》, 시공사, 2010.

16 크리스티아나 피게레스, 톰 리빗카넥, 《한 배를 탄 지구인을 위한 가이드》, 김영사, 2020.

17 IEA, 'World Energy Outlook 2021', 2021, p.317.

18 일본 경제산업성(METI), 'FY2020 "Independent development Ratio of Oil and Natural Gas in Japan" Released', 2021. 11. 24. (여기서 유의할 것은 일본이 해외에서 확보한 원유와 가스는 일본으로 도입되는 것이 아니라 대부분 현지에서 판매된다는 것이다. 물론 일부 일본 기업이 주도하는 프로젝트를 통해 일부 물량이 도입되나 일본 정부는 지분 원유 자체가 에너지 안보에 도움이 되는 것으로 인식하고 있다.)

19 Upstream, 'China calls for oil and gas spending boost as economy surges', 2021. 7. 27.

20 〈프레시안〉, "2050년 탄소제로하려면 전기료부터 현실화해야 한다(홍종호 서울대 환경대학원 교수 인터뷰)", 2021. 12. 14.

21 그린피스, "美 스탠포드, UC버클리 대학 연구팀, 그린뉴딜, 한국 내 정규

직 일자리 144만 개 순증", 2020. 2. 19.

한국에너지정보문화재단, "보도자료: 탄소중립 국민의식조사 결과", 2021. 11. 18.

〈가디언〉(The Guardian), 'Case closed : 99.9% of scientists agree climate emergency caused by humans', 2021. 10. 19.

2050 THE FUTURE OF ENERGY WAR